T0206424

Personalmanagement in der Arzt- und Zahnarztpraxis von A bis Z

Stephan Kock · Kirsten Kock

Personalmanagement in der Arzt- und Zahnarztpraxis von A bis Z

Erfolgserprobte Tools zum Nachschlagen und Anwenden

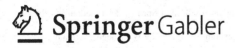

Stephan Kock
Heilberufe Gmbh
Kock + Voeste Existenzsicherung für die
Berlin, Deutschland

Kirsten Kock
Heilberufe Gmbh
Kock + Voeste Existenzsicherung für die
Berlin, Deutschland

ISBN 978-3-658-42359-9   ISBN 978-3-658-42360-5   (eBook)
https://doi.org/10.1007/978-3-658-42360-5

Die Deutsche Nationalbibliothek verzeichnet diese Publikation in der Deutschen Nationalbibliografie; detaillierte bibliografische Daten sind im Internet über http://dnb.d-nb.de abrufbar.

© Der/die Herausgeber bzw. der/die Autor(en), exklusiv lizenziert an Springer Fachmedien
Wiesbaden GmbH, ein Teil von Springer Nature 2023

Planung/Lektorat: Margit Schlomski
Springer Gabler ist ein Imprint der eingetragenen Gesellschaft Springer Fachmedien Wiesbaden
GmbH und ist ein Teil von Springer Nature.
Die Anschrift der Gesellschaft ist: Abraham-Lincoln-Str. 46, 65189 Wiesbaden, Germany

Vorwort oder Einleitung

In der Ausbildung werden (Zahn-)Medizinerinnen und (Zahn-)Mediziner (*„Zahn-"* *nachfolgend auch „Z-"*) spärlich mit dem Thema Personalführung bzw. -management konfrontiert. Dieses Wissen fehlt in der täglichen Praxis und im immer härter werdenden Wettbewerb um die besten Köpfe. Personalmanagement ist heute mehr denn je ein erfolgsrelevanter Faktor für Arzt- und Zahnarztpraxen. Mitarbeitende fördern Patientenzufriedenheit und -bindung und damit den Erfolg einer Arzt- und Zahnarztpraxis. Eine Praxis, ein (Z-)MVZ oder eine andere ambulante Gesundheitseinrichtung verbessert ihren wirtschaftlichen und ideellen Erfolg, wenn Praxisinhaberinnen und -inhaber Wert auf die Zufriedenheit der Mitarbeitenden legen. Nachgewiesenermaßen führt Mitarbeiterzufriedenheit zur Zufriedenheit von Patientinnen und Patienten und Mitarbeiterbindung führt zu deren Bindung. Mitarbeiterinnen und Mitarbeiter, die gern in einer Praxis arbeiten, weil sie motiviert sind, erbringen eher herausragende Leistungen, sind meist echter, einfühlsamer und engagierter. So sind sie ein wesentlicher Baustein für Wettbewerbsfähigkeit jeder Einrichtung im ambulanten Gesundheitswesen.

In zahlreichen Beratungen und Begleitungen von Praxen wurde deutlich, dass es hieran in vielen Fällen fehlt und wie bedeutsam sich eine Veränderung auswirkt. Die Beratenen (Praxisinhaberinnen und Praxisinhaber, aber auch fachliche und disziplinarische Leitungskräfte) verwiesen ein um das andere Mal darauf, dass es kein einfach zu nutzendes Nachschlagewerk bzw. Handbuch für ihre spezielle Situation gibt, das kurz und knapp aufklärt und Vorgehensweisen beschreibt, die sich als erfolgreich erwiesen haben. Dies zeigte sich sowohl in verschiedensten Gesprächs- bzw. Führungssituationen als auch bei Verträgen oder andere Notwendigkeiten.

Das vorliegende Buch dient als Nachschlagewerk für Praxisinhaberinnen und -inhaber sowie deren Führungskräfte. Es beschreibt – von A bis Z – leicht nachvollziehbar die wichtigsten bzw. am häufigsten gesuchten Begriffe rund um das Thema Personalführung in der Arzt- und Zahnarztpraxis. Es offeriert neben den Suchbegriffen erfolgserprobte Ablaufbeschreibungen, Checklisten und Mustervorlagen. Das Buch bringt Personalmanagementwissen auf den Punkt. Einfach. Effektiv. Erfolgreich. Es hilft den Verantwortlichen, Zeit zu sparen, informiert und stärkt Führungskräfte und unterstützt die Bindung von Mitarbeiterinnen und Mitarbeitern.

Doch was spricht für ein solches Werk und wie kann es der Leserin bzw. dem Leser behilflich sein?

- Dieses Buch hilft aufgrund seines Nachschlagewerkcharakters, Zeit und damit Geld zu sparen.
- Dieses Buch stärkt die verantwortlichen Führungskräfte in ihrem täglichen Handeln.
- Dieses Buch offeriert erfolgserprobte Tipps, die durch Checklisten, Ablaufbeschreibungen und Mustervorlagen einfach genutzt werden können.
- Dieses Buch schafft Sicherheit für die Betroffenen, da es hilfreiches und nützliches Wissen rund um das Personalmanagement einfach nachvollziehbar zur Verfügung stellt.
- Dieses Buch unterstützt Praxisinhaberinnen und -inhaber und deren Führungskräfte dabei, ihrer Verantwortung gegenüber den Mitarbeiterinnen und Mitarbeitern adäquat nachzukommen.
- Dieses Buch schafft die Möglichkeit für Praxisinhaberinnen und -inhaber sowie Führungskräfte, ihr eigenes Führungsverständnis und Personalmanagement effektiv, einfach und erfolgreich zu gestalten.
- Dieses Buch ist aktuell, innovativ und hilfreich und schafft die Möglichkeit, High Potentials zu gewinnen und zu binden.
- Dieses Buch ermöglicht es Praxisinhaberinnen und -inhabern, im Wettbewerb um die fähigsten Arbeitskräfte ganz weit vorn mitzuspielen.

Von Beginn an beschäftigte uns die Frage, wie man ein Handbuch, ein Nachschlagewerk oder einen Ratgeber schreibt. Wie muss ein solches Werk gestaltet sein, damit es nützlich, nachvollziehbar und hilfreich ist? Wie muss ein A, B, C erfolgserprobter Tools zum Nachschlagen und Anwenden aufgebaut und strukturiert sein, damit es seine Wirkung für Leserinnen und Leser entfalten kann?

Dabei kamen und kommen uns unsere Erfahrungen aus Beratung und Training entgegen. Dort waren und sind wir mit Fragen wie den folgenden konfrontiert:

„Wie erteile ich eine Abmahnung? Müssen alle Mitarbeiterinnen und Mitarbeiter die gleiche Bonifikation erhalten? Wie messe ich den Erfolg bei einer Mitarbeiterin bzw. einem Mitarbeiter in der Verwaltung? Gibt es tatsächlich unterschiedliche Mitarbeitergespräche? Wann soll ich diese ganzen Sachen neben der Arbeit denn machen? Wie kann ich dafür sorgen, dass meine Mitarbeiterinnen bzw. Mitarbeiter bleiben? etc. "

Einige hilfreiche und wichtige Hinweise

Die Muster, Checklisten und Tools

Einige der Muster, Checklisten und Tools sind nicht bis ins letzte Detail ausgearbeitet und nicht von jeder Praxisinhaberin oder jedem Praxisinhaber zu übernehmen. Es sind immer „nur" Muster. Sie dienen als Anleitung oder Inspiration. Natürlich sind sie teilweise gekürzt, können aber auf den individuellen Bedarf angepasst und auch erweitert werden.

Auf der Seite SpringerLink.com finden Sie auf der Produktseite zum Buch unter https://link.springer.com/book/10.1007/978-3-658-42359-9 alle im Buch aufgeführten Muster und Checklisten auch gesammelt zum Download. Der Downloadlink ist unter den Informationen zum ersten Kapitel hinterlegt.

Die Zielgruppe

Dieses Buch ist sowohl für interessierte Praxisinhaberinnen und Praxisinhaber als auch für Führungskräfte im ambulanten Gesundheitswesen oder solche, die es werden wollen, geeignet. Es ist ein Handbuch und Nachschlagewerk.

Zentral die Nutzbarkeit

Das vorliegende Buch erscheint erstmals und bietet nahezu alle Muster, Checklisten und sonstige Tools zum Download. Damit soll ermöglicht werden, dass die Leserin, der Leser interessante und nützliche Inhalte sofort für sich adaptieren kann.

Arbeitsrecht

Die Muster, Checklisten und Tools sind aus der Beratungs-, Berufs- und Lebenserfahrung der Autoren entstanden. Sie sind nicht arbeitsrechtlich geprüft worden und können eine arbeitsrechtliche Beratung nicht ersetzen. Daher ist es stets angeraten, bei Bedarf fachanwaltliche Expertise hinzuzuziehen.

Ihre Meinung
Wir, die Autoren, und auch der Verlag möchten bedürfnisorientierte Fachinformationen anbieten. Daher ist es uns sehr wichtig und hilfreich, zu erfahren, was Ihnen gefallen hat, was Ihnen ggf. gefehlt hat, was aus Ihrer Sicht zu kurz gekommen ist, was hätte weggelassen werden können etc. Auch generelles Feedback jeglicher Art interessiert uns. Senden Sie Ihre Gedanken, Vorschläge und Wünsche gern an info@kockundvoeste.de.

Inhaltsverzeichnis

Ein Interview zum Einstieg

Das Interview wurde mit einer Mandantin geführt, die sich Rahmen einer Leit-bildentwicklung bereit erklärt hat, für Fragen zur Verfügung zu stehen. Der Mandantin fehlten geeignete Muster, Checklisten und/oder Tools, um der Perso-nalverantwortung und den zu führenden Menschen in all ihren Facetten gerecht werden zu können. Die interviewte Person möchte unerkannt bleiben.

1. **Frau Dr. Muster, Sie sind seit ca. 10 Jahren als Ärztin in einer hausärzt-lichen, internistischen Berufsausübungsgemeinschaft niedergelassen. Wie sind Sie – als Praxisinhaberin – auf die Rolle als Führungskraft vorbereitet worden, bzw. wie haben Sie sich selbst vorbereitet?**
   Ich bin eigentlich gar nicht vorbereitet worden.

   Was meinen Sie mit eigentlich?
   Nur indirekt. Als diensthabende Ärztin musste ich Verantwortung übernehmen und somit auch Führung, also Learning by Doing. Dann habe ich über drei Jahre Seminare bei der Landesärztekammer zu den Themen Mitarbeitergespräche und Führung besucht. Ansonsten autodidaktisch: Bekannte und Freunde gefragt, die Führungserfahrung haben, z. B. „Wie würdest du mit einer solchen Situation umgehen?" Im Studium wurde ein Kurs „Grundlagen der Kommunikation" angeboten, der war aber freiwillig.

Ergänzende Information Die elektronische Version dieses Kapitels enthält Zusatzmaterial, auf das über folgenden Link zugegriffen werden kann https://doi.org/10.1007/978-3-658-42360-5_1.

Was hätten Sie sich diesbezüglich auf jeden Fall gewünscht?
Weitere Kurse während des Studiums, z. B. „Wie leite ich eine Praxis?" oder „Wie führe ich Personal?" Vielleicht gibt es das heute, aber bestimmt nicht als Pflichtkurs.

2. **Sie beschäftigen 15 Mitarbeiterinnen und Mitarbeiter an zwei Standorten. Welche Herausforderungen, bezogen auf Personalmanagement, haben Sie vor diesem Hintergrund erlebt?**
Als Erstes das Zeitmanagement, allem gerecht zu werden: den Patientinnen und Patienten, den Mitarbeiterinnen und Mitarbeitern, den Alltagsaufgaben und diversen Sonderthemen bei Problemen. Das Gefühl, immer für alles zuständig zu sein.
   Die Koordination zwischen zwei Standorten ist anspruchsvoll. Hier gilt es, an beiden Standorten gleiche Abläufe zu etablieren, z. B. die Koordination der Sprechstunde. Der Informationsfluss muss an beiden Standorten gesichert sein, dies besonders bei Neuerungen – ganz speziell auch in der Corona-Zeit. Da habe ich schon manchmal das Gefühl, den Wald vor lauter Bäumen nicht zu sehen.

Wie haben Sie diese Herausforderungen gemeistert?
Der Blick von außen hilft. Einige Patientinnen und Patienten vergleichen die Standorte und geben Rückmeldung, Personal vergleicht bei Urlaubsvertretungen. Auch die Zusammenarbeit mit Kock + Voeste hat uns eine sehr hilfreiche Außensicht auf die Dinge gegeben.

Wer oder was hat Ihnen dabei geholfen?
Ich habe immer mehr gelernt zu delegieren. Dabei ist mir das Vertrauen, was ich den Mitarbeiterinnen und Mitarbeitern entgegenbringen kann, sehr wichtig. Davon mache ich auch abhängig, an wen und was ich delegiere. Und mein Praxispartner und ich haben Verantwortlichkeiten zwischen uns aufgeteilt: Ich bin z. B. für das Marketing zuständig.

Wer oder was hat Lösungen gefördert?
Dass mein Praxispartner und ich uns an die Aufteilung halten und dass dem Personal transparent ist, wer für welche Aufgaben verantwortlich ist. Darüber hinaus: Delegation und Abgrenzung. Auch der Austausch mit dem Praxispartner: Wie sieht es der andere? Wir haben einen festen wöchentlichen Termin eingerichtet und seit etwa eineinhalb Jahren halten wir diesen Termin ein und halten das Besprochene in einem Protokoll schriftlich fest.

3. **Wieviel Zeit Ihrer Wochenarbeitszeit investieren Sie und Ihr Praxispartner in die Führung Ihrer 15 Mitarbeitenden?**

Ich denke, das sind 10 bis 12 Wochenstunden, die wir beide jeweils in die Führung investieren. Das ist so seit etwa 36 Monaten. Wir haben uns dafür drei sprechstundenfreie Nachmittage eingerichtet. Vorher geschah das eher zwischen Tür und Angel: in der Mittagspause, abends oder an den Wochenenden. Jetzt können wir uns auch vor Ort in der Praxis mit leitenden Mitarbeiterinnen und Mitarbeitern austauschen.

Sie sagten, Sie machen das seit etwa 36 Monaten. Was hat zu dieser Veränderung geführt?

Es hat einfach nicht funktioniert. Und wir wollten nicht noch mehr arbeiten.

Müssten Sie ggf. noch mehr Zeit investieren?

Im Moment reicht das gut aus.

4. **Frau Dr. Muster, was sind aus Ihrer Sicht die Erfolgsfaktoren für ein gelungenes Personalmanagement?**

Sich genug Zeit zu nehmen für das Personal und nicht nur so mitlaufen lassen. Hilfreich ist auch, dass Absprachen transparent sind und sich daran gehalten wird, ebenso Konsequenz. Die regelmäßigen Austauschtermine sind wichtig, und auch, sich gegenseitig Feedback zu geben und gute Vorschläge umzusetzen. Wir haben durch die Beratung von Kock + Voeste gelernt und erlebt, dass jährliche Mitarbeitergespräche sehr gut ankommen, besonders wenn diese gut vorbereitet und terminiert sind. Unsere leitende MFA macht einmal in der Woche einen Gruppentermin mit den anderen Mitarbeiterinnen und Mitarbeitern.

Wenn Sie sich in die Schuhe Ihrer Mitarbeitenden stellen würden, was würden diese als Erfolgsfaktoren benennen?

Absprachen einhalten, Transparenz und vor allem Zeit für die Mitarbeiterinnen und Mitarbeiter zu haben.

5. **Sie führen die Praxis zu zweit. Welche besonderen Herausforderungen im Hinblick auf das Personalmanagement entstehen dadurch?**

Mit dem Wachsen des Teams wurde es schwieriger. Es gab lange keine klaren Zuständigkeiten. Der eine wusste oft nicht, was Mitarbeiterinnen und Mitarbeiter mit dem anderen Praxispartner abgesprochen haben. Dies hat sich durch die Verteilung der Verantwortlichkeiten verändert. Auch in diesem Punkt war die Beratung durch Kock + Voeste sehr hilfreich, manchmal durch einfache, pragmatische Tipps.

Woran genau bemerken Sie die Veränderungen, die Sie eben beschrieben haben?

Die Mitarbeiterinnen und Mitarbeiter sind zufriedener und motivierter. Die Arbeit wurde effektiver, es gibt weniger Fehler und es bleibt weniger liegen.

Auch habe ich den Eindruck, alle freuen sich, da zu sein. Es kommen auch mehr Lösungsvorschläge vom Personal.

6. **Wie erleben Sie den überall beschriebenen Fachkräftemangel?**

Bei den MFA nicht so sehr. Wir bekommen immer reichlich Initiativbewerbungen. Bei Ärztinnen und Ärzten ist das sehr zu merken. Wir haben zuletzt zwei Jahre gesucht.

Was genau tun Sie, um neue Mitarbeiterinnen bzw. Mitarbeiter zu gewinnen?

Wir schalten Annoncen im Ärzteportal, schreiben auf unserer Website aus und für die MFA-Stellen nutzen wir auch Facebook. Hilfreich für die Suche von Ärztinnen und Ärzten ist auch unser immer noch gutes Kontaktnetz in die lokalen Krankenhäuser. Gern übernehmen wir auch unsere Azubis, aktuell haben wir zwei.

Welche Maßnahmen zur Bindung Ihrer Mitarbeitenden setzen Sie ein?

Wir unterstützen Weiterbildungen unserer Mitarbeiterinnen und Mitarbeiter. Wenn die Weiterbildungen auch für die Praxis einen erheblichen Mehrwert bieten, übernehmen wir sämtliche Kosten. Und die Fortbildung kann in der Arbeitszeit gemacht werden bzw. können Überstunden aufgeschrieben werden. Angestellte Ärztinnen und Ärzte in Weiterbildung können ihre Fachschwerpunkte, z. B. Akupunktur, einbringen. Unsere MFA bekommen eine betriebliche Rente. Wir bieten Teilzeit und flexible Arbeitszeiten an. Darüber hinaus erhalten die Mitarbeiterinnen und Mitarbeiter Bonuszahlungen, Karten fürs Tanken oder zum Einkaufen. Wir machen regelmäßig Teamevents: Grillabende und Weihnachtsessen, dies allerdings außerhalb der Arbeitszeit, und einmal in der Woche ein Teamfrühstück in der Praxis vor Sprechstundenbeginn.

Als besonderes Event haben wir in diesem Monat ein Essen mit anschließendem Friseurbesuch geplant. Dafür machen wir einen Nachmittag die Praxis zu. Die Aussicht auf diesen Teamtag ist besonders gut angenommen worden, die Mitarbeiterinnen und Mitarbeiter freuen sich sehr darauf.

7. **Welche dieser Maßnahmen sind besonders erfolgreich?**

Bei den Ärztinnen und Ärzten ist es die zeitliche Flexibilität. Einige haben kleine Kinder, die vor der Arbeit in den Kindergarten gebracht werden müssen. Dann ist der Arbeitsbeginn eben erst um 10:00 Uhr.

Bei den MFA sind es die Bonuszahlungen, die Gutscheinkarte und die Events.

8. **Sie haben gemeinsam mit Ihrem Praxispartner und den leitenden Mitarbeitenden ein Praxisleitbild entwickelt. Wie kamen Sie darauf, Mitarbeitende einzubinden?**

Unser Berater hat uns auf die Idee gebracht. Wir waren der Überzeugung, dass die Kolleginnen und Kollegen dadurch motivierter sind und das Leitbild auch eher zum Leben erwecken können. Das Feedback der Mitarbeitenden hat uns recht gegeben. Wir haben die Mitarbeitenden bei der Gelegenheit noch besser kennengelernt.

Wie setzen Sie das Leitbild im Arbeitsalltag ein?

Wir haben die Bilder des Leitbildes, die wir mit Kock + Voeste in einem Workshop erarbeitet haben, im Sozialraum aufgehängt. Dann wurden diese im Team besprochen und erklärt. Insgesamt hat das viel gebracht. „Zusammen, effektiv Patienten behandeln" und jede bzw. jeder trägt ihren bzw. seinen Beitrag dazu bei. Der Zusammenhalt ist deutlich besser, obwohl wir durch Urlaub und Krankheit stressige Zeiten hatten. Trotzdem hat die Arbeit Spaß gemacht.

9. **Mir ist bekannt, dass Ihnen die Entwicklung Ihrer Mitarbeitenden wichtig ist**

    Wie fördern Sie die Entwicklung Ihrer Mitarbeiterinnen und Mitarbeiter?
    Zum einen schauen wir, was uns in der Praxis fehlt. Das war kürzlich eine Expertin bzw. ein Experte für Wundmanagement. Die Mitarbeitenden wurden gefragt, wer Interesse hat.
    Auch in den Mitarbeitergesprächen ist Weiterentwicklung ein feststehendes Thema. Wenn das Thema der Praxis sehr hilft, zahlen wir die Fortbildung und stellen die Mitarbeiterinnen und Mitarbeiter frei. Wenn die Fortbildung abends oder an Wochenenden stattfindet, sind das Überstunden.

10. **Wenn Sie einer Kollegin bzw. einem Kollegen, die bzw. der eine Praxis gründen möchte, Tipps in Bezug auf Personalmanagement und Führung gegen würden, welche wären das?**
    Traue dich, habe keine Angst! Entwickle ein gutes Konzept! Mache Fortbildungen zum Thema Führung! Hab Mut zur Lücke, man kann nicht alles gleich können! Aber sei dir auch deiner Stärken und Schwächen bewusst und schließe die Lücken nach und nach! Nimm dir Zeit für deine Mitarbeiterinnen und Mitarbeiter und sei ihnen gegenüber offen! Auch Authentizität hilft. Ganz wichtig ist auch regelmäßige Selbstreflexion: Was hat gut funktioniert und was nicht? Und nimm Verbesserungen vor, wo es notwendig ist!

A

Abmahnung

Wenn Ermahnungen von Mitarbeitenden bei Fehlverhalten keine Verhaltensänderung herbeiführen, kann eine Abmahnung die nächste Eskalationsstufe sein. Sollten Mitarbeitende auch dann Fehlverhalten nicht abstellen oder das Verhalten zumindest verbessern, dient die Abmahnung der Vorbereitung einer Kündigung. Ist das Fehlverhalten sehr gravierend, kann die Abmahnung auch direkt eingesetzt werden.

Beispiele für Abmahnungsgründe:

- Verweigerung von Arbeitsaufträgen
- Beleidigung von Patientinnen oder Patienten, Kolleginnen oder Kollegen, Vorgesetzen
- unentschuldigtes Wegbleiben von der Arbeit
- Verstoß gegen Dienstanweisungen, Hygienevorschriften
- Arbeiten unter Alkoholeinfluss
- Überschreitung von Kompetenzen
- sexuelle Belästigung
- Diebstahl
- Mobbing

Eine Abmahnung sollte möglichst unverzüglich auf das Fehlverhalten erfolgen, idealerweise schriftlich. Dabei ist es wichtig, den Abmahnungsgrund konkret zu benennen. Das Schreiben sollte die Aufforderung zur Verhaltensänderung des Mitarbeitenden sowie die Androhung weiterer arbeitsrechtlicher Konsequenzen enthalten.

© Der/die Autor(en), exklusiv lizenziert an Springer Fachmedien Wiesbaden GmbH, ein Teil von Springer Nature 2023
S. Kock and K. Kock, *Personalmanagement in der Arzt- und Zahnarztpraxis von A bis Z*, https://doi.org/10.1007/978-3-658-42360-5_2

Muster: Abmahnung[1]

Hausärztliche Gemeinschaftspraxis
Dr. Beate Beispiel
Beispielweg 12
12345 Beispielhausen

DIE HAUSÄRZTE

Frau Mandy Muster
Musterweg 3
98765 Musterhausen

Beispielhausen, 25.10.2022

Abmahnung

Sehr geehrte Frau Muster,

hiermit mahnen wir Sie wegen der Beleidung des ärztlichen Kollegen Herrn Dr. Perfekt ab.

Am 23.10.2022, um 18:30 Uhr titulierten Sie Herrn Dr. Perfekt als „Pottsau" und machten in der Teamsitzung folgende Aussage: „Sie sind eine solche Pottsau. Wann schaffen Sie es endlich, Ihre Kaffeetassen in die Küche zu tragen. Ständig muss ich hinter Ihnen herräumen. Ich werde das nicht mehr tun. Räumen Sie Ihren Mist doch in Zukunft selbst weg." Anschließend verließen Sie aufgebracht die Praxis.

In unserer Praxis ist ein respektvoller Umgang ein absolutes Muss. Daher kann ich Ihr Verhalten nicht akzeptieren. Mit Ihrem Verhalten haben Sie gegen Ihre arbeitsvertraglichen Pflichten, nämlich der Verpflichtung, sich gegenüber Ihren Kollegen höflich zu verhalten, verstoßen und den Betriebsfrieden gestört.

Ich fordere Sie nachdrücklich dazu auf, in Zukunft einen angemessenen, sachlichen Ton zu wählen und Beleidigungen zu unterlassen.

Sollten Sie dieser Aufforderung nicht nachkommen, müssen Sie mit weiteren arbeitsrechtlichen Konsequenzen bis zu einer Kündigung rechnen.

Eine Kopie dieser Abmahnung hinterlege ich in Ihrer Personalakte.

Mit freundlichen Grüßen

Dr. Beate Beispiel

---

[1] Vgl. Schettke, K. (2017). Abmahnung – schriftlich oder mündlich? *Arbeitsrecht.org.* https://www.arbeitsrecht.org/arbeitnehmer/abmahnung/abmahnung-schriftlich-oder-muendlich/
abgerufen am 14.05.2023.

Anforderungsprofil

Ein Anforderungsprofil beschreibt die Qualifikationen und Kompetenzen, die nötig sind, um einen bestimmten Arbeitsplatz bzw. eine Position in der Praxis erfolgreich ausfüllen zu können. Dort sind die, für die spezifischen Arbeitsanforderungen notwendigen formalen Qualifikationen, fachlichen Kompetenzen, persönlichen als auch die sozialen Kompetenzen hinterlegt. Es hat sich bewährt, die Anforderungen um Relevanzen (z. B. muss, soll, kann) bzw. Ausprägungsgrade (1–5) zu ergänzen.

Um ein Anforderungsprofil zu erstellen, ist eine Analyse des jeweiligen Arbeitsplatzes notwendig. Stellenbeschreibungen werden durch Anforderungsprofile ergänzt. Durch diese Dokumente, Stellenbeschreibung und Anforderungsprofil, wird es möglich, mehr Klarheit über die eigentlichen Aufgaben zu erlangen. Durch die konkreten Verantwortlichkeiten können Doppelarbeiten vermieden und Teamkonflikte reduziert werden.

Auch bei der Personalsuche bietet das Anforderungsprofil in Zusammenspiel mit der Stellenbeschreibung enorme Vorteile. Das Anforderungsprofil kann als Checkliste für die Stellenausschreibung herangezogen werden und steigert so die Qualität der Bewerbungen. Darüber hinaus hilft es bei der Vorauswahl der Bewerber und erleichtert den objektiven Vergleich.

Checkliste: Anforderungsprofil (Auswahl)

	Relevanz		
Formale Qualifikationen	**Muss**	**Soll**	**Kann**
Bildungsabschluss (und welcher)			
Ausbildung (und welche)			
Bei Führungskräften: Führungserfahrung bzw. Personalverantwortung Führungserfahrung			
Bei ausländischen Bewerberinnen bzw. Bewerbern: Arbeitserlaubnis Führerschein			

Ausprägungsgrad					
Fachliche Kompetenzen	**1 (niedrig)**	**2**	**3**	**4**	**5 (hoch)**
Praktische medizinische Erfahrung					
Kenntnisse in der medizinischen Dokumentation					
Kenntnisse im Bereich der medizinischen Laborarbeiten					
Grundkenntnisse im Qualitätsmanagement					
Sicherer Umgang mit EDV					
Persönliche Kompetenzen	**1 (niedrig)**	**2**	**3**	**4**	**5 (hoch)**
Gutes mündliches und schriftliches Ausdrucksvermögen					
Abstraktionsfähigkeit					
Problemlösungskompetenz					
Merkfähigkeit					
Psychische Stabilität					
Soziale Kompetenzen	**1 (niedrig)**	**2**	**3**	**4**	**5 (hoch)**
Empathie					
Freundlichkeit					
Kontaktbereitschaft					
Teamorientierung					
Kommunikationsfähigkeit					

Arbeitsanweisung

In einer Arbeitsanweisung wird die Durchführung einer bestimmten Aufgabe konkret und detailliert beschrieben. Sie kann mündlich oder schriftlich erteilt werden. Mündliche Arbeitsanweisungen eignen sich für einmalige, kurzfristig zu erledigenden Tätigkeiten, z. B. „Bitte kontrollieren Sie heute unseren Vorrat an

Verbandsmaterial und machen Sie mir eine Aufstellung." Arbeitsanweisungen in schriftlicher Form eignen sich für wiederholende Tätigkeiten, z. B. Sterilisation. Bei einer Arbeitsanweisung gilt: **3 V** – Verständlich, Verpflichtend und Verbindlich.
Arbeitsanweisungen haben verschiedene Vorteile:

- Arbeitsqualität wird gesichert
- Fehlerquote wird niedrig gehalten
- Vertretungssituationen werden einfacher
- Einarbeitung neuer Mitarbeiterinnen und Mitarbeiter wird beschleunigt
- Mitarbeitende können flexibler eingesetzt werden

Mit anderen Worten: Jede und jeder weiß, was sie oder er zu tun hat.

Checkliste: Arbeitsanweisung

Frage	Hinweis	Erledigt	Offen
Wer	Verantwortlicher für diese Aufgabe		
Was	Beschreibung der Aufgabe/Tätigkeit		
Wie	Beschreibung der Arbeitsschritte		
Womit	Auflistung der benötigten Arbeitsmittel		
Wofür (optional – schafft Transparenz)	Ziel bzw. Zweck		

Arbeitskleidung

Die Arbeitskleidung (siehe auch Kleiderordnung) in Arzt- und Zahnarztpraxen werden in Arbeits- und Schutzkleidung auf Basis der Hygieneanforderungen unterschieden. So müssen Mitarbeitende, die kontaminationsgefährdende Tätigkeiten durchführen wie Blutentnahmen oder Vor- und Nachbereitung im Behandlungszimmer, Arbeits- bzw. Schutzkleidung tragen. Mitarbeitende, die ausschließlich am Empfang oder im Verwaltungsbereich tätig sind, können in diesen Arbeitsbereichen private Kleidung tragen. Sollten diese Mitarbeitenden allerdings vertretungsweise Aufgaben in kontaminationsgefährdeten Bereichen übernehmen, müssen sie dort ebenfalls Arbeits- bzw. Schutzkleidung tragen.[2]

Die Vorteile von Einheitskleidung liegen in der Außenwirkung der Praxis, als eine Art visueller Visitenkarte. Darüber wird unter anderem Professionalität und Einheitlichkeit vermittelt und unerwünschte modische Anwandlungen werden vermieden. Die Alternative zu einer Einheitskleidung kann die Vereinbarung eines Dresscodes sein.

Die Finanzierung ist davon abhängig, ob das Tragen der Arbeitskleidung im Interesse der Praxis oder der Mitarbeitenden geschieht. Wird Arbeitskleidung aus eigenem Interesse getragen, beispielsweise um die eigene Kleidung zu schonen, muss dies grundsätzlich selbst finanziert werden. Ist das Tragen von Arbeitskleidung im Interesse der Praxis, etwa bei einheitlicher Praxiskleidung, trägt die Kosten die Praxisinhaberin bzw. der Praxisinhaber. Es ist auch möglich, die Mitarbeitenden an den Kosten zu beteiligen, dies aber nur, wenn diese Kleidung auch außerhalb der Praxiszeiten getragen werden kann.[3]

Arbeitsplatzgestaltung

Eine gute, den Mitarbeitenden angepasste Arbeitsplatzgestaltung sorgt für Zufriedenheit, körperliche und psychische Gesundheit und trägt somit zur Wertschöpfung der Praxis bei. Ganz nebenbei erhöht sich durch eine individuelle Arbeitsplatzgestaltung das Arbeitgeberimage und verstärkt die Mitarbeiterbindung. Es wird unterschieden zwischen der ergonomischen und der organisatorischen

---

[2] Vgl. Bayerns, K. V. (2019, 13. Dezember). Hygienetipps für Personalkleidung. Kassenärztliche Vereinigung Bayerns (KVB). https://www.kvb.de/praxis/qualitaet/hygiene-und-infektionspraevention/hygiene-und-medizinprodukte/personalkleidung/, aufgerufen 01.11.2022.

[3] Vgl. Reinsch, I. (2022, 25. März). Einheitliche Praxiskleidung: was Praxisinhaber vorgeben dürfen. ARZT & WIRTSCHAFT. https://www.arzt-wirtschaft.de/praxis/einheitliche-praxiskleidung-was-praxisinhaber-vorgeben-duerfen/, abgerufen am 01.11.2022.

Arbeitsplatzgestaltung. Die ergonomische Arbeitsplatzgestaltung beschäftigt sich mit der individuellen Anpassung des Arbeitsplatzes an den Mitarbeitenden, beispielsweise Höhe und Größe des Schreibtisches. Die organisatorische Arbeitsplatzgestaltung bezieht sich auf die Arbeitsbedingungen wie Arbeitszeiten, Pausenregelungen sowie die Struktur und Art der Arbeitsinhalten.[4]

Arbeitsplatzgestaltung ist ein Bestandteil des Arbeitsschutzes und gesetzlich verpflichtend. § 5 ArbSchG regelt die Verpflichtung von Arbeitgebern, „durch eine Beurteilung der für die Beschäftigten mit ihrer Arbeit verbundenen Gefährdung zu ermitteln, welche Maßnahmen des Arbeitsschutzes erforderlich sind".[5]

Arbeitsrecht

Gesetze und Regeln, die im Beruf gelten, sind im Arbeitsrecht zusammengefasst. Dabei handelt es sich nicht um ein Gesetz, sondern hier fließen eine Vielzahl rechtlicher Vorschriften verschiedener Gesetze ein. Das Arbeitsrecht regelt die Rechtsbeziehungen zwischen Arbeitgebenden und Arbeitnehmenden.

Auch Praxisinhaberinnen und Praxisinhaber müssen in diesem Zusammenhang diverse Vorschriften berücksichtigen. Im Wesentlichen sind folgende Themen in Arzt- und Zahnarztpraxen relevant:

Arbeitszeit, Pausen und Ruhezeiten	Arbeitszeitgesetz (ArbZG)
Krankheit und Entlohnung im Krankheitsfall	Entgeltfortzahlungsgesetz (EntgFG)
Urlaubsanspruch	Bundesurlaubsgesetz (BUrlG)
Kündigung von Arbeitnehmenden	Kündigungsschutzgesetz (KSchG)
Gleichbehandlung, unabhängig von Geschlecht, Herkunft, Religion, Behinderung, Alter und sexueller Identität	Allgemeine Gleichbehandlungsgesetz (AGG)
Schwangerschaft	Mutterschutzgesetz (MuSchG)
Beschäftigung von unter 18-Jährigen	Jugendarbeitsschutzgesetz (JArbSchG)
Arbeitsschutz	ArbSchG

Alle Gesetzesinhalte in der aktuellen Version sind hier abrufbar: https://www.gesetze-im-internet.de/index.html

---

[4] Krieger, A. (2021, 10. September). Arbeitsplatzgestaltung – Vorgaben, Tipps und Best Practices. Personio. https://www.personio.de/hr-lexikon/arbeitsplatzgestaltung/, abgerufen am 01.11.2022.

[5] § 5 ArbSchG- Einzelnorm. (o. D.). https://www.gesetze-im-internet.de/arbschg/__5.html, abgerufen am 01.01.2022.

Arbeitszeitmodell

In Zeiten des Fachkräftemangels wird es immer bedeutsamer, sich mit unterschiedlichen Arbeitszeitmodellen in der (Zahn-)Arztpraxis zu beschäftigen. Ein auch auf den Bedarf der Arbeitsnehmenden abgestimmtes Arbeitszeitmodell erhöht die Bindung an die Praxis und schafft zufriedene Mitarbeitende. Die Mitarbeitenden erfahren eine gewisse Flexibilität, trotzdem bleibt die Arbeitszeit für die Praxisinhaberin, den Praxisinhaber planbar. So ist eine Vereinbarkeit von Familie und Beruf besser möglich.

Besonders Mitarbeitende der Generationen Y und Z bewerten Freizeit, Freunde und Fitness höher als Karriere und Einkommen. Für diese Mitarbeitenden sind flexible Arbeitszeitmodelle ein besonders wirksames Bindungsmittel an die Praxis.

Checkliste: Arbeitszeitmodelle

Modell	Erläuterung	Passt	Passt nicht
Vollzeit	40 Stundenwoche		
Teilzeit	Weniger Wochenstunden als in Vollzeit, an bestimmten Tagen oder weniger Stunden pro Tag		
Schichtarbeit	Mitarbeitende arbeiten im Tagesverlauf nacheinander, z. B. Früh- und Spätschicht		
Gleitzeit	Es ist eine Kernarbeitszeit festgelegt, außerhalb dieser Zeit besteht keine Anwesenheitspflicht		
Arbeitszeitkonto	Zu viel oder zu wenig Arbeitsstunden werden erfasst und müssen in einem festgelegten Rahmen ausgeglichen werden		
Altersteilzeit	Reduzierung der Arbeitszeit vor der Rente		
Homeoffice	Mitarbeitende dürfen einen gewissen Teil ihrer Arbeit von zu Hause aus erledigen		
Mobiles Arbeiten	Mitarbeitende können ihre Arbeit von zu Hause oder auch von anderen geeigneten Orten erledigen		
Job Sharing	Zwei Mitarbeitende teilen sich eine Stelle (Voll- oder Teilzeit); es wird untereinander abgestimmt, wann wer tätig ist		

Arbeitszeugnis

Jede Mitarbeiterin und jeder Mitarbeiter hat nach der Beendigung ihrer bzw. seiner Tätigkeit Anspruch auf ein schriftliches Arbeitszeugnis. Die gesetzliche Grundlage ist unter § 109 GewO (Gewerbeordnung)[6] und § 630 BGB (Bürgerliches Gesetzbuch)[7] zu finden. Bei der Erstellung eines Arbeitszeugnisses gelten vier Grundsätze: Klarheit, Wohlwollen, Wahrheit und Vollständigkeit. Das Zeugnis sollte schriftlich auf dem Briefpapier der Praxis erstellt und von der Praxisinhaberin bzw. dem Praxisinhaber unterschrieben werden. Es wird nach der Beendigung eines Arbeitsverhältnisses ausgestellt. Grundsätzlich gibt es zwei Varianten, das einfache und das qualifizierte Arbeitszeugnis. Es besteht die Verpflichtung, ein einfaches Zeugnis auszustellen. In dieser Form sind nur die Angaben zur Person sowie Art und Dauer des Beschäftigungsverhältnisses enthalten. Diese Zeugnisvariante wird in aller Regel nur bei kurzen Beschäftigungsverhältnissen gewählt. Üblich ist die Ausstellung eines qualifizierten Zeugnisses. Hier werden zusätzlich detaillierte Angaben zur Tätigkeit sowie zur Leistung und zum Verhalten gemacht.

---

[6] Vgl. § 109 GewO- Einzelnorm. (o. D.). https://www.gesetze-im-internet.de/gewo/__109.html, abgerufen am 12.11.2022.

[7] Vgl. § 630 BGB – Einzelnorm. (o. D.). https://www.gesetze-im-internet.de/bgb/__630.html, abgerufen am 12.11.2022.

Checkliste: Aufbau Arbeitszeugnis

Inhalte	Einfaches Zeugnis	Qualifiziertes Zeugnis
Geschäftspapier mit Briefkopf und Logo der Praxis		
Überschrift – Arbeitszeugnis		
Vor- und Nachname Arbeitnehmerin/Arbeitnehmer		
Geburtsdatum Arbeitnehmerin/Arbeitnehmer		
Dauer der Beschäftigung		
Art der Beschäftigung und Tätigkeiten		
Aufgabenbeschreibungen		
Leistungsbeurteilung von		
- Arbeitsbereitschaft		
- Arbeitsweise		
- Fachkompetenz		
Beurteilung des Verhaltens		
- Sozialverhalten		
- Verhalten zu Vorgesetzen, Kollegen und Patienten		
- ggf. Bewertung des Führungsverhaltens		
ggf. Trennungsgrund		
Schlussformulierung		
Wünsche für die Zukunft		
Ort, Datum und Unterschrift		

Checkliste: Beurteilungen im Arbeitszeugnis[8, 9]

Note	Leistungsbeurteilung
Sehr gut	Hat die ihr/ihm übertragenen Aufgaben stets zu unserer vollsten Zufriedenheit/in allerbester Weise erledigt. Mit ihren/seinen Leistungen waren wir jederzeit und außerordentlich zufrieden.
Gut	Hat die ihr/ihm übertragenen Aufgaben stets zu unserer vollen Zufriedenheit erledigt. Mit ihren/seinen Leistungen waren wir jederzeit zufrieden.
Befriedigend	Hat die ihr/ihm übertragenen Aufgaben zu unserer vollen Zufriedenheit erledigt. Mit ihren/seinen Leistungen waren wir jederzeit zufrieden.
Ausreichend	Hat die ihr/ihm übertragenen Aufgaben zur Zufriedenheit erledigt. Mit ihren/seinen Leistungen waren wir im Großen und Ganzen zufrieden.
Mangelhaft	Hat die ihr/ihm übertragenen Aufgaben im Wesentlichen zur Zufriedenheit erledigt. Mit ihren/seinen Leistungen waren wir in der Regel zufrieden.
Note	**Verhalten gegenüber Vorgesetzten, Kollegen und Patienten**
Sehr gut	Ihr/sein Verhalten zu Vorgesetzten, Kollegen und Patienten war stets vorbildlich/jederzeit absolut einwandfrei/stets sehr gut.
Gut	Ihr/sein Verhalten zu Vorgesetzten, Kollegen und Patienten war stets einwandfrei/stets gut.
Befriedigend	Ihr/sein Verhalten zu Vorgesetzten, Kollegen und Patienten war voll zufriedenstellend/einwandfrei.
Ausreichend	Ihr/sein Verhalten zu Vorgesetzten, Kollegen und Patienten war zufriedenstellend.
Mangelhaft	Ihr/sein Verhalten zu Vorgesetzten, Kollegen und Patienten war insgesamt einwandfrei/weitgehend zufriedenstellend.

[8] https://archive.org/stream/springer_10.1007-978-3-8349-6831-9/10.1007-978-3-8349-6831-9_djvu.txt, abgerufen am 22.01.2023.

[9] https://www.arbeitszeugnis-check.org/verhaltensbeurteilung, abgerufen am 22.01.2023.

Ausbildungsermächtigung

Jede approbierte (Zahn-)Ärztin bzw. jeder approbierte (Zahn-)Arzt hat eine Ausbildungsermächtigung für (Z)MFAs. In der eigenen Praxis auszubilden, gewinnt vor dem Hintergrund des Fachkräftemangels immer größere Bedeutung. Die Ausbildung zur (Z)MFA war laut Statistischem Bundesamt im Jahr 2021 auf Platz 5 der Ausbildungsberufe.[10] Allerdings liegt die Abbrecherquote bei rund einem Drittel, wie der Verband der medizinischen Fachkräfte zu berichten weiß.[11] Dies macht die Wichtigkeit einer guten Begleitung und Betreuung der Auszubildenden deutlich. Dazu können die Praxisinhaberinnen und Praxisinhaber einen wichtigen Beitrag leisten. Die Kenntnisse der eigenen Pflichten als Ausbilder sowie der Rechte der Auszubildenden (JArbSchG) sind eine unerlässliche Grundlage dafür. Bewährt haben sich auch strukturierte Ausbildungspläne, die die relevanten Bereiche für die Zwischen- und Abschlussprüfung berücksichtigen, ebenso wie eine regelmäßige Überprüfung der Fortschritte. Eine feste Ansprechpartnerin bzw. Ansprechpartner in der Praxis zu benennen, die bzw. der über ein besonderes Geschick im Umgang mit Jugendlichen verfügt, hat sich als sehr hilfreich erwiesen.

Muster aktueller Ausbildungspläne sind in der Regel per Download auf den Webseiten der KVen bzw. KZVen zu bekommen.

---

[10] Vgl. Statisches Bundesamt (2022). https://www.destatis.de/DE/Themen/Gesellschaft-Umwelt/Bildung-Forschung-Kultur/Berufliche-Bildung/Tabellen/azubi-rangliste-insgesamt.html, abgerufen am 04.11.2022.

[11] Vgl. vmf: Berufsbild der MFA muss gestärkt werden. (2022, 12. Juli). https://www.vmf-online.de/verband/presse-news/2022-07-12-zi, abgerufen am 04.11.2022.

B

Benefits

Bei Benefits[1] (siehe auch Personalbindung) handelt es sich um Vorteile, welche Praxisinhaberinnen bzw. -inhaber ihren Mitarbeitenden zusätzlich zum Lohn bieten. Benefits ermöglichen es Arbeitgebenden, attraktiver für Bewerberinnen und Bewerber zu sein oder zu werden. Benefits können so zu einem ausschlaggebenden Kriterium für die Attraktivität als Arbeitergeberin bzw. Arbeitgeber werden.

Benefits oder zusätzliche Leistungen sind meist steuerfrei oder werden vom Staat gefördert bzw. unterstützt. Zusatzleistungen bieten sowohl der arbeitgebenden als auch der arbeitnehmenden Seite Vorteile. So können die jeweiligen Praxisinhaberinnen und -inhaber durch Mitarbeiter-Benefits Lohnnebenkosten reduzieren und schaffen zum selben Zeitpunkt Anreize für ihre Mitarbeitenden. Dies unterstützt die Verbundenheit der Mitarbeitenden mit der Praxis in erheblichem Maße und im besten Fall die Bindung von Patientinnen und Patienten an die Arzt-bzw. Zahnarztpraxis und damit deren Erfolg.

Es sind Sachbezüge bis zu 50,00 € pro Monat und Mitarbeiterin bzw. Mitarbeiter steuerfrei, so nachzulesen im § 8 Abs. 2 Satz 11 des Einkommensteuergesetzes. Diese steuerlich begünstigten Sachbezüge können nicht bar ausgezahlt, sondern beispielsweise als Gutschein vergeben werden. Viele Praxen nutzen zum Beispiel den Tankgutschein in dieser Weise.

Weitere Beispiele für mögliche Benefits
Arbeitskleidung, Dienstwagen, BahnCards, Jobtickets, Urlaubsgeld, Weihnachtsgeld, Prämien, Rabatte (z. B. kostenfreie PZR), Weiter- und Fortbildungen,

---

[1] Vgl. https://de.wikipedia.org/wiki/Sachbezug#Deutschland, abgerufen am 12.01.2023.

© Der/die Autor(en), exklusiv lizenziert an Springer Fachmedien Wiesbaden GmbH, ein Teil von Springer Nature 2023
S. Kock and K. Kock, *Personalmanagement in der Arzt- und Zahnarztpraxis von A bis Z*, https://doi.org/10.1007/978-3-658-42360-5_3

Gestaltung des Sozial- oder Pausenraumes (Tischtennisplatte, Kicker, Playstation, Musikanlage etc.), praxiseigene Kinderbetreuung oder andere Möglichkeiten, flexible Formen der Arbeitszeitgestaltung, Barrierefreiheit, Homeoffice, Smartphones, Tablets, Teamevents und gemeinsame Reisen, Getränke, frisches Obst, Gesundheitsförderung.[2]

---

[2] [13] Vgl. https://www.businessinsider.de/gruenderszene/lexikon/begriffe/benefits/, abgerufen am 22.01.2023.

Checkliste: Benefits

Benefit		Machbar	Nicht machbar
Transportmittel:	Praxisfahrrad oder besser als Jobrad bekannt		
	BahnCards		
	Jobtickets		
	Dienstwagen		
Finanzielle Anreize:	Urlaubsgeld		
	Weihnachtsgeld		
	Prämien		
	Mitarbeiterrabatte		
Bildung:	Weiter- und Fortbildungen (z. B. zur Praxismanagerin)		
Praxisausstattung:	Sozial- und Pausenraum (Playstation, Musikanlage etc.)		
	Praxiseigene Kinderbetreuung oder andere Möglichkeiten		
Flexibilität:	Flexible Formen der Arbeitszeitgestaltung		
	Barrierefreiheit		
	Homeoffice		
Technik:	Smartphones		
	Tablets		
Teambuilding:	Teamevents und gemeinsame Reisen		
Versorgung:	Getränke		
	Frisches Obst		
	Gesundheitsförderung		

Behinderung

Ein Mensch ist nach geltendem Recht „behindert", „wenn seine körperlichen und geistigen Fähigkeiten oder seine psychische Gesundheit nicht nur vorübergehend deutlich gemindert ist und er dadurch Hilfe, zum Beispiel, um am Arbeitsleben teilnehmen zu können, benötigt".[3] Schwerbehindert ist ein Mensch im Sinne des Gesetzes, wenn vom Versorgungsamt ein Grad der Behinderung von 50 oder mehr festgestellt wird. Gleichgestellt mit schwerbehinderten Menschen werden Menschen mit einem Grad der Behinderung von mindestens 30, aber weniger als 50 von der zuständigen Agentur für Arbeit, wenn die Aufnahme oder der Erhalt des Arbeitsplatzes behinderungsbedingt gefährdet sind[4] (siehe auch Schwerbehindertengesetz).

Der Grad der Behinderung sagt nichts über die Leistungsfähigkeit einer Arbeitnehmerin bzw. eines Arbeitnehmers aus.

Bestellwesen

Bestellwesen meint den rechtlich/organisatorischen Prozessablauf zur Beschaffung von Materialien und Services auf der Basis von Informationen aus der Bedarfsermittlung, Beschaffungsmarktforschung und Einkaufspolitik. Der Bestellprozess setzt sich aus mehreren Teilprozessen zusammen.[5]

Damit das Bestellwesen funktioniert, ist es hilfreich und sinnvoll, eine Person verantwortlich mit dieser Aufgabe zu betrauen. Diese Person wird ihren Verantwortungsbereich regelmäßig überwachen, um dafür zu sorgen, dass keine „Panikkäufe" getätigt werden oder unnütze Materialien das „Lager" blockieren. So werden Kosten gesenkt, nur das notwendige Geld gebunden und keine Fehlmengen produziert. Das macht also nachhaltig Sinn.

Ein effizientes Bestellwesen besteht aus mehreren Teilprozessen.[6] So muss die Verfügbarkeit eines benötigten Produktes gecheckt werden. Das Produkt muss in der gewünschten Qualität, in der passenden Menge und zum gewünschten Zeitpunkt dort vorhanden sein, wo es gebraucht wird. Die Menge muss so gewählt

---

[3] https://www.arbeitsagentur.de/datei/dok_ba015366.pdf, abgerufen am 25.10.2022.

[4] Vgl. https://www.sozialgesetzbuch-sgb.de/sgbix/2.html, abgerufen am 25.10.2022.

[5] Vgl. https://wirtschaftslexikon.gabler.de/definition/bestellprozess-27659, abgerufen am 12.01.2023.

[6] Vgl. https://wirtschaftslexikon.gabler.de/definition/bestellprozess-27659, abgerufen am 12.01.2023.

werden, dass es nicht zu Engpässen kommt. Dazu muss die verantwortliche Person einige Fragen regelmäßig beantworten und entsprechend recherchieren: Was wird in welcher Menge und in welcher Zeit benötigt? Außerdem hat es sich als hilfreich und sinnvoll erwiesen, einen Bestellrhythmus festzulegen und eine „eiserne Reserve" zu pflegen, damit es nicht zu Engpässen kommen kann.

Die Steuerung des Bestands ist leicht mittels einer Materialkartei zu organisieren, die gern elektronisch (Materialverwaltungsprogramm oder Tabellenkalkulation) geführt werden kann. Folgende Angaben machen Sinn:

- Wann muss bestellt werden, damit keine Engpässe entstehen?
- Wie lange ist welches Material nutzbar?
- Wie viel von welchem Material liegt noch auf Lager?
- Welche spezifischen Materialinformationen sind nötig?

Checkliste: Bestellwesen I[7]

Prüfung	Hinweise	Ja	Nein
Verpackung okay?	Besteht die Gefahr, dass der Inhalt ebenfalls beschädigt ist, ist die Annahme zu verweigern.		
Anschrift okay?	Es ist sicherzustellen, dass der Empfänger auch der Adressat ist.		
Lieferung korrekt? (siehe auch Bestellschein)	▪ gelieferte Materialien abhaken ▪ fehlende Materialien markieren und sofort (kostenfreie) Nachlieferung veranlassen		
Materialien okay? Art, Menge, Haltbarkeit?	▪ fehlerhafte Ware dokumentieren und für die Rücksendung vorbereiten		

---

[7] https://wirtschaftslexikon.gabler.de/definition/bestellprozess-27659 am 12.01.2023.

Checkliste: 10 Gebote des Bestellwesens II[8, 9]

Gebot	Hinweise	Ja	Nein
1. Überblick über die Marktverhältnisse	Lassen Sie sich zu Beginn von verschiedenen Lieferanten Material schicken, um einen Überblick über die Angebote und Preise zu erhalten! Erstellen Sie dann eine Liste, die Sie im Wareneingangsordner abheften und in der Sie die Lieferanten bewerten können!		
2. Bestellung der Waren	Bestellen Sie Ihre Waren schriftlich via Mail und speichern Sie die Bestellung an geeigneter Stelle! So haben Sie den Überblick, ob Sie die richtige Ware in der bestellten Stückzahl erhalten haben.		
3. Wareneingangs- und Rechnungs- kontrolle	Kontrollieren Sie beim Wareneingang sofort die Rechnung und die Bestellung! Sollte die Ware oder die Stückzahl nicht korrekt sein, sorgen Sie dafür, dass der Fehlbestand direkt und versandkostenfrei nachgeliefert wird.		
4. Bestands- liste	Machen Sie eine Bestandsliste, in der Wareneingang und -aus- gang eingetragen werden, und vermerken Sie, ab welchem Bestand wieder bestellt werden muss!		
5. Zuschläge vermeiden	Wenn Sie genügend Kapazitäten haben, lohnt es sich, Minder- mengenzuschläge zu umgehen. Vielleicht können Sie sich auch mit befreundeten Praxen zusammenschließen und eine Art Sammelbestellung aufgeben.		
6. Rabatte	Vereinbaren Sie mit Ihren bevorzugten Lieferanten Treue- und Mengenrabatte!		
7. Vorkasse und Nach- nahme	Lassen Sie sich nicht auf teure Nachnahmesendungen ein! Verhandeln Sie mit den Lieferanten einen Rechnungskauf! Treten Sie - wenn möglich - auch nicht in Vorkasse!		
8. Portokosten vermeiden	Bestellen Sie möglichst immer zu dem Grundbestellwert, bei dem Ihr Zulieferer die Portokosten übernimmt!		
9. Über- ziehungs- zinsen vermeiden	Bestellen bzw. bezahlen Sie Ihren Wareneingang erst, wenn Ihre Konten gedeckt sind.		
10. Angebote überprüfen	Lassen Sie nicht von jedem Angebot zum Kauf verleiten! Oft werden so unnötige Waren bestellt, die selten oder gar nicht gebraucht werden.		

---

[8] https://wirtschaftslexikon.gabler.de/definition/bestellprozess-27659,   abgerufen   am 12.01.2023.

[9] https://www.iww.de/ppz/praxisorganisation/praxisbedarf-beschaffungsmanagement-schritt-fuer-schritt-so-gestalten-sie-den-materialeinkauf-optimal-f59303,   abgerufen   am 12.01.2023.

Betriebliche Altersversorgung

Betriebliche Altersversorgung (bAV) ist der Sammelbegriff für alle finanziellen Leistungen, die eine Arbeitgeberin bzw. ein Arbeitgeber einem Arbeitnehmenden aus Anlass ihres bzw. seines Arbeitsverhältnisses zur Altersversorgung, Versorgung von berechtigten Hinterbliebenen im Todesfall oder zur Invaliditätsversorgung bei Erwerbs- oder Berufsunfähigkeit zusagt.[10]

Die Altersvorsorge ist in Deutschland auf drei Säulen gestellt: die betriebliche, die gesetzliche und die private Vorsorge für das Alter.[11]

Das Gesetz zur Verbesserung der betrieblichen Altersversorgung (BetrAVG) gewährt in § 1a BetrAVG einen Rechtsanspruch des Arbeitnehmenden gegen dessen Arbeitgebenden auf Entgeltumwandlung. Umgewandelt werden Teile des Arbeitslohns in betriebliche Versorgungsanwartschaften. Die Versorgung bietet neben einer zusätzlichen Altersrente Steuer- und Sozialversicherungsvorteile während der Anwartschaftszeit. Näheres wird vornehmlich im EStG und in der SvEV geregelt.

Der betrieblichen Altersversorgung stehen verschiedene Möglichkeiten[12] zur Verfügung:

- Da ist zum einen die **Direktzusage**. Dabei erbringt zum Beispiel ein (Z-)MVZ die Leistungen für die Arbeitnehmerin bzw. den Arbeitnehmer aus der betrieblichen Altersversorgung selbst. Das (Z-)MVZ bildet hierzu (wenn es bilanziert) bilanzielle Rückstellungen auf der Passivseite und kann diese mittels einer Rückdeckungsversicherung bilanziell aktivieren.
- Bei einer **Unterstützungskasse** handelt es sich um mit Sondervermögen bestückte, rechtsfähige Versorgungseinrichtung, die (kongruent) rückgedeckt oder mit einem Reservepolster finanziert ist (im ambulanten Gesundheitswesen eher unüblich).
- Die **Pensionskasse** stellt selbstständiges Versicherungsunternehmen da. Die Einzahlungen sind gemäß § 3 Nr. 63 EStG steuerlich limitiert. Könnte zum (Z-)MVZ passen.

---

[10] Vgl. Andreas Buttler, Markus Keller: *Einführung in die betriebliche Altersversorgung*, 8. Auflage, VVW, Karlsruhe 2017, ISBN 978-3-89952-979-1.

[11] Vgl. Bund der Versicherten (Hrsg.): *Leitfaden Altersvorsorge. Richtig vorsorgen und dabei sparen. Fördermöglichkeiten, Geldanlagen, Versicherungen.* zu Klampen Verlag, Springe 2009, ISBN 978-3-86674-029-7.

[12] Vgl. PricewaterhouseCoopers AG, Deutsche Rentenversicherung Bund: *Altersvorsorge. Beraten, gestalten, optimieren*, Stollfuß Medien GmbH & Co. KG, ISBN 978-3-08-352000-9.

- Die **Direktversicherung,** die häufig in (Zahn-)Arztpraxen und (Z-)MVZ anzutreffen ist, ist ein Produkt einer Lebensversicherungsgesellschaft.
- Auch ein **Pensionsfonds** ist seit 2002 vorstellbar, hat aber keine praktische Relevanz für Praxisinhaberinnen und -inhaber.

Die betriebliche Altersversorgung ist ein Personalbindungsinstrument, das verschiedenen Mitarbeitenden angeboten werden kann, seien sie nun Angestellte, Auszubildende oder Arbeitnehmerinnen oder Arbeitnehmer. Bei Geschäftsführenden, wie zum Beispiel in einer (Z-)MVZ-GmbH, gilt dies nur für (nicht-)beherrschenden Gesellschaftergeschäftsführerinnen bzw. -geschäftsführer.

Checkliste: Betriebliche Altersvorsorge

Art der Versorgung	Passt	Passt nicht
Direktzusage		
Unterstützungskasse		
Pensionskasse		
Direktversicherung		
Pensionsfonds		

Betriebliche Altersvorsorge kann Arbeitnehmenden – genauer: angestellten Ärztinnen und Ärzten, MFAs, ZFAs, Auszubildenden und (nicht-)beherrschenden Gesellschaftergeschäftsführerinnen bzw. -geschäftsführern einer GmbH zugesagt werden.

Betriebliche Fort- und Weiterbildung

Alles, was Praxisinhaberinnen, -inhaber oder (Z-)MVZen für die Qualifikation ihrer Mitarbeiterinnen und Mitarbeiter tun, kann man als „Betriebliche Fort- und Weiterbildung"[13] (siehe auch Qualifizierung) bezeichnen. Meist wird nur von Fortbildung gesprochen. Damit sind alle Aktionen, Maßnahmen und Ideen gemeint, die dazu geeignet sind, das Wissen, die Fertigkeiten und die Kenntnisse der Mitarbeiterinnen und Mitarbeiter zu vertiefen bzw. weiterzuentwickeln. Diese Qualifikation kann intern oder extern erfolgen und schließt meist direkt an die Erstausbildung an.

Ein sehr großer Teil der praxisbezogenen Weiterbildung geschieht „on-the-job", aber auch „off-the-job" wird qualifiziert. Der Bereich der Fort- und Weiterbildung ist ein wesentlicher Teil des Personalmanagements und kann dazu beitragen, gute Mitarbeitende noch besser zu machen und zu binden. Eine Einarbeitung, also die Qualifikation „on-the-job" besteht dabei meist aus Anweisungen, Anleitungen oder Einweisungen am unmittelbaren Arbeitsplatz statt. „Off-the-job" wird außerhalb der Praxis bzw. des (Z-)MVZ qualifiziert und auch zertifiziert.

Weil die Fort- und Weiterbildung aktuell eine so bedeutende Rolle spielt, die vor dem Hintergrund des Fachkräftemangels noch größer werden wird, steht die betriebliche Weiterentwicklung in einem engen Verhältnis zur Personalentwicklung. In den meisten Praxen liegt dies alles in der Verantwortung der Inhaberinnen und Inhaber.

Da die praxisbezogene Weiterbildung eine so große Bedeutung hat, beteiligen sich die Praxen und (Z-)MVZen zunehmend an den anfallenden Kosten oder übernehmen diese sogar vollständig. Gleichermaßen stellen mehr und mehr Praxen und (Z-)MVZen die bei ihnen beschäftigten Personen für die Teilnahme an entsprechenden Bildungsveranstaltungen frei.

Für die praxisbezogen Weiterbildung sprechen viele Punkte:

- Aufrechterhaltung der Wettbewerbsfähigkeit der Praxis bzw. des (Z-)MVZ durch hochqualifizierte Arbeitnehmende,
- größtmögliches Potenzial an Arbeitskraft garantieren,
- Anpassen der beruflichen Kenntnisse an technische oder soziale Innovationen,
- Steigerung der Selbstständigkeit sowie des Verantwortungsbewusstseins der Arbeitnehmenden,

---

[13] Vgl. https://persomatch.de/hr-lexikon/betriebliche-weiterbildung/, abgerufen am 11.01.2023.

- Erhöhung der Arbeitgeberattraktivität,
- Senkung der praxis- bzw. (Z-)MVZ-internen Fluktuation,
- Verbesserung des Wissenstransfers.

Checkliste: Formen praxisbezogener Fort- und Weiterbildung

	Geeignet	Nicht geeignet
Einarbeitung		
Fortbildungen, z. B. in Form von Seminaren		
Umschulungen		
Erwerb von Zusatzqualifikationen		
Berufsbegleitende Weiterbildungen		
Andere berufliche Bildungsvorgänge		

Checkliste: Betriebliche Weiterbildung I[14]

Aufgaben	Was ist zu klären bzw. zu tun?	Erledigt
Vorbereitung	▪ Aktuelle berufliche Situation, welche Ziele werden verfolgt (Aufstieg, beruflicher Abschluss, Wiedereinstieg)? ▪ Persönliche Umstände (finanziell, berufliche, familiär)? ▪ Welche Art einer Weiterbildung wird angestrebt, benötigte Voraussetzungen (bestimmter Berufs-/Schulabschluss)? ▪ ausreichendes Informationsmaterial einholen (Berufsschulen, Arbeitsamt, IHK, Informationsstellen der zuständigen Kommune)	
Gesamtüberblick über sämtliche Weiterbildungs-angebote	▪ Sind die Anbieter staatlich oder privat? ▪ Gibt es Angebote in der Nähe? ▪ Wer bietet Kurse an? ▪ Dauer, Zeit des Lehrgangs? ▪ Kosten für Weiterbildung und zusätzliche Kosten (Fahrtkosten, Übernachtung, Verpflegung)? ▪ Zahlungsbedingungen? ▪ evtl. Finanzierung des Kurses (Zuschuss vom Arbeitgeber, BAföG, Förderung durch Arbeitsamt)? ▪ angemessenes Preis-Leistungs-Verhältnis?	

Seriosität	▪ genügend Informationen über Veranstalter einholen
	▪ Wie lange gibt es den Veranstalter schon?
	▪ Ausstattung räumlich und sachlich angemessen?
	▪ Angebote über Schnuppertage vorhanden?
	▪ Vertrag des Veranstalters überprüfen
	   - *Zahlungsart*
	   - *Kosten*
	   - *Rücktritts-/Kündigungsregelungen*
	   - *Dauer und Ort der Veranstaltung*
	   - *Ziele, Inhalte*
	   - *Voraussetzungen für die Teilnahme*
	   - *Teilnehmeranzahl*	

---

[14] Vgl. https://www.betriebsrat.com/suche#!fort-%20und%20weiterbildung, abgerufen am 12.01.2023.

Checkliste: Betriebliche Weiterbildung II

Aufgaben	Was ist zu klären bzw. zu tun?	Erledigt

Qualität	▪ Inhaltlich
	  - *Werden Inhalte/Ziele genau erläutert?*
	  - *rechtliche Grundlagen der Prüfungsordnung*
	  - *zuständige Einrichtung für Prüfung (IHK)*
	  - *Einsichtnahme in Lehrmaterial*
	▪ Vorgehensweise
	  - *Welche Methoden werden eingesetzt? Ändern sich diese je nach Lehrgang?*
	  - *Abstimmung der Methoden auf Lernziele?*
	  - *Werden Medien eingesetzt?*
	▪ Angebote lernunterstützend?
	  - *Wird eine Betreuung angeboten?*
	  - *Werden Erfahrungen der Teilnehmer aus Beruf/Leben einbezogen?*
	  - *Werden die Teilnehmenden bei der Gestaltung und Ablauf mit einbezogen?*
	▪ Dozentin/Dozent
	  - *Ist die Dozentin bzw. der Dozent fachlich qualifiziert?*
	  - *Praxis-Erfahrungen*
	▪ Praxisbezug
	  - *Angebot von Betriebspraktika*
	  - *Werden Praktika in Betrieben durchgeführt?*
	▪ *Werden die Weiterbildungsbedürfnisse an die praxisbezogene Situation angepasst?*	

Betriebliches Gesundheitsmanagement

Wenn Praxisinhaberin und -inhaber die Gesundheit ihrer Beschäftigten erhalten oder fördern wollen, stehen ihnen die Möglichkeiten des Betrieblichen Gesundheitsmanagements zur Verfügung (BGM). Mit dem BGM sind alle praxisbezogenen Handlungen und Abläufe gemeint, die die Gesundheit der Mitarbeitenden sichern.

Das Betriebliche Gesundheitsmanagement verfolgt dabei zwei Strategien: Zum einen alle Änderungen, die darauf abzielen, eine gesundheitsförderliche Arbeits- und Organisationsgestaltung zu ermöglichen, **Vorbeugung auf der Ebene der Verhältnisse.** Zum anderen die Maßnahmen, die darauf ausgerichtet sind, die Mitarbeiterinnen und Mitarbeiter zu befähigen, sich gesundheitsförderlich zu verhalten, **Vorbeugung auf der Ebene des Verhaltens.**

Das Betriebliche Gesundheitsmanagement beruht auf der gesetzlichen Verpflichtung zum Arbeits- und Gesundheitsschutz (ArbSchG) und zum betrieblichen Eingliederungsmanagement (BEM) (§ 167 Absatz 2 SGB IX). Der dritte Baustein des BGM sind freiwillige Leistungen der arbeitgebenden Instanz zur praxisbezogenen Gesundheitsförderung.[15] Um das Betriebliche Gesundheitsmanagement in die praxisbezogenen Prozesse zu integrieren, muss in der Praxis oder dem (Z-) MVZ eine „Kultur der Vorbeugung" entwickelt und gelebt werden. Die „Kultur der Vorbeugung" umfasst drei weitere Bereiche[16]:

- Praxiskultur/-philosophie
- Organisationsentwicklung
- Personalmanagement/-entwicklung

Beispiele für mögliche Maßnahmen des Betrieblichen Gesundheitsmanagements:

- Umgestalten des Sozial- bzw. Pausenraums
- Zuschüsse zu Fitnessstudios
- Fahrsicherheitstraining (z. B. für „entspannteres Fahren")
- Kummerkästen
- Mitarbeiterbefragungen
- Gesundheitszirkel
- Aktionen für gesundes Essen
- etc.

---

[15] Vgl. https://www.ukbw.de/sicherheit-gesundheit/aktuelles/fachthemen/gesundheit-im-bet rieb/was-ist-betriebliches-gesundheitsmanagement-bgm/, abgerufen am 12.01.2023.

[16] Vgl. Ingo Weinreich, Christian Weigl: *Unternehmensratgeber betriebliches Gesundheitsschutzmanagement: Grundlagen – Methoden – personelle Kompetenzen.* Berlin 2011, ISBN 978-3-503-13057-3. Am 12.01.2023.

Beurteilung

Die Beurteilung oder besser gesagt die Mitarbeiterbeurteilung oder Mitarbeiterbe-wertung ist eine Methode der Personalführung, die im Rahmen eines Mitarbeiter-oder Jahresgespräches genutzt wird. Ihr Ziel ist die Weiterentwicklung und Motivation der Mitarbeitenden durch einen transparenten Abgleich zwischen Erwartungen der Praxis oder des (Z-)MVZ und der Leistung der Mitarbeiterin bzw. des Mitarbeiters.

Welche Inhalte gehören in eine Personalbeurteilung?[17] In die Beurteilung einer Mitarbeiterin bzw. eines Mitarbeiters fließen sowohl Soft Skills (z. B. Zuverläs-sigkeit, Kritikfähigkeit) auch die fachliche Kompetenz und messbare Erfolge mit ein. In der Regel erfolgt die Beurteilung auf Basis von Leistungskennzahlen und Beobachtungen der Führungskraft. Frühere Zeugnisse sowie Zertifikate der Mit-arbeitenden können die aktuellen Beobachtungen ergänzen. Häufig werden auch Kollegen befragt, die eine Einschätzung äußern können.

Folgende Kriterien gehören zu einer Bewertung dazu:

- **Arbeitsqualität** *(Welche Tätigkeiten übernimmt die beschäftigte Person? Wie zufriedenstellend wurden diese ausgeführt? Wie hoch war bzw. ist die Fehler-quote? Wie lange brauchte die Person für die Tätigkeiten?)*
- **Selbstständigkeit** *(Erledigt die Mitarbeiterin bzw. der Mitarbeiter nur die ihr bzw. ihm aufgetragenen Aufgaben oder werden Herausforderungen auch selbstständig erkannt und einer entsprechenden Lösung zugeführt?)*
- **Effektivität** *(Arbeitet die Mitarbeiterin bzw. der Mitarbeiter zielorientiert oder kann sie bzw. er nicht einschätzen, wie sie bzw. er die Prioritäten setzen soll?)*
- **Leistungsbereitschaft** *(Wie hoch die Bereitschaft die Mitarbeiterin bzw. des Mitarbeiters, sich für die Praxis oder das (Z-)MVZ einzusetzen und dabei ihre bzw. seine Bestleistung abzurufen?)*

Weitere, übliche Bewertungen oder Beurteilungen von Mitarbeitenden stehen an, wenn z. B. die Probezeit abläuft oder gekündigt wurde. In solchen Fällen ist eine Beurteilung durch ein Arbeitszeugnis angezeigt (s. a. Arbeitszeugnis).[18] Geht es um Kritik, tun sich viele Praxisinhaberinnen und -inhaber oder auch Führungs-kräfte schwer. Zu groß ist die Angst davor, durch eine kritische Bewertung die Beziehung zur zu beurteilenden Person oder das Praxisklima zu gefährden.

---

[17] Vgl. https://raven51.de/wiki/mitarbeiterbeurteilung/, am 12.01.2023.

[18] Vgl. E. Crisand, H. J. Rahn: *Personalbeurteilungssysteme.* 4. Auflage 2011, ISBN 978-3-937444-95-6.

Dennoch, Kritik ist wichtig.[19] Sie wertschätzend, anerkennend und respektvoll zu äußern, macht es meist leichter. Gemeinsam mit Lob und Anerkennung, hilft Kritik Mitarbeiterinnen und Mitarbeitern dabei, sich selbst einzuschätzen. Es gibt verschiedene Möglichkeiten der Beurteilung von Mitarbeitenden. Zum Teil beruhen sie auf **objektiven Erhebungen,** zum Teil auf subjektiven. Beides hat seine Vor- und Nachteile.

Checkliste: Möglichkeiten der Mitarbeiterbeurteilung

Instrument	Hinweise	Geeignet	Nicht geeignet
Fragebogen	*Fragebögen sind Teil der individuellen Beurteilung von Mitarbeitenden. Praxisinhaberinnen und -inhaber, Vorgesetzte, Kolleginnen bzw. Kollegen und Patientinnen bzw. Patienten geben ihren ganz subjektiven Eindruck wieder.*		
Gespräch	*Es kommt in verschiedenen Gewändern daher: als Jahres-, Zielvereinbarungs- oder Gehaltsgespräch. Diese Formen des Gesprächs erfordern in regelmäßigen Abständen eine Auseinandersetzung mit den Leistungen der Mitarbeitenden. Es empfiehlt sich, Gehalts- und Jahres- bzw. Beurteilungsgespräche getrennt zu führen.*		
Selbsteinschätzung	*Bei der Selbsteinschätzung oder Selbstbeurteilung hat jede bzw. jeder Mitarbeitende die Chance, durch Selbstreflexion ihre bzw. seine eigenen Leistungen sowie Verbesserungspotentiale zu erkennen. Diese Form der Beurteilung kann die Akzeptanz der Arbeitnehmenden erhöhen.*		
Kennzahlen	*Liegt entsprechendes Datenmaterial vor, lässt sich auf Grundlage erreichter Zahlen die Arbeitsleistung einer Mitarbeiterin bzw. eines Mitarbeiters beurteilen. Hier ist eine objektive Beurteilung möglich. Dabei gilt: Je komplexer eine Tätigkeit ist, desto schwieriger lässt sich die Leistung in Zahlen ausdrücken.*		

---

[19] Vgl. Elisabeth Haberleitner: *Führen Fördern Coachen. So entwickeln Sie die Potenziale Ihrer Mitarbeiter.* ISBN 3-492-23931-5.

Betriebsbedingte Kündigung

Eine betriebsbedingte Kündigung[20] liegt vor, wenn eine Arbeitgeberin bzw. Arbeitgeber ein Beschäftigungsverhältnis deshalb kündigt, weil sie bzw. er den Arbeitnehmenden wegen betrieblicher Erfordernisse in dem Betrieb (Praxis, (Z-) MVZ etc.) nicht weiterbeschäftigen kann. Die Ursachen für die Kündigung liegen im Bereich der Arbeitgeberin bzw. des Arbeitgebers. Diese Person kann oder will ihre Praxis oder das (Z-)MVZ nicht mehr mit dem aktuellen Personalpool fortführen. Vor diesem Hintergrund ist eine „unternehmerische" Entscheidung zu treffen, die ggf. nachhaltigen Personalabbau zur Folge hat.

Im Geltungsbereich des Kündigungsschutzgesetzes (KSchG) darf in Deutschland ein Arbeitsverhältnis nach § 1 KSchG[21] aus praxis- bzw. betriebsbedingten Gründen nur gekündigt werden, wenn der Beschäftigungsbedarf für einen oder mehrere Arbeitnehmerinnen bzw. Arbeitnehmer in dem bisher wahrgenommenen Aufgabenbereich auf Dauer entfällt und die Arbeitnehmerin bzw. der Arbeitnehmer nicht auf einem anderen freien Arbeitsplatz weiterbeschäftigt werden kann.[22] Sind mehrere vergleichbare Arbeitnehmende betroffen, muss der Arbeitgebende die Arbeitnehmenden, denen gekündigt werden soll, nach bestimmten sozialen Kriterien auswählen. Dieser Umstand ist auch als Sozialauswahl bekannt. Es sind dabei die Dauer der Betriebs- bzw. Praxiszugehörigkeit, das Lebensalter, eventuelle Unterhaltspflichten und eine eventuelle Schwerbehinderung der Arbeitnehmerin bzw. des Arbeitnehmers ausreichend zu berücksichtigen. Auf Verlangen der Arbeitnehmenden hat der Arbeitgebende die Gründe anzugeben, die zu der getroffenen sozialen Auswahl geführt haben.

Nach vorliegender Rechtsprechung des Bundesarbeitsgerichts wird die Rechtmäßigkeit einer praxis- bzw. betriebsbedingten Kündigung an einer dreistufigen Prüfung gemessen:

1. das Vorliegen einer unternehmerischen Entscheidung, die zum Wegfall eines oder mehrerer Arbeitsplätze führt,

---

[20] Vgl. Wilfried Berkowsky: Die betriebsbedingte Kündigung unter Berücksichtigung des Betriebsverfassungsrechts und des Arbeitsgerichtsverfahrens, sowie des Arbeitsgerichtsverfahrens, ISBN 978-3-406-54934-2.

[21] Vgl. Gerhard Etzel u. a. (Hrsg.): „KR: Gemeinschaftskommentar zum Kündigungsschutzgesetz und zu sonstigen kündigungsschutzrechtlichen Vorschriften", Verlag: Luchterhand (Hermann); 10. Auflage 2012.

[22] Vgl. Eugen Stahlhacke, Ulrich Preis u. a. (Hrsg.): „Kündigung und Kündigungsschutz im Arbeitsverhältnis", 10. Auflage, München 2010, Verlag: C.H.Beck.

2. Gründe, die einer Weiterbeschäftigung des Arbeitnehmers in diesem Betrieb entgegenstehen, bzw. Ausschluss einer anderweitigen Beschäftigung
3. gesetzeskonforme Durchführung der Sozialauswahl.

Mustervorlage: Betriebsbedingte Kündigung[23, 24]

Hausärztliche Gemeinschaftspraxis
Dr. Beate Beispiel
Beispielweg 12
12345 Beispielhausen

DIE HAUSÄRZTE

Betriebsbedingte Kündigung

Sehr geehrte Frau Mustermann,

hiermit kündigen wir das zwischen Ihnen und uns bestehende Arbeitsverhältnis ordentlich zum nächstmöglichen Zeitpunkt. Dies ist nach unserer Berechnung der xx.yy.zzzz. Wir sehen uns zu diesem Schritt aufgrund der Schließung der Abteilung MUSTER xx.yy.zzzz umgesetzt werden wird.

Sie haben die Möglichkeit, eine Abfindung zu beanspruchen, wenn Sie innerhalb der in § 4 Satz 1 Kündigungsschutzgesetz genannten Frist keine Kündigungsschutzklage erheben.

Wir weisen Sie zudem auf Ihre Pflicht hin, sich bei der Agentur zur Arbeit zu melden. Ihr Arbeitszeugnis wird Ihnen auf postalischem Weg übersandt.

Mit freundlichen Grüßen

_____

(Unterschrift Arbeitgeber)

Kündigung erhalten

_____

(Unterschrift Arbeitnehmer)

---

[23] Vgl. http://www.hensche.de/Betriebsbedingte_Kuendigung_Musterschreiben_Betriebsbedingte_Kuendigung.html, abgerufen am 22.01.2023.
[24] https://www.fachanwalt.de/magazin/arbeitsrecht/betriebsbedingte-kuendigung-muster, abgerufen am 22.01.2023.

Bewerbermanagement

Im Fokus des Bewerbermanagements stehen die Verwaltung von Dokumenten der Bewerbenden, die Kommunikation mit Bewerberinnen und Bewerbern und praxisinterne Abstimmungsprozesse. Ein gut strukturiertes Bewerbermanagement deckt somit alle Prozesse rund um mögliche Bewerbungen ab.

Hauptaufgabe des Managements von Bewerbungen ist, die passende Kandidatin bzw. den passenden Kandidaten für eine Praxis bzw. ein (Z-)MVZ zu finden. Es kommt nicht nur auf das Fachliche an, auch zwischenmenschlich muss es passen. So ist sichergestellt, dass die mitarbeitenden Personen länger in der Praxis oder dem (Z-)MVZ verbleiben und unterstützen.

Ziele des Bewerbermanagements

Das Bewerbermanagement verfolgt vier Ziele: Kosten und Zeit zu sparen, die richtigen Kandidatinnen bzw. Kandidaten zu finden sowie das Image als arbeitgebende Instanz zu verbessern. Jede Praxis und jedes (Z-)MVZ, die bzw. das neue Mitarbeiterinnen oder Mitarbeiter einstellt, hat in mehr oder weniger geeigneter Form ein Bewerbermanagement. Die Qualität eines solchen Management-Tools ist wesentlich: Denn nur ein gutes Bewerbermanagement wird Praxen und/oder (Z-)MVZen auf Erfolgskurs bringen oder halten.

Bonifikation

Die „Bonifikation" ist eine Vergütung der Mitarbeiterinnen bzw. Mitarbeiter, zusätzlich zu ihrem Lohn oder Gehalt.[25] Der „Bonus" ist eine freiwillige Zuwendung der Arbeitgeberin bzw. des Arbeitgebers zur „Anerkennung" der Arbeitnehmenden. Den Bonus gibt es also stets zusätzlich zum vereinbarten Lohn (s. a. Zielvereinbarung). Oft ist die Bonifikation an Zielvereinbarungen geknüpft, die die arbeitgebende Seite mit der arbeitnehmenden Seite für ein Jahr vereinbart hat. Der Anspruch ist nur rechtsverbindlich, wenn er im Arbeitsvertrag schriftlich vereinbart worden ist.

---

[25] Vgl. Marco De Micheli: *Nachhaltige und wirksame Mitarbeitermotivation.* Praxium-Verlag, 2009, ISBN 978-39522958-3-0.

Der Begriff „Bonus" wird uneinheitlich verwendet, eine gesetzliche Definition existiert nicht.[26]So muss jeweils im Einzelfall geprüft werden, ob es sich um eine (freiwillige) „Bonifikation" oder um einen (variablen) Lohnbestandteil handelt. Auf die Bezeichnung „Bonus" sollte verzichtet werden, um Missverständnisse zu vermeiden.

Wird eine „Bonifikation" wiederkehrend, ohne Unterlass und Vorbehalt gezahlt, darf die arbeitnehmende Seite dies als Zusicherung deuten und auch zukünftig von einer entsprechenden Anerkennung ausgehen. So wird eine eigentlich freiwillige Leistung ungewollt zu einem Bestandteil des Lohnes. Es ist zu empfehlen, im Arbeitsvertrag zu vermerken, dass es sich bei der „Bonifikation", um eine freiwillige Leistung handelt. Zudem ist ein Vermerk in der Lohnabrechnung sinnvoll. An dieser Stelle wird der „Bonus" als „freiwillige Anerkennung" ausgewiesen. Eine Absprache mit der Lohnbuchhaltung ist angezeigt.

Wenn die zusätzliche Anerkennung vertraglich fixiert werden soll, geht die Vertragsfreiheit vor.[27] So sind nicht alle Arbeitnehmenden gleich zu behandeln. Einzelne Mitarbeitende, zum Beispiel angestellte Ärztinnen und Ärzte oder auch Mitarbeitende von Abteilungen, können eine Anerkennung erhalten. Dabei ist stets darauf zu achten, dass das Prinzip der Gleichbehandlung im Arbeitsrecht beachtet wird. Eine Schlechterstellung einzelner Mitarbeiterinnen oder Mitarbeiter gegenüber der Mehrheit aus Gründen der Willkür oder anderen Unsachlichkeiten ist verboten.

---

[26] Vgl. Jörg Knoblauch: *Die besten Mitarbeiter finden und halten.* Campus-Verlag, Zürich, 2009, ISBN 978-35933900-4-8.

[27] Vgl. Michael Schreier: *Das Allgemeine Gleichbehandlungsgesetz- Wirklich ein Eingriff in die Vertragsfreiheit?* abgerufen am 13.01.2023.

Mustervorlage: Zielvereinbarung für Bonifikation

Praxis/(Z-)MVZ		Datum	
Vorgesetzte bzw. Vorgesetzter		Mitarbeiterin bzw. Mitarbeiter	
Abteilung		Personalnummer	

Projektname:

Zielsetzung: *Welche Ziele werden vereinbart?*	
Messgrößen *Wie werden die Ziele gemessen?*	
Zeitaufwand *Wie viel Zeit ist erforderlich?*	
Fristen *Bis wann muss das Projekt fertig sein?*	
Beurteilung *Wie gut wurden die Ziele erreicht?*	

C

Change-Management

Auch (Zahn-)Arztpraxen unterliegen zahlreichen Veränderungen. Diese können intern als auch extern verursacht sein und kleine oder umfangreiche Auswirkungen haben.

Beispiele:

Interne Veränderungen	Externe Veränderungen
Langjährige Mitarbeiterin verlässt Praxis	Einführung Hygienevorschriften Corona
Einführung einer neuen Praxissoftware	Eröffnung einer Wettbewerbspraxis in der Nähe
Einführung Qualitätsmanagement	Neue Datenschutzverordnung

Die aktive Gestaltung der Veränderungen durch ein Veränderungsmanagement bzw. Change-Management hat viele Vorteile. Betroffene Mitarbeitende werden zu Beteiligten gemacht. Das steigert die Motivation und macht es leichter, Veränderungen anzunehmen und umzusetzen. Dadurch wird Mitarbeiterbindung erzeugt und der Praxiserfolg gesichert.

J. P. Kotter hat ein Modell zu Veränderungsprozessen in acht Phasen entwickelt. Die Abarbeitung der einzelnen Phasen bzw. Stufen hat sich bewährt, um Veränderungen erfolgreich zu bewältigen.[1]

---

[1] Vgl. Blohn, C. von. (o. D.). Aktiv gestalten anstatt nur zuschauen. https://www.doctors.today/cme/a/veraenderungen-in-arztpraxen-aktiv-gestalten-anstatt-nur-zuschauen-2000217, abgerufen am 07.11.2022.

© Der/die Autor(en), exklusiv lizenziert an Springer Fachmedien Wiesbaden GmbH, ein Teil von Springer Nature 2023
S. Kock and K. Kock, *Personalmanagement in der Arzt- und Zahnarztpraxis von A bis Z*, https://doi.org/10.1007/978-3-658-42360-5_4

Checkliste: Change-Management[2]

Klima für den Wandel schaffen	1. Dringlichkeit herstellen	Risiken und Chancen identifizieren, Situation und Dringlichkeit kommunizieren
	2. Führungskoalition aufbauen	Verantwortliche benennen bzw. Team zusammenstellen
	3. Vision und Strategie entwickeln	Vision genau formulieren und Strategie zur Umsetzung ableiten
Organisation beauftragen und befähigen	4. Vision kommunizieren	Zielgerichtete Kommunikation der Vision und Überprüfung, ob Verständnis erreicht ist
	5. Hindernisse aus dem Weg räumen	Ermöglichung, Veränderungen umzusetzen
	6. Kurzfristige Erfolge anstreben	Meilensteine mit kleinen Erfolgen festlegen
Wandel umsetzen und unterstützen	7. Veränderungen weiter antreiben	Dranbleiben
	8. Veränderungen verankern	Neue Kultur etablieren und so für Nachhaltigkeit sorgen

Checkliste

Die Nutzung von Checklisten hat sich in der Praxis außerordentlich bewährt. Checklisten können unterschiedliche Gesichter haben, denn sie sollen den Nutzer maximal unterstützen, eine Aufgabe zu bewältigen. Nicht jedem Nutzer helfen die gleichen Dinge. Hierzu ein Beispiel aus dem echten Leben: Eine Mitarbeitende einer Zahnarztpraxis war nicht in der Lage, das Instrumententablett nach den Wünschen der Zahnärztin vorzubereiten. Checklisten in geschriebener Form veränderten dies nicht. Erst nachdem sie eine Checkliste mit einem Foto der

---

[2] Vgl. Blohn, C. von. (o. D.). Aktiv gestalten anstatt nur zuschauen. https://www.doctors. today/cme/a/veraenderungen-in-arztpraxen-aktiv-gestalten-anstatt-nur-zuschauen-2000217, abgerufen am 07.11.2022.

gewünschten Ausstattung des Instrumententabletts bekam, konnte nachhaltiger Erfolg beobachtet werden.

Checklisten erleichtern bzw. sichern die Abarbeitung von Arbeitsprozessen bzw. Praxisabläufen. Im Qualitätsmanagement sind Checklisten nicht wegzudenken.

Einige Beispiele:

- Einarbeitung/Onboarding
- Vorstellungsgespräch
- To-dos für die Tages-, Wochen- oder Monatsaufgaben
- Notfälle
- Hygiene
- Nutzung der medizinischen Geräte
- Datenschutz und Informationssicherheit

Muster Checkliste: Vorbereitung Schwebetisch für Zahnfüllung

Instrument/Material	Erledigt	Nicht erledigt
Mundspiegel		
Hohlspiegel		
Sonde		
Pinzette		
Watterollen/Wattepellets		
Metallmatrizen + Matrizenhalter		
Holzkeil(e)		
Composite-Stopfer		
Modellierinstrument (Fissurenformer)		
Heidemann Spatel		
Frontzahnscaler		
Folienhalter mit blauem Okklusionspapier		
Zahnseide		
Pur-Zellin		

Chefin/Chef

Das Wort Chef kommt aus dem Französischen und wurde im Deutschen zu
Beginn des 17. Jahrhunderts vor allem im militärischen Bereich genutzt. In der
ersten Hälfte des 18. Jahrhunderts war es dann im Sinne von „Vorgesetzter,
Oberhaupt, Vorsteher" allgemein üblich.[3] (Zahn-)Ärztin und (Zahn-)Arzt werden Chefin bzw. Chef, wenn sie eine leitende Funktion im klinischen Bereich
übernehmen oder aber die eigene Praxis gründen. Im Gegensatz zu Chefinnen
und Chefs in Unternehmen, wird im medizinischen Bereich wenig bis gar nicht
auf diese Rolle vorbereitet. Der Erfolg einer Praxis ist aber maßgeblich von der
Führung der Mitarbeitenden durch die Chefin bzw. den Chef abhängig. Aus diesem Grund ist es wichtig, sich damit auseinanderzusetzen, welche Qualitäten
in der Rolle als Führungskraft benötigt werden und welche Führungsstile und
-methoden wirksam sind. Darüber hinaus hilft die Reflexion der eigenen Stärken
und Schwächen sowie Trainings für Führungskräfte.

Beispiele für Führungseigenschaften: authentisch, eindeutig, entscheidungs-
fähig, entscheidungsfreudig, entschlossen, empathisch, fair, flexibel, gelassen,
humorvoll, kommunikationsfähig, konfliktfähig, leistungsorientiert, motivations-
fähig, mutig, respektvoll, selbstkritisch, verantwortungsbewusst, vertrauenswür-
dig, vorbildlich…

Übersicht der bekanntesten Führungsstile

Autoritär	• Mitarbeitende werden als Untergebene betrachtet
	• notwendige Entscheidungen werden ohne die Mitwirkung der Mitarbeitenden getroffen
	• die Mitarbeitenden müssen Aufträge und Entscheidungen annehmen
	• die Mitarbeitenden werden permanent kontrolliert
	• die Erfüllung der Aufgaben ist das primäre Ziel
	• die Bedürfnisse der einzelnen Mitarbeitenden finden keine Berücksichtigung

(Fortsetzung)

---

[3] DWDS – Digitales Wörterbuch der deutschen Sprache. (2022). In DWDS. https://www.
dwds.de/wb/Chef, abgerufen am 09.11.2022.

(Fortsetzung)

Patriarchalisch	• die Chefin bzw. der Chef fühlt sich für die in Abhängigkeit gehaltenen „Mitarbeiter-Kinder" verantwortlich • Entscheidungen werden von der Chefin bzw. dem Chef allein getroffen • wird dem Willen nicht entsprochen, wird gestraft • neben Herrschaftsanspruch gibt es auch Führsorge gegenüber den Mitarbeitenden
Laissez-faire	• könnte auch als Anarchie beschrieben werden • es findet so gut wie keine Führung statt • Entscheidungen werden nicht durch die Chefin bzw. den Chef getroffen, sondern notwendige Informationen werden den Mitarbeitenden zur Verfügung gestellt und die Führungskraft beteiligt sich kaum am Entscheidungsprozess • die Mitarbeitenden sind verantwortlich für Planung, Organisation, Durchführung und Kontrolle
Kooperativ bzw. demokratisch, partnerschaftlich	• Im Mittelpunkt steht die Erreichung maximaler Zufriedenheit der Mitarbeitenden bei optimaler Bewältigung der Arbeitsaufgaben • Mitarbeitende werden auf Augenhöhe und nicht als Untergebene angesehen • Mitarbeitende werden in Entscheidungsprozesse entsprechend ihrer Fähigkeiten, Kenntnisse und Erfahrungen einbezogen • Es gibt kein Machtstreben seitens der Führungskraft, sondern es wird Partnerschaftlichkeit gelebt

Checkliste: Selbstreflexion Führungseigenschaften

Welche Führungseigenschaften halten Sie für sich selbst am wichtigsten?

Führungseigenschaften	Bei mir entwickelt zu … %	Was werde ich tun, um diese Führungsqualitäten weiterzuentwickeln?

Coaching

Ursprünglich kommt der Begriff Coaching aus dem Englischen und ist abgeleitet aus dem Verb „to coach", ins Deutsche übersetzt „trainieren".

Unter Coaching versteht man im beruflichen Kontext eine zeitlich befristete Beratung bzw. Begleitung von Führungskräften oder Mitarbeitenden (Coachees) zur Unterstützung bei der Bewältigung von Arbeitsaufgaben. Dabei bezieht sich das Coaching auf die individuellen Bedürfnisse bzw. die Anliegen des Coachees. Das Ziel ist die Verbesserung beruflicher Situationen und die persönliche und berufliche Weiterentwicklung. Im Coaching wird durch gezielte Fragen die Selbstwahrnehmung des Coachees gestärkt. Es ermöglicht das Erkennen von Ursachen von Problemen, und die Entwicklung eigener Lösungen wird angeregt. Man kann auch sagen, Coaching ist „Hilfe zur Selbsthilfe", denn der Coachee wird in die Lage gebracht, die für ihn passenden Lösungen zu erarbeiten. Coaching von Führungskräften wird häufig dazu eingesetzt, Probleme in Teams zu bearbeiten, Lösungen für Konflikte mit Mitarbeitenden zu finden oder auch die eigene Wahrnehmung und Position zu reflektieren, um daraus Maßnahmen abzuleiten.

Die Bezeichnung „Coach" ist nicht geschützt. Im Sinne guter Qualität ist es ratsam einen Coach zu wählen der durch einen der Berufsverbände für Coaching zertifiziert ist. Diese sind folgende: DBVC – Deutscher Bundesverband Coaching e. V., DCG – Deutsche Coaching Gesellschaft e. V., DCV – Deutscher Coaching Verband e. V., Deutscher NLP Coaching Verband e. V., DGfC – Deutsche Gesellschaft für Coaching e. V., ICF – International Coach Federation Deutschland e. V. Ist ein Coach hier gelistet, kann man davon ausgehen, dass sie bzw. er eine mehrjährige Ausbildung sowie fundierte Coachingerfahrung mitbringt.

D

Datenschutz

Der Datenschutz umfasst, laut Eintrag bei Wikipedia, zunächst organisatorische und technische Maßnahmen gegen Missbrauch von Daten.[1] Der Begriff IT-Sicherheit betrifft die technischen Maßnahmen gegen das unbefugte Nutzen, Löschen und Verfälschen von Daten. Es geht also um die Vertraulichkeit, Verfügbarkeit und Integrität von Daten. Der Datenschutz wird in Deutschland durch zwei Gesetze geregelt:

1. Datenschutz-Grundverordnung (**DSGVO**) und
2. Bundesdatenschutzgesetz (**BDSG**).

So ist für die rechtmäßige Verarbeitung personenbezogener Daten eine Rechtsgrundlage gemäß DSGVO oder eine Einwilligung der betroffenen Personen notwendig. Dabei hilft eine **Leitfrage zum Datenschutz:** *Darf ich diese personenbezogenen Daten erheben und verarbeiten?* Die **Leitfrage zur Datensicherheit** lautet wie folgt: *Wie schütze ich Daten vor einem Zugriff durch Unbefugte?*[2]

Die Bedeutung des Datenschutzes ist seit der Entstehung und Entwicklung der digitalen Welt stets gewachsen. Grund dafür ist die immer leichter werdende Datenerfassung, -verwaltung, -verarbeitung, -weitergabe und -analyse. So schaffen zum Beispiel digitale Zahlungsmethoden oder auch die elektronische Patientenakte neue Möglichkeiten zur Datenerfassung und -verarbeitung.

Interesse an personenbezogenen Daten haben sowohl staatliche Stellen, zum Beispiel die Kassenärztlichen Vereinigungen, als auch private Unternehmen

---

[1] Vgl. https://de.wikipedia.org/wiki/Datenschutz, zugegriffen am 13.01.2023.

[2] Vgl. https://keyed.de/, zugegriffen am 13.01.2023.

© Der/die Autor(en), exklusiv lizenziert an Springer Fachmedien Wiesbaden GmbH, ein Teil von Springer Nature 2023
S. Kock and K. Kock, *Personalmanagement in der Arzt- und Zahnarztpraxis von A bis Z*, https://doi.org/10.1007/978-3-658-42360-5_5

wie Krankenkassen, (Zahn-)Arztpraxen, (Zahn-)Medizinische Versorgungszentren, Pharmaindustrie o. ä. m. Kassenärztliche Vereinigungen möchten beispielsweise durch die Möglichkeiten der Digitalität die Abrechnung für Mitglieder, Krankenkassen, Patientinnen und Patienten verbessern.

Zuwiderhandlungen können teuer werden. Bußgelder von bis zu 20 Mio. € sind möglich oder aber 4 % des weltweiten Jahresumsatzes der zuwider handelnden Person oder Instanz. Es kann auch eine Gefängnisstrafe von bis zu 3 Jahren drohen.[3]

---

[3] Vgl. https://keyed.de/, zugegriffen am 13.01.2023.

Checkliste: Datenschutz am Empfang[4]

Prüfansatz	Ja	Nein
Ist der Empfang besetzt, solange Besucherinnen und Besucher das Praxisgebäude oder die Praxisräume betreten können?		
Gibt es für Abwesenheitszeiten der Empfangskräfte eine Vertretung?		
Ist **keine** Vertretung verfügbar: Ist auf andere Weise sichergestellt, dass während der Abwesenheit grundsätzlich keine Besucherinnen bzw. Besucher unbeobachtet den Empfang erreichen können?		
Liegen auf Empfangstresen und Ablageflächen keine Unterlagen mit personenbezogenen Daten einsehbar herum?		
Ist der Empfang gleichzeitig Telefonzentrale: Können Besucherinnen und Besucher unbefugt Inhalte von Telefonaten mithören?		
Sind Wartebereiche wie Sitzgruppen so organisiert, dass Besucherinnen und Besucher von dort keine Gespräche unbefugt mithören und keine personenbezogenen Unterlagen einsehen können?		
Gibt es verschließbare Schränke oder Container am Empfang? Alle personenbezogenen Unterlagen sind bei Abwesenheit und nach Feierabend sicher zu verwahren.		
Sind Multifunktionsgeräte am Empfang technisch und organisatorisch so eingerichtet, dass Besucherinnen und Besucher keine Einsicht in dort liegende Dokumente erhalten und keinen unbefugten Zutritt zu diesen Geräten haben?		
Ist der Empfang Posteingangsstelle: Ist sichergestellt, dass das Briefgeheimnis intern und Besucherinnen und Besuchern gegenüber strikt gewahrt wird?		
Sind Postkörbchen und -kisten so untergebracht, dass unbefugte Interne, Besucherinnen und Besucher keinen Zugang zu unverschlossenen Postsendungen erhalten?		
Betreut der Empfang die Aktenvernichtung: Sind die erforderlichen technischen und organisatorischen Maßnahmen für die korrekte Umsetzung der vertraglich vereinbarten Leerungen sichergestellt? Begleitet und dokumentiert der Empfang Leerungen und Schreddern vor Ort?		
Sind die Empfangsmitarbeitenden auf die rechtlich korrekte Reaktion auf ungebetene Besucherinnen und Besucher vorbereitet?		
Gibt es eine Anleitung dazu, wie Empfangskräfte bei Anfragen von Ermittlungsbehörden richtig reagieren? Werden sie regelmäßig dazu geschult?		

---

[4] Vgl. https://pdffox.com/search/datenschutz+am+empfang, zugegriffen am 13.01.2023.

Prüfansatz	Ja	Nein
Erfolgen die Vergabe von Parkberechtigungen und die Verwahrung von Autoschlüsseln mit der nötigen Diskretion?		
Werden in diesem Zusammenhang Aufzeichnungen gemacht: Sind Aufbewahrungsdauer und Löschfristen so kurz wie möglich gehalten?		
Werden die Geräte ausschließlich im ausgeschalteten Zustand aufbewahrt?		
Werden externe Dienstleister (Hausmeisterservice, Reinigungsdienst, Pflanzenpflege usw.) angemessen begleitet?		
Falls die Kapazität der Empfangskräfte dafür nicht ausreicht: Gibt es eigene Regeln für diese Fälle?		
Wissen die Mitarbeitenden in Alarmfällen genau, was sie zu tun haben? Gibt es dazu Arbeitsanweisung und Trainingsmaßnahmen?		
Sind die Empfangskräfte für die Aufgaben sorgfältig sensibilisiert? Finden Schulungen und Coachings vor Ort statt?		
Finden regelmäßig interne Audits statt?		
Wenn ja: Sind sie gut vorbereitet und angemessen dokumentiert?		

Datenschutzbeauftragte bzw. Datenschutzbeauftragter

Mit der Datenschutz-Grundverordnung wird das Konzept Datenschutzbeauftragter (DSB) auf europäischer Ebene etabliert. Die DSB oder der DSB hat „die Einhaltung datenschutzrechtlicher Vorschriften zu überwachen. Eine bzw. einen DSB haben alle Unternehmen zu bestellen, die mindestens fünf Arbeitnehmende ständig mit der automatisierten oder 20 Arbeitnehmende mit der nicht automatisierten Verarbeitung personenbezogener Daten beschäftigen".[5] Eine Nichtbestellung wird als Ordnungswidrigkeit geahndet. Es darf vermutet werden, dass diese Anforderungen lediglich auf Großpraxen und/oder (Zahn-)Medizinische Versorgungszentren zutreffen. Die bzw. der DSB hat die Aufgabe und Verantwortung für die ständige Kontrolle der Einhaltung des Bundesdatenschutzgesetztes (BDSG) in einer Praxis bzw. einem (Z-)MVZ (s. a. Datenschutz). Sollte die bzw. der Datenschutzbeauftragte unsicher sein oder Zweifel haben, ist es ihr bzw. ihm möglich, sich an eine staatliche Aufsichtsbehörde zu wenden, um ihr bzw. sein Tätigsein zu

---

[5] Vgl.   https://wirtschaftslexikon.gabler.de/definition/datenschutzbeauftragter-29289/version-252900, abgerufen am 13.01.2023.

überprüfen.[6]Die datenschutzbeauftragte Person ist unmittelbar der Praxisleitung bzw. der Geschäftsleitung eines (Z-)MVZ zu unterstellen, arbeitet jedoch weisungsfrei. Ihre bzw. seine Berufung kann nur aus wichtigem Grund widerrufen werden.

Es obliegt dem betrieblichen DSB die Unterstützung und Beratung von Unternehmen.

Dabei ist der Begriff des Unternehmens in der Datenschutzgrundverordnung (DSGVO) weit gefasst – er umfasst sowohl natürliche als auch juristische Personen, die eine wirtschaftliche Tätigkeit ausüben. Dies ist unabhängig von der Rechtsform.[7]Dementsprechend sind auch große Praxen oder (Zahn-)Medizinische Versorgungszentren als Unternehmen im Sinne der DSGVO zu betrachten.

Arten des Datenschutzbeauftragten

Unternehmen können den Datenschutz sowohl intern als auch extern sicherstellen. Eine interne bzw. ein interner DSB ist offiziell eine angestellte Person der Praxis bzw. des (Z-)MVZ, es kann aber auch eine bzw. ein externer DSB im Rahmen eines Dienstleistungsvertrages beauftragt werden. Dies wird in vielen Fällen favorisiert.

Aufgaben des Datenschutzbeauftragten

Eine bzw. ein DSB ist eine Fachfrau bzw. ein Fachmann für den Datenschutz. Sie bzw. er hat vor allem die Aufgabe, in einer Großpraxis bzw. einem (Z-)MVZ die Umsetzung der Vorgaben der DSGVO und der sonstigen datenschutzrechtlichen Regelungen sicherzustellen und Datenschutzverletzungen zu verhindern.[8]

Welche Qualifikationen benötigt ein Datenschutzbeauftragter?

Eine mit dem Datenschutz beauftragte Person, muss eine natürliche Person sein, die einer Großpraxis oder einem (Z-)MVZ beratend zum Thema Datenschutz zur Seite steht. Dafür muss diese Person einige Voraussetzungen erfüllen[9]:

• **Spezialistenstatus:** Die Qualifikation zur bzw. zum Datenschutzbeauftragten kann durch Fort- und Weiterbildungen nachgewiesen werden, die durch anerkannte Prüfsiegel bestätigt werden, z. B. vom TÜV oder der DEKRA.

---

[6] Vgl.   https://wirtschaftslexikon.gabler.de/definition/datenschutzbeauftragter-29289/version-252900, abgerufen am 13.01.2023.

[7] Vgl. https://www.datenschutzexperte.de/, abgerufen am 13.01.2023.

[8] Vgl. https://www.datenschutzexperte.de/, abgerufen am 13.01.2023.

[9] Vgl. https://www.datenschutzexperte.de/externer-datenschutzbeauftragter/, abgerufen am 13.01.2023.

- **Fachliche Eignung:** Die mit dem Datenschutz beauftragte Person muss Expertenwissen im innerbetrieblichen Datenschutz mitbringen.
- **Kommunikationsfähigkeiten:** Datenschutz in (Zahn-)Arztpraxen oder (Z-)MVZ meint vor allem die Analyse, die Optimierung und die gemeinschaftliche Umsetzung des Managements der Daten. Gut ausgeprägte Kommunikationsfähigkeit unterstützt die bzw. den DSB dabei, passende Lösungen und Verbesserungen in der Praxis oder dem (Z-)MVZ begründen und implementieren zu können.

Anforderungsprofil für eine mit Datenschutz beauftragte Person[10]

Fähigkeiten	Vorhanden	Nicht vorhanden
Umfangreiche Kenntnisse der im Bundesdatenschutzgesetz (BDSG) festgelegten und EU-weit gültigen Datenschutzgrundverordnung (DSGVO) sowie gegebenenfalls praxisinterner Bestimmungen		
Gute Kenntnisse darüber, welche Maßnahmen für den Schutz elektronischer bzw. nicht-elektronischer Daten anwendbar sind		
Absolute Verschwiegenheit		
Hohes Maß an Vertrauenswürdigkeit		
Hohes Maß an Pflichtbewusstsein		

---

[10] https://de.indeed.com/recruiting/stellenbeschreibung/datenschutzbeauftragter, abgerufen am 12.01.2023.

Checkliste: Tätigkeiten für eine mit Datenschutz beauftragte, interne Person[11]

Tätigkeiten	Ja	Nein
Einrichtung geeigneter Maßnahmen zum zuverlässigen Datenschutz im Einklang mit den relevanten gesetzlichen Vorschriften und Richtlinien		
Überwachung der Einhaltung aller Datenschutzregeln		
Anpassung der Datenschutzanforderungen und gegebenenfalls Beseitigung von Datenschutzlücken		
Anlegen und Pflege eines Datenverarbeitungsverzeichnisses		
Erteilung berechtigter Datenauskünfte (z. B. auf Anfrage von Körperschaften, Krankenkassen, betroffenen Personen usw.)		
Beratung der Praxisleitung hinsichtlich der Datenschutzfolgenabschätzung gemäß Art. 35 DSGVO		
Bereitstellung von Informationen (z. B. Patienten- oder Nutzerdaten) an berechtigte Personen im Rahmen der gesetzlichen Bestimmungen		

Delegation

Delegation ist, laut: https://wirtschaftslexikon.gabler.de/definition/delegation-29094, auch bekannt als die Übertragung von Kompetenz und Verantwortung auf hierarchisch nachgeordnete organisatorische Ebenen. Der Delegierende hat darauf zu achten, ob der Delegationsnehmende von Kompetenz und Motivation her zur selbstständigen Erfüllung der zu übertragenden Aufgaben fähig ist.

---

[11] Vgl. https://de.indeed.com/recruiting/stellenbeschreibung/datenschutzbeauftragter, abgerufen am 12.01.2023.

Doch die meisten von uns sind leider „Selbermacher". Man glaubt, dass ohne einen selbst nichts geht oder die anderen es nicht genauso tun können wie man selbst. Um sich auf das Wesentliche konzentrieren zu können, kann es hilfreich sein, loszulassen und bereit zu sein, anderen Aufgaben und Verantwortung zu übertragen. Wenn das so klar zu sein scheint, wie kommt es dann dennoch zur „Selbstmacherei"? Hier einige Gründe: Man kann es besser und schneller, man muss nicht lang und breit erklären, niemand hat so viel Erfahrung wie man selbst, wenn es schief geht, hat man die doppelte Arbeit o. ä. m.

Delegation unterstützt die Delegierenden dabei, sich selbst Freiräume für das Wesentliche zu schaffen. Man zeigt Souveränität und Stärke. Man bezeugt anderen sein Vertrauen. Man nutzt das Potenzial anderer. Man fordert und fördert andere. Was kann delegiert werden? Es gibt Tätigkeiten, die bedenkenlos delegiert können: Routinearbeiten, Spezialistenaufgaben, Detailfragen oder vorbereitende Tätigkeiten.

Vorbereitende Überlegung für erfolgreiche Delegation

1. Überlegen Sie sich, was überhaupt alles zu tun ist.
2. Bestimmen Sie die einzelnen Teilaufgaben.
3. Legen Sie das angestrebte Ergebnis fest.
4. Überlegen Sie sich, welche Abweichungen vom Soll in Kauf genommen werden können.
5. Überlegen Sie sich, welche Schwierigkeiten zu erwarten sind.
6. Delegieren Sie möglichst ganzheitliche Aufgaben.
7. Überlegen Sie, wer aus Ihrem Team die Aufgabe am besten erledigen kann.
8. Fragen Sie auch, für wen die Aufgabe eine Herausforderung darstellt.
9. Achten Sie auf die Arbeitsbelastung Ihrer Mitarbeiterinnen und Mitarbeiter.
10. Geben Sie einen klaren Auftrag.
11. Erläutern Sie Ihrer Mitarbeiterin bzw. Ihrem Mitarbeiter, warum die Aufgabe wichtig ist.
12. Räumen Sie Ihrer Mitarbeiterin bzw. Ihrem Mitarbeiter Spielräume bei der Ausführung des Auftrags ein.
13. Stellen Sie die notwendigen Befugnisse und Kompetenzen zur Verfügung.

Checkliste: Erfolgreiches Delegieren[12, 13]

Fokus	Frage	Erledigt	Offen
Was?	▪ Was ist überhaupt alles zu tun? ▪ Welche Teilaufgaben sind im Einzelnen zu erledigen? ▪ Welches Ergebnis wird angestrebt? ▪ Welche Abweichungen vom Soll können in Kauf genommen werden? ▪ Welche Schwierigkeiten sind zu erwarten?		
Wer?	▪ Wer ist geeignet, diese Aufgabe oder Tätigkeit auszuüben? ▪ Wer soll bei der Ausführung mitwirken?		
Warum?	▪ Welchem Zweck dient die Aufgabe oder Tätigkeit? ▪ Was passiert, wenn die Arbeit nicht oder unvollständig ausgeführt wird?		
Wie?	▪ Wie soll bei der Ausführung vorgegangen werden? ▪ Welche Verfahren und Methoden sollen angewendet werden? ▪ Welche Vorschriften und Richtlinien sind zu beachten? ▪ Welche Stellen/Abteilungen sind zu informieren? ▪ Welche Kosten dürfen entstehen?		
Womit?	▪ Welche Hilfsmittel sollen eingesetzt werden? ▪ Womit muss der/die Mitarbeiter/in ausgerüstet sein? ▪ Welche Unterlagen werden benötigt?		

Diensthandy

Ein Diensthandy ist ein Mobiltelefon, das der Arbeitnehmerin bzw. dem Arbeitnehmer durch seine Arbeitgeberin bzw. seinen Arbeitgeber überlassen wird. Laut Arbeitsrecht.de muss eine Beschäftigte bzw. ein Beschäftigter nur in der vereinbarten Arbeitszeit erreichbar sein, nicht nach Feierabend oder an freien Tagen.

---

[12] Vgl. https://karrierebibel.de/delegieren/, abgerufen am 13.01.2023.

[13] Vgl. http://www.leaders-circle.at/index.php?id=161&L=0, abgerufen am 13.01.2023.

Eine Ausnahme ist hier Rufbereitschaft, die aber entsprechend vergütet werden muss. Für Mitarbeitende in höheren Positionen ist möglicherweise eine ständige Erreichbarkeit erforderlich; dies muss dann aber im Arbeitsvertrag geregelt werden.

Wenn es eine entsprechende Vereinbarung mit der Arbeitgeberin bzw. dem Arbeitgeber gibt (z. B. im Arbeitsvertrag), ist die private Nutzung eines Diensthandys erlaubt. Existiert keine solche Vereinbarung, darf das Diensthandy nur für berufliche Zwecke genutzt werden.

Ein von arbeitgebender Seite angebotenes Diensthandy muss angenommen werden, wenn die Arbeitgeberin bzw. der Arbeitgeber darauf besteht, dass Mitarbeitende erreichbar sind. Dafür muss ein Diensthandy zur Verfügung gestellt werden. Dieses Diensthandy muss von den Mitarbeitenden auch genutzt werden.

Durch ein Firmenhandy entsteht kein geldwerter Vorteil für Arbeitnehmerinnen oder Arbeitnehmer, daher muss es auch nicht versteuert werden. Das gilt selbst dann, wenn das Gerät auch privat genutzt werden darf.

Muster: Überlassung Diensthandy[14]

Hausärztliche Gemeinschaftspraxis
Dr. Beate Beispiel
Beispielweg 12
12345 Beispielhausen

DIE HAUSÄRZTE

Frau/Herr M. Muster
Musterweg 3
98765 Musterhausen

In Ergänzung des bestehenden Arbeitsvertrages vom... vereinbaren die Vertragsparteien Folgendes im Hinblick auf die Überlassung eines dienstlichen Mobiltelefons/Smartphones:

Die Arbeitgeberin bzw. der Arbeitgeber überlässt der Arbeitnehmerin bzw. dem Arbeitnehmer ein Diensthandy (Fabrikat, Modell) mit der SIM-Karte... (SIM-Karten-Nummer) zur ausschließlich dienstlichen Nutzung.

Die zur Verfügung gestellte SIM-Karte ist ausschließlich mit dem vom Arbeitgeber überlassenen Mobiltelefon/Smartphone zu verwenden.
Für die ordnungsgemäße Aufbewahrung, Handhabung und den Verlust des Mobiltelefons/ Smartphones haftet die Arbeitnehmerin bzw. der Arbeitnehmer nach arbeitsrechtlichen Haftungsgrundsätzen.

Eine Überlassung an Dritte – insb. auch an Arbeitskolleginnen oder -kollegen – ist unzulässig.

Die Arbeitgeberin bzw. der Arbeitgeber kann jederzeit ohne Angabe von Gründen die Herausgabe
des Smartphones verlangen und die weitere Nutzung untersagen. Bei Freistellung der Arbeitnehmerin bzw. des Arbeitnehmers oder der Kündigung des Arbeitsverhältnisses, ist das Smartphone unverzüglich auch ohne Aufforderung an die Arbeitgeberin bzw. den Arbeitgeber herauszugeben.

Ort, Datum, Unterschrift

---

[14] Vgl. https://www.handwerk.com/musterregelung-fuer-die-nutzung-dienstlicher-mobiltelefone abgerufen am 10.11.2022.

Digitalisierung

Was ist „Digitalisierung"? Der Begriff der Digitalisierung hat mehrere Bedeutungen. Er kann die digitale Umwandlung und Darstellung bzw. Durchführung von Information und Kommunikation oder die digitale Modifikation von Instrumenten, Geräten und Fahrzeugen ebenso meinen wie die digitale Revolution, die auch als dritte Revolution bekannt ist, bzw. die digitale Wende. Im letzteren Kontext werden nicht zuletzt „Informationszeitalter" und „Computerisierung" genannt.[15]Die Digitalisierung in (Zahn-)Arztpraxen[16] schreitet, wie im gesamten Gesundheitswesen, nur sehr langsam voran. Eine e-Health-Studie der Unternehmensberatung McKinsey[17] zeigt dies sehr eindrücklich. Danach nutzen gut 93 % der niedergelassenen Ärztinnen und Ärzte analoge Medien für ihre Kommunikation innerhalb und außerhalb der Praxis. Die Papierform dominiert. Um mit Patientinnen und Patienten zu kommunizieren, ist das gute alte Festnetztelefon der wichtigste Kanal. So wundert es nicht, wenn die Studie untermauert, dass 22 % der Ärztinnen und Ärzte nicht auf das Fax als Kommunikationsmittel verzichten mögen.

Die Digitalisierung einer (Zahn-)Arztpraxis kann eine Menge Vorteile für Patientinnen und Patienten mit sich bringen. Hier einige Beispiele: Zeitersparnis *(wer Videosprechstunden nutzt, hat keine Anfahrtswege und muss in der Regel auch nicht warten, bis die Beratung beginnt)*, Kontakteinschränkung möglich, höhere Effizienz *(so ermöglicht die elektronische Patientenakte (ePA)[18] eine bessere Vernetzung verschiedener Fachdisziplinen)*, weniger Bürokratie und ähnliches mehr.

Aber auch Nachteile sind zu vermuten: So könnten zum Beispiel Patientengruppen ausgeschlossen werden *(ältere Menschen, die von den digitalen Möglichkeiten und Angeboten überfordert sind)*, Gefahr von ungenauen oder Fehldiagnosen *(in einer Videosprechstunde fehlt der körperliche Kontakt)*, Investitionen.

Wie die Kassenärztliche Bundesvereinigung (KBV) in ihrem Positionspapier schon 2017 berichtete (POSITIONEN ZUR DIGITALISIERUNG IN DER

---

[15] Vgl.   wirtschaftslexikon.gabler.de/definition/digitalisierung-5419;   abgerufen   am 10.11.2022.

[16] Vgl.   https://www.trustedshops.de/magazin/digitalisierung-arztpraxis/#digitalisierung-in-der-arztpraxis-ist-das-ueberhaupt-gewollt, abgerufen am 10.11.2022.

[17] Vgl. https://www.mckinsey.de/~/media/mckinsey/locations/europe%20and%20middle%20east/deutschland/news/presse/2020/2020-11-12%20ehealth%20monitor/ehealth%20monitor%202020.pdf, abgerufen am 13.01.2023.

[18] Vgl.   https://www.bundesgesundheitsministerium.de/elektronische-patientenakte.html, abgerufen am 13.01.2023.

GESUNDHEITSVERSORGUNG)[19], sind für die Digitalisierung in deutschen Arztpraxen große Investitionen erforderlich. Insbesondere die IT-Sicherheit brauche finanzielle Förderung für die niedergelassenen Ärztinnen und Ärzte. Hohe, bei den Praxen auflaufende Aufwände bei zugleich oft ungünstigem Kosten-Nutzen-Verhältnis würden ein wesentliches Hemmnis bei der Umsetzung der Digitalisierung einnehmen.

Aktuell sind folgende Gesetze zu berücksichtigen: Digitale-Versorgung-und-Pflege-Modernisierungs-Gesetz (DVPMG), E-Health-Gesetz, das Patientendaten-Schutz-Gesetz, das Digitale-Versorgung-Gesetz (DVG).

Diversität

Diversität ist ein Wort, das man ganz einfach mit Vielfalt übersetzen kann. Ausdrücken möchte man damit, dass Menschen komplett verschieden sein können und trotzdem gleichbehandelt werden sollen. Jeder Mensch hat die gleichen Chancen verdient. Darum geht es bei Diversität. Diversität bezeichnet Unterschiede und Gemeinsamkeiten von Menschen oder Gruppen. Diese lassen sich auf individueller, institutioneller und struktureller Ebene betrachten und betreffen alle Menschen, nicht nur einzelne Gruppen. Wikipedia „weiß", dass Diversität aus dem Lateinischen kommt und so viel wie Vielfalt und Vielfältigkeit bedeutet. Der Begriff Diversität bezieht sich auf Gemeinsamkeiten und Unterschiede zwischen Menschen. Dabei stehen historisch gewachsene gesellschaftliche Differenzsetzungen im Mittelpunkt, die soziale Ungleichheiten hervorgebracht haben.[20]

„Sie zielt auf die Anerkennung und Wertschätzung aller Menschen unabhängig von ihrer sozialen, ethnischen etc. Herkunft, ihrem Geschlecht, ihrer sexuellen Orientierung, ihrer Religionszugehörigkeit oder Weltanschauung, ihrem Lebensalter, ihrer physischen oder psychischen Fähigkeiten oder anderer Merkmale."[21]

Diversität am Arbeitsplatz bedeutet, alle beruflichen Potenziale, unabhängig von Geschlecht, Herkunft, körperlicher Beeinträchtigung oder sexueller Orientierung entfalten zu können. Mehr als zwei Drittel aller Bewerberinnen und Bewerber sollen bei der Wahl ihres neuen Arbeitgebers Wert auf Diversität am Arbeitsplatz legen. Diversität am Arbeitsplatz fördert die Zufriedenheit und die Produktivität der Beschäftigten und unterstützt die Arbeitsmoral.

---

[19] Vgl. https://www.kbv.de/html/31187.php, abgerufen am 13.01.2023.

[20] Vgl. https://de.wikipedia.org/wiki/Diversität_(Soziologie), abgerufen 12.01.2023.

[21] Vgl. https://www.braunschweig.de/leben/soziales/lsbti/wegweiser/lgbtiq-tu.php, abgerufen 12.01.2023.

E

Einarbeitung

Für die Einarbeitung neuer Mitarbeitender wird sich oft nicht ausreichend Zeit genommen. Gründe sind Zeitdruck, Personalmangel oder die Annahme, „Learning by Doing" funktioniere am besten.

Die Einarbeitung ist aus unterschiedlichen Gründen eine sehr wichtige Phase, eine Investition in die Zukunft. Ein „Alleinlassen" ist in Wirklichkeit zeitintensiver und kostspieliger. In dieser Phase wird die Basis für eine gelungene Zusammenarbeit und eine nachhaltige Motivation des Mitarbeitenden gelegt. Die Einarbeitung dient der Integration ins Praxisteam. Und, dieser Aspekt ist keinesfalls zu vernachlässigen, je schneller die Einarbeitung erfolgreich absolviert ist, umso schneller kann der Mitarbeitende einen vollumfänglichen Wertbeitrag in der Praxis leisten.

Was gehört zu einer guten Einarbeitung? Empfehlenswert sind Einarbeitungspläne, die umfassend und strukturiert alle nötigen Informationen an die Hand geben, um die Arbeitsaufgaben erfolgreich bewältigen zu können. Darüber hinaus ist es hilfreich, die Einarbeitung durch regelmäßige Gespräche zu begleiten. Diese Gespräche habe je nach Zeitpunkt unterschiedliche Funktionen: Orientierung und Aufbau einer Beziehungsebene, Überprüfung des Fortschritts der Integration bzw. der Leistungen. Bewährt haben sich auch Buddy- oder Mentorenprogramme, in denen ein erfahrener Mitarbeitender der „Neuen" bzw. dem „Neuen" in den ersten Monaten an die Seite gestellt wird. Die Dauer der Einarbeitung ist abhängig von Komplexität der Aufgaben sowie den Vorerfahrungen der oder des neuen Mitarbeitenden. In jedem Fall ist mit 8 bis 12 Wochen zu rechnen.

© Der/die Autor(en), exklusiv lizenziert an Springer Fachmedien Wiesbaden GmbH, ein Teil von Springer Nature 2023
S. Kock and K. Kock, *Personalmanagement in der Arzt- und Zahnarztpraxis von A bis Z*, https://doi.org/10.1007/978-3-658-42360-5_6

Muster: Einarbeitungsplan

Einarbeitungsplan für		
Name		
Position		
Buddy oder Pate		
Erster Tag		
Thema	**Wer**	**Erledigt**
Einarbeitungsgespräch • Begrüßung • Erläuterung Einarbeitungsplan • Arbeitszeiten • Arbeitskleidung • Interne Regelungen (Urlaub, Krankheit...) • Übergabe Spind	Praxisinhaber + Buddy oder Mentor	
Kennenlernen der Kollegen	Buddy oder Mentor	
Rundgang durch die Praxis	Buddy oder Mentor	
Teammittagessen	Alle	
Einweisung EDV und andere technische Geräte		
Erste Woche		
Einführung in die jeweiligen Aufgaben		
Empfang (beispielhaft und zu ergänzen) • Versicherungskarte einlesen • Terminvergabe		
Labor (beispielhaft und zu ergänzen) • Laborzettel • Blutabnahme		
Medizinische Geräte (beispielhaft und zu ergänzen) • EKG • RR-Messung		
Assistenz (beispielhaft und zu ergänzen) • Vorbereitung Behandlungsraum • Untersuchungsvorbereitung Vorsorge		
Verwaltung (beispielhaft und zu ergänzen) • Bestellwesen • Abrechnung		
Sechste Woche		
Probezeitgespräch	Praxisinhaberin/ -inhaber	
Nach drei Monaten		
Probehalbzeitgespräch	Praxisinhaberin/ -inhaber	
Nach sechs Monaten		
Probezeitendgespräch	Praxisinhaberin/ -inhaber	

Zusammenfassende Tipps für eine bessere Einarbeitung

	Babyboomer	Generation X	Generation Y	Generation Z
Vor dem 1. Tag	Greifbares Material im Voraus zur Verfügung stellen	Vorabinfos im Internet verfügbar machen	Interaktives Online-Onboarding mit Spaßfaktor gestalten	Web-2.0-Inhalte, visuelle Formate, mobil konsumierbar
Präferenz	Persönliche Ein-weisung von Kollegen	Zweckmäßige E-Learning-Elemente und Self-Service	Austausch mit Gleichgesinnten, Buddys, Mentoring	Persönliches oder virtuelles Lernen, fachkundige Profis
Im Vordergrund steht…	Fachliche Einarbeitung, soziale Integration	Fachliche Einarbeitung, Effizienz	Soziale Integration, spannende Aufgaben, Abwechslung	Lernkurve, individuelle Betreuung
Pluspunkte gibt es für…	Eine frühzeitige Orientierung zu internen Hierarchien und Strukturen	Einen bezugsfertigen Arbeitsplatz, Zugriff auf Ressourcen und Ansprechpartner	Einführungsveran-staltungen mit Entertainment-Charakter	Genaue Anweisungen und klar kommunizierte Erwartungen
Der besondere Tipp…	Ein zu Beginn ausgehändigter „Onboarding-Fahrplan" vermittelt Struktur, Sicherheit und ermöglicht eine sorgfältige Vorbereitung	Eine frühzeitige Zielvereinbarung und Einführung in Performance-Management klärt Verantwortlichkeiten und Prozesse zur Leistungsbeurteilung	Unverzügliches Feedback und kurzweiliger, spielerischer Wissenstransfer mit Spaßfaktor fördern eine frühzeitige emotionale Bindung	Anleitung und Unterstützung anbieten und nicht unbedingt viel Eigeninitiative erwarten; ZIer sind es gewohnt, „bespaßt" zu werden

[26] aus Generationenmanagement in der Arzt- und Zahnarztpraxis, Seite 143, Springer Gabler, Berlin 2020

Einsatzplanung

Die Einsatzplanung sichert, dass zu jeder Zeit ausreichend qualifiziertes Personal zur Verfügung steht und so der reibungslose Praxisablauf gesichert ist. Ein Einsatzplan regelt die Verteilung der verschiedenen Arbeitsbereiche, z. B. Assistenz, Anmeldung, Labor und Verwaltung, sowie weiterer anfallender Aufgaben.

Bei der Einsatzplanung gilt es neben die innerbetrieblichen Erfordernisse folgende Faktoren zu berücksichtigen:

- Berufsschulzeiten von Auszubildenden
- Urlaube
- Vertretungen in Krankheitsfällen
- geplante Abwesenheiten (z. B. Arztbesuche)
- vertraglich vereinbarte Arbeitszeiten der einzelnen Mitarbeitenden
- gerechte Verteilung der „unliebsamen" Aufgaben wie z. B. Aufräumen, Kontrollen der Toiletten etc.

Die Vorteile einer Einsatzplanung liegen darin, dass jeder Mitarbeitende genau weiß, was zu tun ist und wer wofür verantwortlich ist. Eine Rotation bei den Aufgaben sorgt für ein Wachsen der Flexibilität der Belegschaft, und dies erleichtert Vertretungssituationen und sorgt bei den Mitarbeitenden durch die Abwechslung für zusätzliche Motivation. Die Planung kann über diverse Anbieter digital erstellt werden oder über eine zentral zugängliche Stecktafel.

Elternzeit

Die Elternzeit beschreibt eine Auszeit vom Beruf, um sich der Kinderbetreuung und -erziehung zu widmen. Anspruch auf Elternzeit hat jeder Elternteil, und zwar bis zu drei Jahren. In dieser Zeit müssen Mütter und Väter nicht arbeiten und bekommen dann auch kein Gehalt.

Ein Teil der Elternzeit (24 Monate) kann zwischen dem dritten und neunten Geburtstag des Kindes genommen werden. Insgesamt kann die Elternzeit in drei zeitliche Abschnitte aufgeteilt werden. Die Zustimmung des Arbeitgebers ist nicht notwendig. Nur der dritte Abschnitt der Elternzeit kann, wenn er zwischen dem dritten und dem neunten Geburtstag des Kindes liegt, aus dringenden betriebsbedingten Gründen abgelehnt werden. Mütter und Väter müssen die Elternzeit bei ihrem Arbeitgeber anmelden: innerhalb der ersten drei Lebensjahre sieben

Wochen vorab, bei späterer Elternzeit 13 Wochen vorab. Während der Elternzeit besteht ein Kündigungsschutz und dieser beginnt mit der Anmeldung der
Elternzeit und endet mit deren Ablauf.[1]

Es ist möglich, in der Elternzeit mit mindestens 15 und maximal 32 Wochenstunden in Teilzeit zu arbeiten. Auch während der Teilzeittätigkeit in der
Elternzeit besteht ein besonderer Kündigungsschutz. Das originäre Arbeitsverhältnis ruht in dieser Zeit und lebt nach der Elternzeit wieder auf mit allen im
Arbeitsvertrag genannten Vereinbarungen.

Empowerment

Die deutsche Übersetzung von Empowerment (siehe auch Zielvereinbarung) ist
Ermächtigung. Im Personalwesen wird diese Begrifflichkeit für Übertragung von
Verantwortlichkeiten an Mitarbeitende verwendet.

Empowerment trägt zur Bindung, Motivation und Stärkung der Identifikation
mit der Praxis von Mitarbeitenden bei. Mitarbeitenden erhalten dadurch Möglichkeiten der Gestaltung und Entwicklung und erleben Wertschätzung durch die
Einbeziehung in Entscheidungen.

Damit Empowerment gut gelingt, bedarf es zunächst einmal des Vertrauens
der Führungskräfte in die Mitarbeitenden. Entscheidend sind eine gute Kommunikation und Transparenz auch zu Umsätzen und Zielen. Das Wissen um diese
Dinge macht es erst möglich, gute Entscheidungen im Sinne der Praxis zu treffen.

Empowerment ist ein Prozess: Entscheidungsspielräume werden sukzessive
erweitert, beispielsweise durch die Arbeit mit Zielvereinbarungen und Projektauf-
trägen an Mitarbeitende. Mitarbeitende bekommen die Möglichkeit, Kompetenzen
durch Weiterbildungen auszubauen, um sie dann einzubringen und neue Verantwortlichkeiten gut übernehmen zu können. Für Praxisinhaberinnen und -inhaber
bringt gelungenes Empowerment neben der Steigerung der Arbeitgeberattraktivität, Entlastung und eine Verbesserung der Teamarbeit.[2]

---

[1] Vgl. Elternzeit. (2021, 19. Oktober). BMFSFJ. https://www.bmfsfj.de/bmfsfj/themen/fam
ilie/familienleistungen/elternzeit/elternzeit-73832, abgerufen am 17.11.2022.

[2] Vgl. Steffgen, N. (2022, 11. August). Empowerment – Mitarbeiter zu Supportern
machen. Factorial Blog. https://factorialhr.de/blog/mitarbeiter-empowerment/, abgerufen am
21.12.2022.

Erfolgsbeteiligung

Wenn Mitarbeitende vom wirtschaftlichen Erfolg der Praxis direkt profitieren, nennt sich dies Erfolgsbeteiligung (siehe auch Bonifikation). Die Erfolgsbeteiligung wird zusätzlich zum Gehalt gezahlt – als variables, erfolgsabhängiges Einkommen. In der Praxis werden diese beiden Modelle bzw. Vorgehensweisen am häufigsten angewandt:

- Leistungsbeteiligung:
  Mit den Mitarbeitenden werden individuelle Ziele vereinbart, die konkret gemessen werden können und innerhalb eines definierten Zeitraums erbracht werden müssen, z. B. x % Einsparungen beim Einkauf von Material innerhalb eines Jahres.
  Wenn diese Ziele erreicht werden, erhalten die Mitarbeitenden einen Bonus.
- Gewinnbeteiligung:
  Die Praxis zahlt den Mitarbeitenden bei einem gewissen Gewinn einen Bonus aus. Dabei kann dieser Bonus nach der Betriebszugehörigkeit, dem Alters oder auch dem Bruttogehalt variieren.

Erfolgsbeteiligungen haben Vor- und Nachteile. Auf der einen Seite wird die Motivation der Mitarbeitenden gestärkt, es wird eine Steigerung der Leistungsbereitschaft und auch eine Leistungssteigerung erreicht. Zudem fühlen am Erfolg beteiligte Mitarbeitende häufig eine stärkere Identifikation mit der Praxis, und auch die Arbeitgeberattraktivität steigt. Auf der anderen Seite steigt der Leistungsdruck und, sollten Ziele nicht erreicht werden, kann es zu einem Motivationsabfall kommen.

Entlohnung

Mit Entlohnung (siehe auch Erfolgsbeteiligung) ist das Arbeitsentgelt, der Arbeitslohn oder das Gehalt gemeint, das zwischen Arbeitgebenden und Mitarbeitenden im Arbeitsvertrag vereinbart wurde. Dies beschreibt die Grundentlohnung. Zusätzlich können zur Motivation der Mitarbeitenden noch erfolgs- oder leistungsorientierte Entlohnungen als variable Entlohnung hinzukommen. Weitere Formen der Entlohnung sind die Vergütung der Überstunden oder Zulagen, beispielsweise bei geringen Krankheitstagen. Auch Sachleistungen kann der Arbeitgebende dem Mitarbeitenden zuzüglich zum Gehalt anbieten. Von der privaten Nutzung eines Diensthandys, über Waren- oder Tankgutscheine, Kindergartenzuschüsse, Arbeitskleidung mit Praxislogo bis zu Mitgliedschaften im Fitnessstudio; hier gibt es viele Möglichkeiten. Diese Sachleistungen sind bis zu einer Höhe von 50 € pro Monat nicht lohnsteuer- und sozialversicherungspflichtig und daher eine interessante Variante z. B. zu einer Erhöhung der Entlohnung.

F

Fachwissen

Dies bedeutet zunächst einmal „das Wissen, das jemand von seinem Fach hat".[1] In der Mehrzahl der Fälle wird Fachwissen unter den Begriffen Fachkompetenz oder fachliche Kompetenz *(Sachkompetenz, Fachkenntnis, Fachkunde, Sachkunde, Fachwissen)* subsumiert. So betrachtet, versteht man unter Fachwissen das Vermögen von Arbeitnehmerinnen und Arbeitnehmer, im Beruf übliche Tätigkeiten und Zusammenhänge den theoretischen Berufsbeschreibungen entsprechend allein zu bewältigen. Es handelt sich um eine Handlungskompetenz mit entsprechendem Kontextwissen.[2] Die ISO 9000 definiert im Abschn. 3.1.6, die Kompetenz als „dargelegte Eignung, Wissen und Fertigkeiten anzuwenden".[3] Fachfrau oder Fachmann zu sein, bedeutet, das übliche Fachwissen zu haben und den Erfahrungen entsprechend fallbezogen anzuwenden. Die Fachkompetenz umfasst dabei das Folgende:

- das Expertenwissen im eigentlichen Sinne
  - Kenntnis der fachüblichen Sprache mit den ihr typischen Fachausdrücken,
  - Kenntnis der fachüblichen Vorgehensweisen und Anwendungen, Arbeitsinstrumente und Materialien und deren sachgerechte Nutzung,
  - Wissen um die Fachthemen
  - und Wissen um die fachüblichen Standards und den rechtlichen Rahmen, in dem diese angewandt werden[4] und

---

[1] https://www.wortbedeutung.info/Fachwissen, abgerufen am 14.01.2023.

[2] Vgl. https://de.wikipedia.org/wiki/Fachkompetenz, abgerufen am 14.01.2023.

[3] ISO 9001:2015 Abschn. 3.10.4, deutschsprachige Fassung.

[4] Vgl. https://de.wikipedia.org/wiki/Fachkompetenz, abgerufen am 14.01.2023.

S. Kock and K. Kock, *Personalmanagement in der Arzt- und Zahnarztpraxis von A bis Z*, https://doi.org/10.1007/978-3-658-42360-5_7

- das Wissen um die mit der Tätigkeit verbundenen Risiken und Gefahren sowie des sachgerechten Umgangs damit. Dazu gehört ausdrücklich auch die mit der Tätigkeit einhergehende Verantwortung und Haftung.

Hat eine Mitarbeiterin bzw. ein Mitarbeiter das Berufsbild (Zahn-)Medizinische Fachangestellte bzw. (Zahn-)Medizinischer Fachgestellter durch Prüfung erlang, so darf von der zum Berufsbild gehörenden Fachkompetenz bzw. dem Fachwissen ausgegangen werden.

Feedback

„Feedback (engl. für Rückmeldung, Rückinformation) bezeichnet in der Kommunikation von Menschen die Rückübermittlung von Informationen durch den Empfänger einer Nachricht an den Sender jener Nachricht. Diese Informationen melden dem Sender, was der Empfänger wahrgenommen bzw. verstanden hat, und ermöglichen dem Sender durch etwaige Korrektur des Verhaltens auf die Rückmeldungen des Empfängers zu reagieren. Dies kann sowohl in mündlicher als auch in schriftlicher Form übermittelt werden."[5] Oder, einfach erklärt, bedeutet Feedback zu geben, jemandem eine Mitteilung darüber zu machen, wie sie oder er auf einen gewirkt hat. Dies kann auf der Sach- oder auch auf der Beziehungsebene geschehen. Anderen Menschen eine Rückmeldung zu geben, bedeutet, andere darüber zu informieren, wie sie auf mich gewirkt haben bzw. wie ich sie erlebt oder verstanden habe. Feedbackgespräche gelingen am besten, wenn sie durch ICH-Botschaften getragen werden. ICH-Botschaften sind besonders dazu geeignet, Probleme anzusprechen. Denn sie sind nicht angreifend, nicht provozierend, nicht DU-bezogen, sondern selbstoffenbarend und ICH-bezogen. ICH-Botschaften sind beziehungsorientiert, deshalb verbindlicher und besser hör-, versteh- und annehmbar.

---

[5] https://de.wikipedia.org/wiki/Feedback_(Kommunikation), abgerufen am 14.01.2023.

Feedback: Anmerkung zu unterschiedlichen Botschaften[6]

Botschaft	Anmerkung
MAN-Botschaften	• sind anonym, kommunikationstötend • sind Ausflüchte, Phrasen • ersticken jede Debatte im Keim
WIR-Botschaften	• sind kompliziert, verwirrend, ausweichend • betonen Gemeinsamkeiten • etc.
DU-Botschaften	• sind fordernd, aggressiv, bedrängend, provozierend, verletzend • diskreditieren die Selbstachtung des Gegenübers
ICH-Botschaften	• sind klar, verständlich, nicht angreifend, vorsichtig konfrontierend, einleuchtend • sind vermittelnd, wertschätzend

Checkliste: Ablauf Feedbackgespräch mit ICH-Botschaften

Schritt	Inhalt
1	kurzer, positiver Gesprächseinstieg *„Es ist schön, Sie zu sehen."*
2	Situation wertfrei darstellen *„Sie haben meinen Auftrag nicht ausgeführt."*
3	ICH-Botschaft I *„Das bedeutet für mich... "*
4	ICH-Botschaft II *„Ich fühle mich dabei... "*
5	Ball abgeben *„Was werden Sie jetzt tun?"*

---

[6] Vgl. Kock, Stephan F.; Davidenko, Claudia; Demuth, Sabine; Korkisch, Frauke; Stefanowsky, Tatjana: Wir müssen reden... – Mitarbeitergespräche in der Arzt- und Zahnarztpraxis, Springer Gabler 2019.

Fehlzeiten

„Fehlzeiten sind im Personalwesen der in Stunden oder Tagen gemessene Zeitraum, in welchem das Personal vom Arbeitsplatz abwesend ist."[7]„Keine Fehlzeiten gibt es, wenn Arbeitnehmende trotz Krankheit am Arbeitsplatz erscheinen."[8] Neben der Fehlzeit durch Krankheit gibt es auch andere Zeiträume, die als Fehlzeiten gelten. Dies sind alle Zeiträume, die es der Arbeitnehmerin bzw. dem Arbeitnehmer nicht ermöglichen, der Arbeit im vereinbarten Rahmen nachzukommen. Wird die vereinbarte Arbeitszeit unterschritten, kommt es zu Fehlzeiten. Die IST-Zeit entspricht nicht der SOLL-Zeit. Die Arbeitnehmenden können der vertraglich geschuldeten Pflicht nicht entsprechen.[9]

Da Arbeitgeberinnen und Arbeitgeber vertraglich dazu verpflichtet sind, das Gehalt zu zahlen, gehen sie das Risiko ein, den Lohn zu zahlen, ohne dafür die geschuldete Arbeitsleistung zu erhalten. Vor diesem Hintergrund haben Arbeitgebende dafür zu sorgen, dass für den Fall von Fehlzeiten eine stellvertretende Person einen problem- und reibungslosen Behandlungs- oder Arbeitsablauf gewährleisten kann. Man kann die Fehlzeitenquote berechnen. Sie wird definiert als Quotient aus der Summe der Fehltage aller Mitarbeitenden und der Sollarbeitstage aller Mitarbeitenden: je mehr Fehltage, desto höher die Fehlzeitenquote.

Es sind **unterschiedliche Formen** der Fehlzeiten zu beschreiben:

- Gesetzliche Fehlzeiten sind Urlaub, Mutterschutz, Elternzeit, Freistellung o. ä. m.
- Betrieblich Fehlzeiten sind Ausbildung, Fortbildung, Qualifizierung, Betriebsausflüge oder Betriebsfeste (Jubiläum).
- Persönlich verursachte Fehlzeiten sind Arbeitsunfähigkeit und Fernbleiben. Arbeitsunfähigkeit wird durch Erkrankung, Unfall oder Kur ausgelöst.

Zudem gibt es **verdeckte Fehlzeiten** wie zum Beispiel: Verspätung, vorzeitiges Arbeitsende, überzogene Pausen oder auch private Aktivitäten in der Arbeitszeit.

Es gibt Möglichkeiten, die Fehlzeiten zu begrenzen[10]:

---

[7] https://de.wikipedia.org/wiki/Fehlzeiten_(Arbeit), abgerufen am 14.01.2023.

[8] Klaus Altfelder/Hans G. Bartels/Joachim-Hans Horn/Heinrich-Theodor Metze (Hrsg.), *Lexikon der Unternehmensführung,* 1973, S. 74 f.

[9] Vgl. https://de.wikipedia.org/wiki/Fehlzeiten_(Arbeit), abgerufen am 14.01.2023.

[10] Vgl. https://de.wikipedia.org/wiki/Fehlzeiten_(Arbeit)#Literatur, abgerufen am 14.01.2023.

- Rückkehrgespräche zum Aufdecken der Ursachen,
- abwechslungsreiche Arbeitsinhalte,
- Gespräche über das Verhalten der fehlenden Mitarbeitenden,
- Gesundheitsförderungsmaßnahmen,
- betriebliches Eingliederungsmanagement (bei mehr als 30 Fehltagen)
- u. ä.

Fluktuation

Wikipedia weiß, dass der Begriff Fluktuation vom lateinischen *fluctuare,* „hin- und herschwanken", „wiegen, wallen" abstammt und allgemein eine kurzzeitige oder andauernde Veränderung (Schwankung, Wechsel) von Personen, Personal, Sachverhalten oder Zuständen beschreibt. Meist sind Praxisinhaberinnen und -inhaber überrascht, wenn jemand aus ihrem Team eine Eigenkündigung vornimmt. Für die übrigen Mitarbeitenden kommt es bis zur Neueinstellung einer Kollegin oder eines Kollegen zu Mehrarbeiten, höherem Arbeitstempo und oftmals zu Stress und Gereiztheit. Da Fachkräfte oder Fachpersonal Mangelware sind, sind Praxisinhaberinnen und -inhaber gut beraten, ihre Beschäftigten zu halten und Fluktuation zu vermeiden.

Mögliche Ursachen für Fluktuation können branchen-, praxisbezogen oder persönlich sein:

- **branchenbezogen:** schwindende Attraktivität des Arbeitsbereiches, der Region, der öffentlichen Infrastruktur etc.
- **praxisbezogen:** Kündigt eine Arbeitnehmerin bzw. ein Arbeitnehmer das Arbeitsverhältnis im ersten Jahr der Anstellung, findet sich die Ursache häufig in der ungeeigneten Personalauswahl und einer schlechten bzw. unzureichenden Einarbeitung. Erfolgt die Kündigung nach längerer Zugehörigkeit, spielen meist uninteressante Arbeitsinhalte, unpassende Arbeitszeiten, schlechte Entlohnung, fehlende Entwicklungsoptionen, schlechtes Praxisklima, unbefriedigende Zusammenarbeit mit Kolleginnen und Kollegen und/oder der Führung, aber auch fehlende Wertschätzung, Anerkennung, ungenügende bis keine Führung, geringe Bindung an das Team, als ungerecht empfundene Aufgabenverteilung, veraltete Technik in der Praxis u. ä. m. eine entscheidende Rolle.

- **persönlich:** z. B. Umzug, Pflege von Angehörigen oder Änderungen in der persönlichen Lebensplanung o. ä. m.[11]

Bei Eigenkündigung einer Mitarbeiterin bzw. eines Mitarbeiters ist es sinnvoll, dass die Praxisleitung Selbstreflexion betreibt und sich fragt: Was sind mögliche Ursachen für die Kündigung? Wie könnte dem präventiv entgegengewirkt werden? Es gilt aber auch, sich durch Forderungen nicht erpressen zu lassen. „Reisende soll man nicht aufhalten." Es macht keinen Sinn, sich als Praxisinhaberin oder -inhaber zu verbiegen, nur damit jemand bleibt, der eigentlich gehen will. Sonderrechte einzuräumen, macht abhängig und erpressbar.[12]

Freizeitausgleich

„Freizeitausgleich ist eine Regelung, die es ermöglicht, auf dem Arbeitszeitkonto einer Mitarbeiterin bzw. eines Mitarbeiters angesammelte Überstunden und Mehrarbeit durch Freizeit auszugleichen."[13] Das setzt voraus, dass diese auch angesammelt und dokumentiert werden können. Wenn eine Beschäftigte bzw. ein Beschäftigter einen Freizeitausgleich in Anspruch nimmt, sagt man umgangssprachlich auch, sie oder er feiere Überstunden ab.

Urlaub ist laut Bundesurlaubsgesetz (BurlG) kein Freizeitausgleich. Es ist nicht erlaubt, dass eine Arbeitnehmerin bzw. ein Arbeitnehmer absichtlich Überstunden sammelt, wofür auch immer. Solch ein Verhalten verstößt gegen das Arbeitszeitgesetz, in dem die maximale Arbeitszeit genauso geregelt ist, wie Ruhezeiten vorgeschrieben sind.

---

[11] Vgl. https://wirtschaftslexikon.gabler.de/definition/fluktuation-31944, abgerufen am 11.01.2023.

[12] Vgl. https://www.praktischarzt.de/magazin/fluktuation-wie-man-kuendigungen-in-arztpr axen-vorbeugt/, abgerufen am 11.01.2023.

[13] https://www.sieda.com/lexikon/freizeitausgleich.php, abgerufen am 14.01.2023.

Als Praxisinhaberin bzw. -inhaber genehmigt man den beantragten Freizeitausgleich. Ein Anspruch auf Freizeitausgleich verjährt spätestens nach drei Jahren. Kürzere Fristen – die meist üblich sind – sind vertraglich möglich.

Nur wenn die Praxisinhaberin bzw. der -inhaber die Überstunden angeordnet hat, verursachen diese auch einen Anspruch auf Freizeitausgleich. Im Idealfall werden diese Mehrarbeiten durch ein Arbeitszeitkonto bestätigt. Als arbeitgebende Person unterliegt man der Pflicht, ständig wiederkehrende Mehrarbeiten zu erkennen und diese zu unterbinden. Wird dies über einen längeren Zeitraum nicht getan, kommt dies einer stillschweigenden Akzeptanz gleich, mit den entsprechenden Folgen.

Der Anspruch auf Freizeitausgleich kann entfallen, wenn der Arbeitsvertrag – wie in vielen Einrichtungen üblich – eine sogenannte Überstundenklausel enthält (bestimmter Satz an Überstunden, der mit dem Gehalt abgegolten ist). Das unbegrenzte Leisten von Mehrarbeit ohne Ausgleich ist unzulässig.

Bei leitenden Angestellten, die i. d. R. ein deutlich höheres Entgelt erhalten und bei denen Überstunden meist vorausgesetzt werden, ist die pauschale Abgeltung aller Überstunden mit dem Gehalt im Regelfall zulässig.[14]

---

[14] Vgl. https://www.sieda.com/lexikon/freizeitausgleich.php, abgerufen am 14.01.2023.

Checkliste: Freizeitausgleich[15]

Inhalt	Hinweise	Passt	Passt nicht
Personenkreis	leitendende Person		
	Arbeitnehmer, die in häuslicher Gemeinschaft mit den ihnen anvertrauten Personen zusammenleben und sie eigenverantwortlich erziehen, pflegen oder betreuen		
	Jugendliche unter 18 Jahren (für sie gilt stattdessen das Jugendarbeitsschutzgesetz)		
	Auszubildende - es gilt das Berufsbildungsgesetz (BBiG)		
Anordnung	Praxisinhaberin bzw. Praxisinhaber ordnet den Freizeitausgleich an		
	Arbeitsvertrag sieht Freizeitausgleichsregelung vor		
Zeit oder Geld	Mitarbeiterin bzw. Mitarbeiter möchte Geld statt Freizeitausgleich		
	Arbeitsvertrag sieht entsprechende Regelung vor		
Anspruch	Ein Anspruch auf Freizeitausgleich oder Bezahlung fällt dann weg, wenn die Arbeitnehmerin bzw. der Arbeitnehmer ohne vorherige Absprache mit der Arbeitgeberin bzw. dem Arbeitgeber Überstunden leistet. Um eine Bezahlung von Überstunden vor Gericht einklagen zu können, muss Mehrarbeit dokumentiert und nachweisbar sein.		

---

[15] Vgl. https://karrierebibel.de/freizeitausgleich/, abgerufen am 14.01.2023.

Führung

Der Begriff Führung (siehe auch Chefin/Chef) ist vermutlich eher umgangssprachlich geprägt und von der Fachliteratur bzw. Wissenschaft übernommen
worden. Daher wird er auch unklar, unspezifisch oder unpräzise genutzt. Eine
genaue Definition findet man zum Beispiel im Gabler Wirtschaftslexikon. Demzufolge bedeutet Führung „durch Interaktion vermittelte Ausrichtung des Handelns
von Individuen und Gruppen auf die Verwirklichung vorgegebener Ziele."[16]Das
bedeutet auch, dass über- und untergeordnete Personen miteinander agieren. Das
Ausüben von Führung hat dabei unterschiedliche Aufgaben, zum Beispiel kann
Führung dem Geführten Sicherheit und Orientierung geben. In arbeitsteiligen
Praxen oder (Zahn-)Medizinischen Versorgungszentren haben „Führungsbezie-
hungen" darüber hinaus u. a. den Zweck, Koordination und Zielerreichung zu
befördern. Neben der Orientierung auf die Erreichung von Zielen bestehen
Führungsaufgaben in der Motivation der Mitarbeitenden und in der Siche-
rung des Gruppenzusammenhalts – gemäß der Erfahrung, dass gute Führung
Mitarbeiterinnen und Mitarbeiter anerkennend und wertschätzend bindet.

Irgendwie erscheint es schwer, Führung exakt und allgemein gültig zu
definieren. Laut Stogdill lassen sich alle Erklärungen und Definitionen auf
eine Kernaussage zusammenfassen. Demnach scheint Führung die zielgerichtete
Beeinflussung des Erlebens und Verhaltens von Einzelpersonen und von Gruppen
innerhalb von Organisationen zu sein.

So definierte Führung setzt bestimmte Merkmale[17] und Bedeutungen voraus

- prozesshaft,
- machtvoll,
- zielgerichtet,
- sozial,
- erlebbar,
- beziehungsstiftend,
- beeinflussend,
- ungebunden,
- u. ä. m.

---

[16] Vgl. https://imchange.de/, abgerufen am 11.01.2023.
[17] Vgl. https://wpgs.de/fachtexte/fuehrung-von-mitarbeitern/fuehrung-definition-und-perspe
ktiven/, abgerufen am 11.01.2023.

Führungskraft

Eine Führungskraft ist eine Person, die die Verantwortung für die Festlegung und Umsetzung überzeugender kurz- und langfristiger Ziele in messbare Ergebnisse (in Praxen oder (Z-)MVZen) trägt. Beispiele für Ergebnisse sind Zufriedenheit von Mitarbeitenden, Patientinnen und Patienten als mögliche Frühindikatoren sowie Rentabilität und Produktivität als Spätindikatoren des wirtschaftlichen Erfolges einer Einrichtung im ambulanten Gesundheitswesen. Um ihrer Verantwortung gerecht zu werden, benötigt eine Führungskraft bestimmte Eigenschaften, Kompetenzen und Persönlichkeitsmerkmale wie zum Beispiel:

- „Souveränes persönliches Auftreten
- Vorbildliche Eigeninitiative
- Konsequente Ziel- und Ergebnisorientierung
- Überzeugende Kommunikation und effiziente Leitung von Besprechungen
- Mit Teamfähigkeit seinen Beitrag zum Teamgeist leisten
- Kreative Problemlösung und Entscheidung
- Konstruktives Konfliktmanagement
- Schaffung vertrauensvoller Beziehungen und Glaubwürdigkeit
- Mit Emotionaler Intelligenz ein produktives Arbeitsklima schaffen."[18]

---

[18] https://www.managementkompetenzen.de/kernkompetenzen.html,   abgerufen   am
14.01.2023.

Andere Menschen gehen davon aus, dass eine Führungskraft über folgende Eigenschaften, Kompetenzen und Persönlichkeitsmerkmale[19, 20, 21] verfügen sollte:

1. Integrität
2. Kommunikationstalent
3. Selbstvertrauen
4. Empathie
5. Innovationsorientierung
6. Lösungsorientierung
7. Entschiedenheit
8. Leidenschaft
9. Delegationsfähigkeit
10. Lernfähigkeit

---

[19] Vgl. https://de.wikipedia.org/wiki/Führungskraft_(Führungslehre), abgerufen am 14.01.2023.

[20] Vgl. https://www.fuehrungskompetenzen.com/fuehrungskraefte-kompetenzen/index.html, abgerufen am 14.01.2023.

[21] Vgl. https://www.managementkompetenzen.com/managementkompetenzen-beispiele.html, abgerufen am 14.01.2023.

Checkliste: Führungskraft[22]

Eigenschaft, Kompetenz oder Persönlichkeitsmerkmal	Vor-handen	Nicht vorhanden
▪ souveränes persönliches Auftreten		
▪ vorbildliche Eigeninitiative		
▪ konsequente Ziel- und Ergebnisorientierung		
▪ überzeugende Kommunikation		
▪ effiziente Leitung von Besprechungen		
▪ mit Teamfähigkeit seinen Beitrag zum Teamgeist leisten		
▪ kreative Problemlösung und Entscheidung		
▪ konstruktives Konfliktmanagement		
▪ Schaffung vertrauensvoller Beziehungen		
▪ Glaubwürdigkeit		
▪ Integrität		
▪ Kommunikationstalent		
▪ Selbstvertrauen		
▪ Empathie Innovationsorientierung		
▪ Lösungsorientierung		
▪ Entschiedenheit		
▪ Leidenschaft		
▪ Delegationsfähigkeit		
▪ Lernfähigkeit		

---

[22] Vgl.   https://www.managementkompetenzen.com/managementkompetenzen-beispiele. html, abgerufen am 14.01.2023.

Führungsleitbild

Unter Führungsleitbild werden häufig Ideen wie z. B. die Grundsätze der Zusammenarbeit, Führungsleitsätze, Führungsrichtlinien verstanden. Führungsgrundsätze sind generelle Verhaltensempfehlungen für das Zusammenarbeiten von Menschen in Praxen, (Z-)MVZen oder anderen Einrichtungen im ambulanten Gesundheitswesen. Sie können eine einheitliche Grundlage für das einrichtungsweit gewünschte Führungsverhalten ermöglichen. Ein Führungsleitbild hat etliche Funktionen wie Steuerung, Standardisierung, Entlastung, Orientierung, Vereinheitlichung, Legitimation und Öffentlichkeitsarbeit. Die Grundsätze bzw. „Leitplanken" können vielfältig das Geschehen in Einrichtungen wie Praxen, und (Zahn-)Medizinischen Versorgungszentren betreffen. So haben sie zum Beispiel Auswirkungen auf Zielvereinbarung, Delegation und Information, Kommunikation und Kooperation, Kontrolle und Beurteilung der Mitarbeitenden, Partizipation und Motivation, Anerkennung und Kritik sowie Förderung der Mitarbeitenden u. ä. m. Ein Führungsleitbild beschreibt also die Grundlagen, die als Orientierungsrahmen dienen und gleichermaßen für Führungskräfte und Mitarbeitende gelten – als bedeutsamer Eckpunkt im Grundkonzept der Praxis- bzw. (Z-)MVZ-Philosophie. Es ist angezeigt ist eine inhaltlichen Abstimmung mit dem Praxisleitbild vorzunehmen.

Muster: Führungsgrundsätze des Vivantes – Berlin[23]

- „Wir führen respektvoll, wertschätzend und lebensphasenbewusst.
- Wir sind kompetent, loyal und kollegial.
- Wir verhalten uns vorbildlich und geben Orientierung.
- Wir fordern und fördern unsere Mitarbeiter*innen.
- Wir handeln transparent und fair.
- Wir gehen offen und konstruktiv mit Fehlern und Konflikten um.
- Wir vermitteln Vertrauen und Stabilität."

---

[23] https://www.vivantes.de/fileadmin/Unternehmen/Werte/171130__A6_Postkarte_Fuehru ngsgrundsaetze.pdf, abgerufen 22.09.2022.

Fürsorgepflicht

Arbeitgebende sind im Rahmen eines bestehenden Arbeitsverhältnisses verpflichtet, Leben und Gesundheit der Arbeitnehmenden zu schützen. „Darunter fällt zum Beispiel der Schutz vor Unfällen, ein gut ausgestatteter Arbeitsplatz und ein fairer Umgang miteinander"[24].

Es gibt kein Gesetz, das den Begriff der Fürsorgepflicht regelt, vielmehr gibt es verschiedene Gesetze, die die Fürsorgepflicht organisieren. Zum Teil tut dies auch der Grundsatz von „Treu und Glauben" aus dem Bürgerlichen Gesetzbuch, dem BGB. Für Praxisinhaberinnen und -inhaber bedeutet das, dass sie für ihre Mitarbeiterinnen und Mitarbeiter sorgen müssen, wie es nach üblichem Dafürhalten von wissenden Menschen erwartet werden darf.[25]

Folgende Gesetze sind unter anderem zu berücksichtigen. Abschließend ist diese Auflistung nicht. Das genau entspricht auch dem Grundsatz von „Treu und Glauben"

- Arbeitssicherheitsgesetz (ASiG),
- Arbeitsstättenverordnung (ArbStättV)
- Bürgerliches Gesetzbuch § 618 Abs. 1
- Regelwerke der Berufsgenossenschaften
- Arbeitszeitgesetz (JArbSchG)
- Jugendarbeitsschutzgesetz
- Mutterschutzgesetz (MuSchG)
- Beschäftigtenschutzgesetz (BSchG)
- Allgemeines Gleichbehandlungsgesetz (AGG)

---

[24] https://www.personio.de/hr-lexikon/fuersorgepflicht-des-arbeitgebers/, abgerufen am 22.09.2022.
[25] Vgl. https://www.personio.de/hr-lexikon/fuersorgepflicht-des-arbeitgebers/, abgerufen am 22.09.2022.

G

Geburtstag

Die Geburtstage von Mitarbeitenden zu würdigen, stärkt ein gutes Betriebsklima und ist ein sehr einfaches Mittel der Personalbindung. Von der persönlichen Geburtstagskarte über ein Geschenk in Form eines Blumenstraußes oder eines Gutscheins bis zum freien Tag am Geburtstag gibt es viele Möglichkeiten, den Mitarbeitenden Wertschätzung entgegenzubringen. Damit ein Präsent auch ein Präsent bleibt und nicht durch den Nutznießer versteuert werden muss, hat der Gesetzgeber eine Grenze von 60 € bei einem persönlichen Anlass vorgegeben.[1] Wichtig ist es, niemanden zu vergessen. Hier hilft ein Geburtstagskalender oder in großen Praxen eine „Geburtstagsbeauftragte" bzw. ein „Geburtstagsbeauftragter".

Gehalt

Das Gehalt wird monatlich in der gleichen Höhe vom Arbeitgebenden an den Arbeitnehmenden ausgezahlt. Ist ein Arbeitnehmender arbeitsunfähig erkrankt, wird das Gehalt normalerweise bis zu sechs Wochen weitergezahlt. Gehaltsbeeinflussende Faktoren sind häufig die Region, in der die Tätigkeit ausgeübt wird, die Größe der Einrichtung bzw. der Praxis, aber auch die Qualifikation der Arbeitnehmenden. Für (Zahn-)Medizinische Fachangestellte gibt einen Tarifvertrag, ebenso für angestellte (Zahn-)Ärzte. Diese sind aber nicht bindend, es sei denn, dies ist im Arbeitsvertrag ausdrücklich vereinbart. Dennoch orientieren sich viele Praxen an diesen Tarifverträgen bei der Gehaltsfindung. Gerade in Zeiten

---

[1] Vgl. Steuerfreie Zuwendungen | Geschenke an Mitarbeiter – Finanztip. (o. D.). https://www.finanztip.de/steuerfreie-sachzuwendungen/, abgerufen am 21.11.2022.

S. Kock and K. Kock, *Personalmanagement in der Arzt- und Zahnarztpraxis von A bis Z*, https://doi.org/10.1007/978-3-658-42360-5_8

des Fachkräftemangels ist diese Orientierung empfehlenswert, um für potenzielle Mitarbeitende auch durch eine adäquate Bezahlung attraktiv zu sein.

Gehaltsgespräch

Gehaltsgespräche gehören bei den meisten Arbeitgebenden zu den am wenigsten beliebten Gesprächsarten. Das erste Gehaltsgespräch erfolgt im Rahmen der Vertragsverhandlung. Später werden diese Gespräche häufig von Mitarbeitenden eingefordert oder in andere Gesprächsformate wie z. B. das Jahresgespräch eingeflochten. Erfahrungsgemäß ist es jedoch sinnvoll, Gehaltsgespräche von anderen Themen zu trennen und diese turnusmäßig mit allen Mitarbeitenden zu führen, z. B. einmal jährlich. „Regelmäßige Gehaltsgespräche dienen dem Austausch zur Arbeitssituation, zur Bewertung der Arbeitsleistung aus zwei Perspektiven, der Formulierung von Verbesserungsmöglichkeiten als auch dem Blick ins nächste Jahr."[2] Wenn es keine vertragliche Vereinbarung gibt, besteht kein Recht auf eine Gehaltserhöhung seitens der Arbeitnehmenden. Das Gehalt spielt aber eine große Rolle in Bezug auf die Zufriedenheit der Mitarbeitenden. Aus diesem Grund ist das Thema sensibel und daher sollte ein Gehaltsgespräch gut vorbereitet sein. Gehaltserhöhungen müssen nicht immer monetär sein. Auch Sachleistungen (siehe auch Entlohnung), beispielsweise ein Zuschuss zur Kinderbetreuung oder ein Fahrtkostenzuschuss, können attraktive Maßnahmen sein, das Gehalt indirekt zu erhöhen.

---

[2] Kock, S. F., Davidenko, C., Demuth, S., Korkisch, F. & Stefanowsky, T. Wir müssen reden… – Mitarbeitergespräche in der Arzt- und Zahnarztpraxis (1. Aufl. 2019). Springer Gabler.

Checkliste: Ablaufplan Gehaltsgespräch

Vorbereitung	▪ Gab es bereits Gehaltserhöhungen und wenn ja, wann? ▪ Welchen Spielraum gibt es im Rahmen der Gesamtpersonalkosten? ▪ Welche Sachleistungen könnten individuell angeboten werden anstelle einer Gehaltserhöhung? ▪ Wie waren die Leistungen der bzw. des Mitarbeitenden? ▪ objektive Kriterien für Gehaltserhöhung festlegen, z. B. - geringe Fehlerquote - mehrfaches Lob von Kolleginnen und Kollegen sowie Patientinnen und Patienten - überdurchschnittliche Eigeninitiative - Finden von Lösungen für Probleme außerhalb des eigenen Bereiches liegen ▪ Wo bewegen sich die Gehälter von Mitarbeitender mit vergleichbaren Aufgaben? ▪ in Teamstrukturen mit Vorgesetzter bzw. Vorgesetztem abstimmen
Terminvereinbarung	▪ zeitnahen Termin finden, bezogen auf die Anfrage ▪ alternativ: regelmäßige Gespräche mit allen Mitarbeitenden einplanen ▪ Zeitbedarf: 45 bis 60 Minuten
Durchführung des Gehaltsgespräches	▪ ruhige, angenehme Atmosphäre schaffen ▪ Gesprächseröffnung mit kurzem Small Talk ▪ Erkundung durch Fragen - Wo hat sich die Leistung dauerhaft verbessert? - Was sind die Argumente der Mitarbeiterin, des Mitarbeiters für die Gehaltserhöhung? - In welcher Höhe sollte die Gehaltserhöhung sein? - Wären Sachleistungen eine Alternative zur Gehaltserhöhung? - Wenn es keine Gehaltserhöhung gäbe, was wäre stattdessen eine Anerkennung für die Leistungen? - Wie ist die Zufriedenheit mit den Aufgaben generell? ▪ Feedback geben ▪ Vereinbarungen treffen und zusammenfassen
Nach dem Gespräch	▪ Vereinbarungen schriftlich fixieren ▪ Notizen in Personalakte abheften

Gehaltsplanung

Unter Gehaltsplanung wird auch Personalkostenplanung verstanden. Dabei geht es zum einen um die Berechnung der notwendigen Personalressourcen, zum anderen um die Planung der dafür notwendigen finanziellen Mittel. Dies ist ein wichtiger Teil der wirtschaftlichen Jahresplanung, da Personalkosten ein wesentlicher Bestandteil der Gesamtkosten einer Praxis sind. In Praxen mit angestellten Mitarbeitenden rechnet man mit 17 bis 23 % Personalkosten, in Praxen mit angestellten Ärzten mit 20 bis 30 %, je nach Fachrichtung. Zur Planung gehören nicht nur die Gehälter (direkte Personalkosten), sondern es zählen auch die Lohnnebenkosten (indirekte Personalkosten), die Kosten für Aus- und Weiterbildung, Leistungen wie Weihnachts- oder Urlaubsgeld, Lohnfortzahlungen bei Ausfallzeiten sowie Kosten für Benefits, z. B. Smartphone, dazu.

Checkliste: Aufbau Gehaltsplanung/Personalkostenplanung

Name	Kostenart	Kosten in €
Monatliches Bruttogehalt		
Geplante Gehaltsanpassung		
Leistungen Sozialversicherung	Rentenversicherung	
	Krankenversicherung	
	Pflegeversicherung	
	Arbeitslosenversicherung	
Zusatzleistungen	Bonuszahlungen	
	Weihnachtsgeld	
	Urlaubsgeld	
	Fahrkostenzuschuss	
	Betriebliche Altersversorgung	
Entgeltfortzahlung	Krankheit	
	Weiterbildung	
Beiträge Berufsgenossenschaft		
Weiterbildung		
Freiwillige Leistungen	Kindergartenzuschuss	
	Handy	
	Gesamtkosten	

Gleichstellung

Zum Begriff Gleichstellung (siehe auch Vorstellungsgespräch und Schwerbehinderung) gibt es im Personalmanagement zwei unterschiedliche Bereiche.

Der erste bezieht sich auf die Gleichberechtigung von Frauen und Männern im beruflichen Kontext. Dies zeigt sich beispielsweise in der Tatsache, dass sowohl Mütter als auch Väter einen Anspruch auf Elternzeit haben. Im Jahr 2006 ist das Allgemeine Gleichbehandlungsgesetz (AGG) verabschiedet worden. „Ziel des Gesetzes ist, Benachteiligungen aus Gründen der Rasse oder wegen der ethnischen Herkunft, des Geschlechts, der Religion oder Weltanschauung, einer Behinderung, des Alters oder der sexuellen Identität zu verhindern oder zu beseitigen."[3] Das AGG hat umfangreiche Auswirkungen im gesamten Prozess von Stellenneubesetzung: Stellenausschreibungen müssen so formuliert werden, dass niemand diskriminiert wird, und persönliche Fragen, die auf die oben benannten Themen abzielen, dürfen im Vorstellungsgespräch nicht mehr gestellt werden.

Der zweite Bereich der Gleichstellung im Personalmanagement bezieht sich auf die Gleichstellung von Menschen mit Behinderung. Wenn Mitarbeitende einen Grad der Behinderung von mindestens 30 % haben, können sich diese unter bestimmten Voraussetzungen mit einem Schwerbehinderten gleichstellen lassen. Das hat die Folge eines besonderen Kündigungsschutzes für den Arbeitnehmenden und bietet finanzielle Hilfen zur Gestaltung des Arbeitsplatzes.

Gleitender Ruhestand

Der gleitende Ruhestand beschreibt den allmählichen Übergang von einer Erwerbstätigkeit in den Ruhestand, auch Altersteilzeit genannt. Geregelt wird dies durch das Altersteilzeitgesetz (AltTZG) und ist für Arbeitnehmende ab dem 55. Lebensjahr möglich, die in den letzten fünf Jahren mindestens 3 Jahre sozialversicherungspflichtig beschäftig waren. Es gibt allerdings keinen rechtlichen Anspruch darauf, sondern basiert auf freiwilligen Vereinbarungen zwischen Arbeitnehmenden und Arbeitgebenden. Im Rahmen der Altersteilzeit halbieren sich die Arbeitszeit und somit das Gehalt. Der Arbeitgebende muss dieses Gehalt allerdings um 20 % des regulären Arbeitsentgelts aufstocken, die Aufstockung ist steuer- und sozialversicherungsfrei. Die Sozialversicherungsbeiträge

---

[3] § 1 AGG – Einzelnorm. (o. D.). https://www.gesetze-im-internet.de/agg/__1.html, abgerufen am 22.11.2022.

müssen durch den Arbeitgebenden mit mindestens 80 % der Beiträge, die für das Regelarbeitsentgelt gezahlt werden müssten, geleistet werden.
Für die Altersteilzeit gibt es zwei Modelle:

- Im Gleichverteilungsmodell wird die Arbeitszeit über den gesamten verbleibenden Zeitraum bis zum Ruhestand auf die Hälfte reduziert.
- Im Blockmodell wird der Zeitraum in zwei gleiche Phasen unterteilt. In der ersten Phase wird gearbeitet wie bisher, in der zweiten Phase, der Freistellungsphase, wird gar nicht mehr gearbeitet.[4]

Vorteile	
Arbeitgebende	Arbeitnehmende
• Neubesetzung mit neuen, ggf. jüngeren Mitarbeitenden • gezielter Wissenstransfer • Steigerung der Arbeitgeberattraktivität	• gleitender Übergang in den Ruhestand • finanzieller Anreiz durch die Aufstockung • Anpassung der Arbeitsbelastung an individuelle Bedürfnisse

Generationenmanagement

Generationenmanagement versteht sich als Teil des Managements von Diversität (siehe Diversität). Das Generationenmanagement will Arbeitsbedingungen in Unternehmen fördern, die es allen Beteiligten ermöglichen, ihren vollen Einsatz zu leisten. Dabei wird die konkrete Ausgestaltung von Generationenmanagement von der demografischen Struktur und den Erfolgsvoraussetzungen der jeweiligen Organisation bestimmt. Oder anders beschrieben geht es im Generationenmanagement darum, attraktive Arbeitsplätze zu schaffen, um so Mitarbeitende zu finden und zu binden.

---

[4] www.haufe.de. (2021, 18. Januar). Altersteilzeit/3 Altersteilzeit: Varianten, Auswirkungen und... Haufe.de News und Fachwissen. https://www.haufe.de/finance/haufe-finance-office-premium/altersteilzeit-3-altersteilzeit-varianten-auswirkungen-und-voraussetzungen_idesk_PI20354_HI10237900.html, abgerufen am 22.11.2022.

Aus wirtschaftlicher Sicht ist es daher für Unternehmen im ambulanten Gesundheitswesen genauso wie für Wirtschaftsunternehmen sinnvoll, die Arbeit möglichst attraktiv für Nachwuchskräfte zu gestalten und dabei auch das Wissen von erfahrenen Mitarbeitenden zu sichern. Zudem gelten heute zunehmend „neue" Führungskonstellationen, das heißt erfahrene Mitarbeitende werden von jüngeren Führungskräften gemanagt. Eine wesentliche Folge des demografischen Wandels. Viele Praxen und andere Einrichtungen im ambulanten Gesundheitswesen erleben, dass der demografische Wandel erhebliches Konfliktpotenzial mit sich bringt. Dieser fußt vermutlich auf den veränderten Wünschen, Erwartungen und Befürchtungen der Belegschaften.

Gratifikation

Arbeitgebende haben die Möglichkeit, über das reguläre Arbeitsentgelt hinaus bei besonderen Anlässen eine Gratifikation zu zahlen. Gratifikationen werden auch Sondervergütung oder Sonderzuwendungen genannt. Solche Gratifikationen dienen der zusätzlichen Motivation der Mitarbeitenden. Klassische Gratifikationen sind Weihnachts- oder Urlaubsgeld sowie Zuwendungen bei persönlichen Anlässen wie Geburtstagen oder Jubiläen oder besonderen Leistungen. Wenn Gratifikationen regelmäßig gezahlt werden, kann sich aus dieser Tatsache allein ein sogenanntes „Gewohnheitsrecht" für die Mitarbeitenden ableiten. Um dagegenzuwirken, empfiehlt es sich, die Gratifikation mit einem kurzen Brief anzukündigen und in diesem Brief darauf hinzuweisen, dass wiederholte Zahlungen keinen Rechtsanspruch begründen. Ein solcher Gratifikationsbrief hat darüber hinaus noch die Möglichkeit, eine Würdigung der Arbeitsleistung schriftlich zum Ausdruck zu bringen und damit eine besondere Wertschätzung gegenüber den Mitarbeitenden auszudrücken.

Muster: Gratifikationsschreiben

Hausärztliche Gemeinschaftspraxis
Dr. Beate Beispiel
Beispielweg 12
12345 Beispielhausen

DIE HAUSÄRZTE

Frau/Herr M. Muster
Musterweg 3
98765 Musterhausen

Gratifikation

Liebe Mandy,

in diesem Jahr haben wir, auch dank deiner tatkräftigen Unterstützung, sehr gute Bewertungen unserer Praxis auf der Plattform XYZ erhalten.

Dafür möchten wir uns bei dir bedanken. Mit deinem Dezembergehalt werden wir dir eine Gratifikation in Höhe von XX € auszahlen.

Diese Zahlung ist freiwillig und begründet keinen Anspruch auf Zahlungen in der Zukunft.

Unterschrift
Dr. Beate Beispiel

H

Haftung

Haftung bedeutet grundsätzlich, dass jemand für einen Schaden einstehen muss. „Die Haftung kann sich dabei aus einem Vertrag oder aus dem Gesetz ergeben. Meist setzt eine Haftung ein Verschulden (Vorsatz oder Fahrlässigkeit) voraus."[1] Oder anders gesagt, man trägt die Verantwortung für den Schaden, den jemand anderes durch einen selbst erlitten hat. Man unterscheidet verschiedene Faktoren:

Haftung für Personenschäden
Verletzt sich eine Mitarbeiterin oder ein Mitarbeiter bei der Arbeit oder stirbt sie bzw. er im schlimmsten Fall sogar beim Ausüben praxisbezogener Tätigkeiten, handelt es sich um Personenschäden. Nur wenn der Arbeitsunfall nicht auf Vorsatz zurückzuführen ist, haftet die gesetzliche Unfallversicherung (s. dazu § 104 des SGB 7). Der gesetzlichen Unfallversicherung gegenüber müssen Mitarbeitende ihren Anspruch geltend machen.

Haftung für Sachschäden
Hier dreht es sich zunächst einmal um alle Schäden, die keine Personenschäden darstellen. Aus rechtlicher Sicht muss es sich bei Sachschäden aller Art um einen sogenannten „untypischen Schaden" handeln. Von „untypischen Schäden" spricht man, wenn persönliche Gegenstände der Arbeitnehmerin oder des Arbeitnehmers (wie z. B. Schlüssel, Portemonnaie, Handy usw.) während der Arbeit entwendet, beschädigt oder zerstört werden. Kann der Arbeitgeberin bzw. dem Arbeitgeber zum Beispiel im Fall von Diebstahl während der Arbeit Fahrlässigkeit nachweisen, gilt die Arbeitgeberhaftung. Dieser Anspruch kann u. a. durchgesetzt werden, wenn

---

[1] https://www.rechtswoerterbuch.de/recht/h/haftung/, abgerufen am 21.11.2022

S. Kock and K. Kock, *Personalmanagement in der Arzt- und Zahnarztpraxis von A bis Z*, https://doi.org/10.1007/978-3-658-42360-5_9

es für Mitarbeitende keine abschließbaren Schränke gibt oder die Praxisräume nur schlecht gesichert sind. So bzw. so ähnlich nachzulesen auf https://www.lexoffice. de/lohn/wissen/arbeitgeberhaftung/.

Arbeitgeberhaftung ohne Verschulden
Wenn eine Mitarbeiterin bzw. ein Mitarbeiter persönliche Dinge für die Arbeit einsetzt und sie bzw. er dafür keine gesonderte Vergütung erhält, greift die Haftung der Arbeitgeberin bzw. des Arbeitgebers auch ohne Verschulden. Die gesetzliche Grundlage für diese verschuldensunabhängige Haftung der Arbeitgeberin bzw. des Arbeitgebers ergibt sich auch § 670 BGB und ist subsummiert unter der Beschreibung „Ersatz von Aufwendungen". Wenn die Arbeitnehmerin oder der Arbeitnehmer also das eigene Handy für praxisbezogene Belange einsetzt und während der Arbeit ein Schadensfall eintritt, liegt ein Fall der Arbeitgeberhaftung vor.

Vertraglicher Haftungsausschluss der Arbeitgeberhaftung
Da ein vertraglicher Haftungsausschluss nahezu unmöglich ist (siehe auch dazu § 276 Abs. 3 BGB, § 309 Nr. 7 b BGB oder auch § 307 Abs. 1 BGB), haben summenmäßige Begrenzungen für Sachschäden den Weg in Arbeitsverträge gefunden. Hierbei muss aber im Einzelfall sehr genau geschaut werden, ob die Klauseln tatsächlich Bestand haben.

Checkliste: Praxisübergang – Arbeitgeberhaftung[2]

Aufgaben	Was ist zu tun	Erledigt	Nicht erledigt
Haftung seitens der Abgeberin bzw. des Abgebers und der Erwerberin bzw. des Erwerbers gesamtschuldnerisch gesehen	Die Verkäuferin bzw. der Verkäufer haftet neben der Erwerberin bzw. dem Erwerber für Verpflichtungen nach § 613a BGB, sofern diese vor Ablauf von einem Jahr nach diesem Zeitpunkt fällig werden und vor dem Übergang entstanden sind. Die Arbeitnehmerin bzw. der Arbeitnehmer hat das Wahlrecht. Wichtig für die Entscheidung ist, wer der Zahlungskräftige ist und nachdem die Entwicklung in der Zukunft nicht vorherzusagen ist, ist es empfehlenswert, die Forderungen beim Veräußerer zu verwirklichen. Grundsätzlich gilt es, die Inanspruchnahme gegenüber der neuen oder alten praxisbesitzenden Person abzuwägen. Mögliche Gefahren beim Erwerb: ▫ Grundsätzlich muss die erwerbende Person nicht für Forderungen ausgeschiedener Arbeitnehmerinnen und -nehmer haften außer bei Praxisfortführung ▫ Keine Abrechnung aller bis zur Veräußerung entstandener Ansprüche durch Erwerber		
Haftung von Veräußerer und Erwerber anteilig	Haftung nur in dem Umfang, der dem Zeitpunkt des Übergangs abgelaufenen Teils ihres Bemessungszeitraums entspricht ▫ Für die Auswahl ist das Wahlrecht der Arbeitnehmerin bzw. des Arbeitnehmers entscheidend: Wer ist zahlungskräftiger? ▫ Die Veräußerin bzw. der Veräußerer muss nur anteilig für die fälligen Verpflichtungen nach dem Praxisübergang haften.		
Ausgleich zwischen Verkäuferin/ Verkäufer und Erwerberin/Erwerber	Grundsätzlich ist es sinnvoll, sich zu fragen, ob eine Schuldnerin bzw. ein Schuldner zahlungsunfähig ist oder der Ausfall von einer anderen Person beglichen werden muss.		

Härtefall

„Ein Härtefall ist ein atypischer Sachverhalt, der erheblich vom gesetzlich vorgesehenen Normalfall abweicht und deshalb Ausnahmeregelungen oder entscheidungen gerechtfertigt erscheinen lässt. Bei dem Begriff Härtefall (oder auch *Härte*) handelt es sich um einen unbestimmten, allgemein formulierten

---

[2] Vgl.   https://www.betriebsrat.de/suche?page=information&query=arbeitgeberhaftung, abgerufen am 22.09.2022.

Rechtsbegriff, der bei der Rechtsanwendung im Einzelfall präzisiert werden muss. Die Rechtsanwendung unterliegt, anders als Ermessensentscheidungen, der uneingeschränkten richterlichen Überprüfung"[3].

Ab wann gilt man eigentlich als Härtefall? Als Härtefall gilt, wer – in 2021 – die monatliche Einkommensgrenze von 1316 € brutto nicht überschreitet. Die Bemessungsgrenze erhöht sich auf 1.809,50 € für Menschen die mit Angehörigen, Ehegatten, eingetragenen gleichgeschlechtlichen Lebenspartnern oder familienversichertem Kind zusammenlebt.

In der (Zahn-)Arztpraxen oder in einem (Zahn-)Medizinischen Versorgungszentrum kommt es in der Regel nicht zu Härtefällen im Personalwesen.

Hamburger Modell

Unter dem umgangssprachlichen Begriff „Hamburger Modell" wird die schrittweise Wiedereingliederung (§ 74 SGB V, § 44 SGB IX) in das Erwerbsleben (§ 27 Abs. 2 Satz 2 Nr. 3 SGB III) verstanden.[4] Wenn Mitarbeitende nach längerer Krankheit oder einem schweren Unfall wieder ins Arbeitsleben zurückkehren, können sie das stufenweise tun. Ziel ist es, die Erkrankten nach und nach wieder an die volle Arbeitsbelastung heranzuführen. In Anspruch nehmen können es gesetzlich Krankenversicherte – egal, ob sie in Voll- oder in Teilzeit arbeiten.

Das „Hamburger Modell" gehört rechtlich zu den „Leistungen zur medizinischen Rehabilitation" nach § 5 Nr. 1 SGB IX. Der § 44 SGB IX gilt für alle Träger, die für Leistungen zur medizinischen Rehabilitation zuständig sind, d. h. für die Krankenkassen und für die Träger der gesetzlichen Unfallversicherung, der gesetzlichen Rentenversicherung, der Kriegsopferversorgung und der Jugendhilfe seit 2001 sowie der Eingliederungshilfe. (§ 6 SGB IX). Die Bundesagentur für Arbeit ist hingegen keine Trägerin der med. Reha nach § 6 SGB IX.[5]

Eine solche Widereingliederungsmaßnahme dauert in der Regel einige Wochen[6], kann aber auch bis zu 6 Monate in Anspruch nehmen. Stellen Arbeitgebende und Arbeitnehmende anschließend fest, dass die vereinbarte Laufzeit

---

[3] https://de.wikipedia.org/wiki/Härtefall, abgerufen am 21.11.2022.

[4] https://de.wikipedia.org/wiki/Hamburger_Modell_(Rehabilitation),   abgerufen   am 14.12.2022.

[5] Vgl. https://de.wikipedia.org/wiki/Hamburger_Modell_(Rehabilitation), abgerufen am 14.12.2022.

[6] Vgl. https://www.test.de/Hamburger-Modell-So-gelingt-der-stufenweise-Einstieg-431609 0-0/, abgerufen am 14.12.2022.

zu kurz war, kann die Eingliederungsmaßnahme verlängert werden, sofern die Krankenkasse dem zustimmt.

Oft wird das „Hamburger Modell" vom Akutkrankenhaus oder von einer Rehabilitationseinrichtung empfohlen. Diese Empfehlung erfolgt in den meisten Fällen wegen einer länger andauernden stationären oder ambulanten Akutbehandlung.[7]

Handy am Arbeitsplatz

Das Handy ist wohl einer der gebräuchlichsten Gegenstände in unserem Alltag. Nichts geht mehr ohne ein Handy. Ein Alltag ohne Handy ist kaum vorstellbar. Egal wo, ein Smartphone ist immer dabei. Mit einem Handy kann man inzwischen mehr als nur telefonieren. Informationsdienste, SMS, Social Media, Routenplanung und viele andere Apps sind stets nur einen Griff entfernt.

Nicht nur in (Zahn-)Arztpraxen sorgt der Umgang mit dem Handy immer wieder für Diskussionen. Daher macht es Sinn, sich zu fragen, ob das Handy am Arbeitsplatz überhaupt erlaubt ist.

Zunächst gilt: Das Handy ist am Arbeitsplatz nicht grundsätzlich verboten. Ein Handyverbot am Arbeitsplatz obliegt der Arbeitgeberin bzw. dem Arbeitgeber (Weisungsbefugnis).[8]

Sie oder er kann ein mögliches Verbot normalerweise nicht auf die Mittagspause beziehen. Die Arbeitgeberin bzw. der Arbeitgeber kann spezielle Umgangsregeln mit Handys am Arbeitsplatz auch in einer Betriebsvereinbarung festhalten, statt ein generelles Verbot auszusprechen.

Vor einem Handyverbot gilt es einiges zu beachten, denn um Verstöße abmahnen zu können, ist es unerlässlich, die Beschäftigten über die neuen Vorschriften zum Handy am Arbeitsplatz zu informieren.[9] Arbeitgebende müssen dafür Sorge tragen, dass der Arbeitnehmende im Notfall erreichbar ist. Das muss nicht durch das Smartphone passieren. Auch der Festnetzanschluss der Praxis kann das ausreichend sicherstellen.

---

[7] Vgl. https://de.wikipedia.org/wiki/Hamburger_Modell_(Rehabilitation), abgerufen am 14.12.2022.

[8] Vgl. https://www.arbeitsrechte.de/handyverbot-am-arbeitsplatz/, abgerufen am 14.12.2022.

[9] Vgl. https://www.arbeitsrechte.de/handyverbot-am-arbeitsplatz/, abgerufen am 14.12.2022.

Muster: Handyverbot am Arbeitsplatz[10]

Hausärztliche Gemeinschaftspraxis
Dr. Beate Beispiel
Beispielweg 12
12345 Beispielhausen

DIE HAUSÄRZTE

Frau/Herr M. Muster
Musterweg 3
98765 Musterhausen

Sehr geehrte/r Frau/Herr Muster,

hiermit weise ich Sie darauf hin, dass ab dem xx.yy.zzzz jegliche Nutzung privater Telefone (Handy/Smartphone) während der Arbeitszeit nicht mehr gestattet ist.
Diese neue Regelung tritt in Kraft, da bereits in der Vergangenheit die Beschäftigung mit dem privaten Telefon für eine erhebliche Ablenkung sorgte, die den sicheren und flüssigen Betriebsablauf stören kann.

Ein Verstoß wird zu den entsprechenden arbeitsrechtlichen Konsequenzen führen, bis hin zur außerordentlichen Kündigung.

Bitte geben Sie dieses Schreiben unterschrieben an die Personalabteilung, damit es Ihrer Akte ordentlich hinzugefügt werden kann.

Mit freundlichen Grüßen

Dr. Beate Beispiel

---

[10] Vgl.   https://www.arbeitsrechte.de/handyverbot-am-arbeitsplatz/,   abgerufen   am
14.12.2022.

Headhunter

Der Begriff Headhunter bedeutet wörtlich „Kopfjäger" und „meint im übertragenen Sinne eine Person oder Personalagentur, die sich auf das Anwerben von Fachkräften spezialisiert hat."[11] Getrieben durch den Fachkräftemangel, gibt es dieses Angebot seit Jahren auch im ambulanten Gesundheitswesen.

Ein Headhunter, oft auch Personalvermittler genannt, ist also eine Person oder ein Unternehmen, das von einer Arbeitgeberin bzw. einem Arbeitgeber beauftragt wird, geeignete Personen für eine offene Stelle anzuwerben. Headhunter werden häufig auf Erfolgsbasis bezahlt, das heißt, sie verdienen nur dann Geld, wenn sie eine Fachkraft erfolgreich vermitteln können.[12]

Die meisten Headhunter und Personalvermittlungen rechnen über ein prozentuales Honorar ab. Dieses basiert auf dem angesetzten Bruttojahresgehalt der zu besetzenden Stelle. Dabei werden auch vertraglich geregelte Prämien, Dienstfahrzeuge und Boni des vermittelten Mitarbeiters mit eingerechnet. Einer Studie des BDU (Bund Deutscher Unternehmensberater) zufolge nehmen ca. 69 % der Headhunter ein Honorar zwischen 20 und 30 % des Bruttojahresgehaltes.[13]

Die Kosten für das Headhunting sind unterschiedlich und werden von folgenden Faktoren beeinflusst:

- aktuelle Marktsituation (Fachkräftemangel, Vollbeschäftigung, Dringlichkeit der Besetzung)
- Attraktivität der Vakanz (Aufstiegs- und Weiterbildungsmöglichkeiten, Arbeitsbedingungen und Verantwortungsbereiche)
- Entlohnung (Leistungszulagen, Sachbezüge, Vergünstigungen etc.)
- Attraktivität der (Zahn-)Arztpraxen oder des (Z-)MVZ (Leumund, Größe, Dienstleistungen, Services, Innovationen und Patientenzufriedenheit etc.)
- Anforderungen an die neue Mitarbeiterin bzw. den neuen Mitarbeiter (Fachwissen, soziale Kompetenz, spezielle Weiterbildungen, Fremdsprachen etc.)
- Praxisstandort (Nähe zur Großstadt, Verkehrsanbindung, Attraktivität des Stadtviertels etc.)

---

[11] https://www.onpulson.de/lexikon/headhunter/, abgerufen am 14.12.2022.

[12] Vgl. https://www.stellenpiraten.de/aerztevermittlung-facharztvermittlung-deutschland/, abgerufen am 14.12.2022.

[13] Vgl. https://www.bdu.de/news/branchenstudie-personalberatung-2022-headhunter-gefragt-wie-nie/, abgerufen am 14.12.2022.

Homepage

„Der Begriff Homepage bezeichnet strenggenommen die Haupt-, bzw. Startseite einer Internetpräsenz."[14] Diese Seite es auch, die man als erste sieht, wenn man eine Website ansteuert. Hinter dem Begriff versteckt sich eigentlich der gesamte Internetauftritt einer (Zahn-)Arztpraxis oder eines (Z-)MVZ. Damit ist sie die „Visitenkarte" der Praxis bzw. des (Z-)MVZ, die von jedem „Device" über den Browser angewählt werden kann.

Eine Homepage bezeichnet „üblicherweise die erste Seite, die beim Aufruf einer Webadresse angezeigt wird und von der aus man die anderen Inhalte der Website aufrufen kann. Die Unterseiten verfügen in der Regel über einen Link, der wieder zurück zur Homepage führt, sodass von ihr aus zentral navigiert werden kann. Die Homepage wird deshalb auch als Indexseite, Leitseite, Einstiegsseite, Hauptseite oder Startseite bezeichnet."[15]

Neben der Startseite gibt es häufig den Bereich Aktuelles oder News, eine Anfahrtsbeschreibung, Onlinebuchung und Impressum. Homepages von (Zahn-)Arztpraxen stellen meist das Praxisteam vor, stellen die Leistungen der Praxis dar, klären über Sprechzeiten auf, bieten die Möglichkeit für Terminvereinbarungen, laden zur Kontaktaufnahme ein und schaffen Vertrauen.

Hygienebeauftragte bzw. -beauftragter

Die bzw. der Hygienebeauftragte (HB) ist eine interne Dienstleisterin bzw. ein interner Dienstleister, die oder der in der (Zahn-)Arztpraxen oder Einrichtungen als verantwortliche Person für hygienerelevanten Themen steht. Hygienebeauftragte sind in (Zahn-)Arztpraxen, (Z-)MVZen, aber auch in der Lebensmittel- und Pharmaindustrie, in Krankenhäusern, Pflegeeinrichtungen, Kinder- und Altenheimen beschäftigt sowie in Schulen und Kindertagesstätten. Dort sind sie Teil des jeweiligen Qualitätsmanagementsystems. Die Stellung einer bzw. eines Hygienebeauftragten ist keine leitende Position, sondern eine der Leitung zugeordnete Stelle.

---

[14] https://praxistipps.chip.de/was-ist-eine-homepage-einfach-erklaert_41305, abgerufen am 14.01.2023.

[15] https://de.wikipedia.org/wiki/Homepage, abgerufen am 14.01.2023.

Die Aufgaben[16] einer bzw. eines Hygienebeauftragten stellen sich gemäß RKI (Robert-Koch-Institut) wie folgt dar[17]:

betrieblich-organisatorisch

- Kommunikationspartnerin oder -partner beziehungsweise Schnittstelle zum in der Regel externen Hygienefachpersonals
- regelmäßige Teilnahme an Hygienefortbildungen/-schulungen
- „Multiplikatorin" oder „Multiplikator" hygienerelevanter Themen in der eigenen Praxis bzw. im Arbeitsbereich
- Teilnahme an Arbeitsgruppen/Qualitätszirkeln

abteilungs-/bereichsbezogen

- Mitwirkung beim Umgang mit praxis- bereichsspezifischen Infektionsrisiken
- Mitwirkung/Erstellung des praxis-/bereichsspezifischen Hygieneplans und Standards
- Kleingruppenunterricht praxis-/bereichsbezogen über korrekte Hygienepraktiken bei kritischen Arbeitsmaßnahmen
- tätigkeitsbezogene Umsetzung korrekter Hygienepraktiken im eigenen Verantwortungsbereich

Ausbruchsmanagement

- frühzeitige Wahrnehmung von Ausbruchssituationen und Informationsweitergabe an die Einrichtungsleitung (z. B. Noroviren, Influenza)
- Mitwirkung bei der organisatorischen Bewältigung von epidemisch auftretenden Infektionen

Diverse Mustervorlagen für Hygienepläne sind bei den Kassenärztlichen Vereinigungen im Downloadbereich zu finden.

---

[16] Vgl.   https://www.hygienebeauftragter-online.de/berufsbild-hygienebeauftragter.html, abgerufen am 14.01.2023.

[17] Vgl.   https://www.rki.de/DE/Content/Infekt/Krankenhaushygiene/Praevention_nosoko mial/Hygienefachkraft_pdf.pdf?__blob=publicationFile, abgerufen am 14.01.2023.

I

Identifikation

Im Personalmanagement ist mit Identifikation (siehe auch Personalbindung und Erfolgsbeteiligung) die Verbundenheit der Mitarbeiterinnen und Mitarbeiter mit dem Unternehmen bzw. der Praxis gemeint. Wesentliche Aspekte dabei sind die Werte und Ziele der Praxis als auch das Betriebsklima. Eine hohe Identifikation sorgt unter anderem für Loyalität, Leistungsbereitschaft, Zufriedenheit und Motivation und beugt der Fluktuation von Mitarbeitenden vor. In Zeiten von Fachkräftemangel ist dies ein besonders wichtiges Thema.

Um die Identifikation der Mitarbeitenden positiv zu beeinflussen, gilt es vier wesentliche Bereiche zu berücksichtigen:

1. Transparenz und Information der Mitarbeitenden zu Planungen, Neuerungen, Themen, die Relevanz für die Praxis haben
2. Vorschläge und Meinungen der Mitarbeitenden würdigen und wenn möglich und sinnvoll umsetzen
3. Mitarbeitende fördern, beispielsweise durch Weiterbildungen und Trainings oder neue Aufgaben
4. Mitarbeitende am Erfolg der Praxis beteiligen

© Der/die Autor(en), exklusiv lizenziert an Springer Fachmedien Wiesbaden GmbH, ein Teil von Springer Nature 2023
S. Kock and K. Kock, *Personalmanagement in der Arzt- und Zahnarztpraxis von A bis Z*, https://doi.org/10.1007/978-3-658-42360-5_10

Innere Kündigung

Wenn Mitarbeitende in hohem Maße unzufrieden sind, beschreibt man dies im Personalmanagement auch als „innere Kündigung" (siehe auch Identifikation). Mögliche Gründe sind zu wenig erlebte Wertschätzung, fehlende Weiterbildung, Überforderung, Unvereinbarkeit von Familie und Beruf, Schwächen in der Führung oder/und unangemessene Bezahlung. Diese Mitarbeitenden wollen auf der einen Seite im Job bleiben, hegen aber auf der anderen Seite großen Frustration und Unzufriedenheit. Dies geschieht in aller Regel schleichend und ist zunächst oft schwer auszumachen.

Verschiedene Symptome sind bei einer inneren Kündigung zu beobachten: weniger Eigeninitiative und Beteiligung, sinkende Motivation, mangelnde Leistungsbereitschaft und Abfall der Leistung, häufiges Äußern von Kritik, z. B. durch negative Kommentare, steigende Krankmeldungen, Dienst nach Vorschrift. Neben dem Risiko, das die innere Kündigung zur realen Kündigung wird, ist das Risiko, dass sich dieses Verhalten auf die anderen Mitarbeitenden auswirkt und das Betriebsklima vergiftet.

Was kann man tun? Eine der wichtigsten Maßnahmen zur Vorbeugung sind regelmäßige, gut vorbereitete Gespräche mit den Mitarbeitenden sowie andere Maßnahmen zur Mitarbeiterzufriedenheit. Sollten Führungskräfte bereits die Vermutung einer inneren Kündigung hegen, empfiehlt es sich, diese Vermutung mit dem Mitarbeitenden besprechen und gemeinsam nach Lösungen zu suchen.

Ablaufplan: Gespräch innere Kündigung

1. Gesprächsvorbereitung
   - Worauf basiert die Annahme der inneren Kündigung?
   - Was genau konnte beobachtet werden?
   - Wie waren die Leistungen des Mitarbeitenden in der Vergangenheit?
2. Angenehme Atmosphäre schaffen
   - Ruhe und Abgeschiedenheit absichern
   - kein Telefon, kein Handy
3. Gesprächseröffnung
   - kurzer Small Talk
   - direktes Ansprechen der Vermutung anhand der konkreten Beobachtungen
4. dem Mitarbeitenden Gelegenheit bieten, Stellung zu beziehen
5. gemeinsame Entwicklung von Maßnahmen

J

Jahresauftakt

Das Zusammenkommen zu Beginn des neuen Jahres (Januar bis Februar) wird meist dafür genutzt, das zurückliegende Jahr zu bewerten, die Jahresplanung für das bevorstehende Geschäftsjahr vorzustellen und zu besprechen. Aber der Jahresauftakt sorgt auch als Event für Teambildung und Wir-Gefühl in der Praxis oder im (Z-)MVZ.

In den meisten Wirtschaftsunternehmen haben Jahresauftaktveranstaltungen Tradition. Für viele Praxen oder (Zahn-)Medizinische Versorgungszentren ist es noch „Neuland", wird aber mehr und mehr gemacht. Was spricht für eine Jahresauftaktveranstaltung? Sie verschafft der Leitung die Möglichkeit, alle Teammitglieder auf das neue Jahr mit seinen Herausforderungen einzuschwören. Gemeinsam schaut man zurück auf das vergangene Jahr und fokussiert sich auf anregende, herausfordernde Ziele und Projekte im neuen Jahr.

Die Teammitglieder sollten sich auf Ziele und Herausforderungen freuen, und der Jahresauftakt soll Ansporn bzw. Motivation dafür sein. Daher gibt es einige Faktoren für das Gelingen des Jahresauftaktes zu berücksichtigen[1]:

- **Mitarbeitende frühzeitig und persönlich einladen, je persönlicher, desto besser.** Mit der Einladung darf Spannung, Inspiration, Innovation und Lust auf Neues, Herausforderndes entstehen. Also nicht langweilig und nicht so wie im vergangenen Jahr!
- **Die Länge der Veranstaltung ist wichtig,** nicht zu lang und nicht zu kurz. Die Spannung darf gehalten werden. Schließlich will man nicht ausgiebig diskutieren, sondern anreizen, motivieren und auf die kommenden Herausforderungen

---

[1] Vgl. https://begeisterungsland.de/begeisternder-jahresauftakt/, abgerufen am 14.01.2023.

© Der/die Autor(en), exklusiv lizenziert an Springer Fachmedien Wiesbaden GmbH, ein Teil von Springer Nature 2023
S. Kock and K. Kock, *Personalmanagement in der Arzt- und Zahnarztpraxis von A bis Z*, https://doi.org/10.1007/978-3-658-42360-5_11

einstimmen. Eine bis eineinhalb Stunden reichen dafür voll aus. Ein kleiner Imbiss im Anschluss kann den Jahresauftakt geeignet abschließen.

- **Die Teilnahme ist Pflicht.** Sollte es dennoch viele Absagen geben, macht es Sinn, dies genauer zu untersuchen. Vielleicht besteht der Bedarf, das Team zu entwickeln.
- **Die Veranstaltung emotional eröffnen.** Zu Beginn des Events macht ein kurzer Rückblick auf das abgelaufene Jahr Sinn. Um das Interesse und die Lust hochzuhalten, sollte auf das Gelungene, das Geschaffte und die Erfolge fokussiert werden.
- **Ausblick auf das kommende Jahr.** Optimistisch sind Ziele, Herausforderungen und Projekte für das anstehende Jahr darzustellen. Ein gut und positiv formuliertes Jahresclaim kann dabei richtungsweisend sein. Ein besonderer Fokus darf auf positive Veränderungsprozesse gelegt werden. Dazu gehören Potenziale und Chancen für die Praxis bzw. das (Z-)MVZ und die Mitarbeiterinnen und Mitarbeiter als einzelne, zum Beispiel durch Weiterbildungen. Auch anstehende Veränderungen gilt es offen, positiv und erreichbar zu präsentieren.
- **Ein begeisterndes Finale für einen begeisternden Start.** Der Abschluss ist passend gewählt, wenn die Begeisterung hält und zum Ende ggf. noch eine Überraschung aus dem Hut gezaubert wird.

Checkliste: Jahresauftakt

Fragen	Ja	Nein
Steht die Präsentation? (nicht länger als 90 Minuten)		
Ist der Jahresrückblick auf Stärken, Erfolge, Erreichtes etc. ausgerichtet?		
Sind alle Praxisbereiche ausreichend berücksichtigt?		
Ist die Vorausschau herausfordernd, motivierend und klar, bezogen auf die Ziele?		
Steht ein „begeisterndes" Finale?		
Sind die Einladungen raus?		
Passt der Raum?		
Steht die Technik?		
Gibt es eine Überraschung? (wie bei Apple)		
Passt der Imbiss?		
Ist für Ungestörtheit gesorgt?		

Jahresgespräch

Das Jahresgespräch ist ein Tool der Personalführung und -entwicklung. Zum Jahresende oder auch zu Jahresbeginn schauen Mitarbeiterin bzw., Mitarbeiter und Arbeitgeberin bzw. Arbeitgeber auf die Ergebnisse und Leistungen der letzten zwölf Monate und bewerten gemeinsam die Dinge, die gut oder sehr gut liefen. Sie fragen sich, wie es dazu kam und wie diese Leistungen wiederholt oder ausgebaut werden können. Es wird auch betrachtet, was nicht so gut lief, weggelassen oder verbessert werden kann. Auf den Ergebnissen dieses Austausches vereinbaren beide Seiten die Ziele und Maßnahmen für das kommende oder begonnene Jahr.

Das Jahresgespräch dient der persönlichen Weiterentwicklung. Es ist ein „Eins-zu-Eins-Gespräch" oder auch „Vier-Augen-Gespräch", das in einem persönlichen, anerkennenden und ungestörten Rahmen, mit ausreichend Zeit, stattfindet. Das Jahresgespräch ist wichtiger Baustein in der Personalführung und -entwicklung.

Das Jahresgespräch gehört nicht zu den beliebtesten Instrumenten der Personalführung. Das gilt sowohl für (Zahn-)Ärztinnen bzw. (Zahn-)Ärzte als auch für (Zahn-)Medizinische Fachangestellte. Doch bei gutem Verlauf können beide Seiten profitieren. In gut geführten Praxen gehören sie zum jährlich wiederholten Ritual: die Jahresgespräche oder Zielvereinbarungsgespräche zwischen Praxisleitung und den (Zahn-)Medizinischen Fachangestellten (ZFA/MFA).

Nicht zuletzt dient das Gespräch dazu, dass der (Zahn-)Arzt oder die (Zahn-)Ärztin die Strategien und Ziele der Praxis kommuniziert und die Verantwortlichkeiten jeder einzelnen (ZFA/MFA) klarstellt. Das fördert ein gutes Arbeits- und somit Betriebsklima.

Wird die (Zahn-)Arzthelferin nicht nur kritisch „begutachtet", sondern ihr Arbeitseinsatz auch entsprechend gewürdigt und ihre berufliche Entwicklung gezielt gefördert, steigen in gleichem Maße ihre Loyalität und die Identifizierung mit dem Unternehmen (Zahn-)Arztpraxis.

Weshalb machen Jahresgespräche Sinn?[2]

- Mitarbeitende erhalten eine Rückmeldung zu verschiedenen Bereichen ihrer Arbeit (Leistung, Ergebnisse, Verhalten) im abgelaufenen Arbeitsjahr.
- Sollten Konflikte oder Probleme bestehen, werden diese einer Lösung zugeführt.

---

[2] Vgl. https://www.zeitblueten.com/news/das-jahresgespraech-so-fuehren-sie-es-richtig/, abgerufen am 14.01.2023.

- Mitarbeitende werden über die Praxisziele des laufenden/kommenden Jahres informiert,
- es werden persönliche Ziele für die Arbeit verhandelt und festgelegt,
- für die Arbeit wichtige Informationen werden geteilt,
- die persönliche Entwicklung (Fort- und Weiterbildung) der Mitarbeiterin bzw. des Mitarbeiters wird vorangebracht.
- Ein Jahresgespräch schafft die Möglichkeit, gemeinsam auf Vergangenes und Zukünftiges zu schauen.
- Gute Gespräche unterstützen das Praxisklima.
- Wünsche, Erwartungen und Befürchtungen werden ausgetauscht.
- Das Vertrauen in und füreinander wird gestärkt.
- Das Jahresgespräch fördert Motivation und Effizienz.
- Treue und die Zugehörigkeit zur Praxis werden gefestigt.

Für ein übliches Jahresgespräch kann als grober Richtwert eine Stunde je Mitarbeiterin bzw. Mitarbeiter angenommen werden (ohne Vor- und Nachbearbeitung).

Checkliste: Jahresgespräch[3]
Es ist sinnvoll die Besprechungspunkte, Aspekte und Ziele vorab schriftlich festhalten und sich folgende Fragen zu stellen:

- *Was soll mit dem Gespräch erreicht werden?*
- *Was soll sich nach dem Austausch ändern?*
- *Welche Reaktionen sind zu erwarten?*
- *Welche Perspektiven, Minimalziele sollten erreicht werden?*
- *Welche wünschenswerten Maximalziele, Meilensteine gibt es?*[4]

---

[3] Vgl. https://www.zeitblueten.com/news/das-jahresgespraech-so-fuehren-sie-es-richtig/, abgerufen am 16.01.2023.

[4] Vgl. https://www.aerztezeitung.de/Wirtschaft/So-verliert-das-Jahresgespraech-seinen-Sch recken-289072.html, abgerufen am 16.01.2023.

Inhalt[114]	Erledigt	Offen
auf mögliche Diskussionspunkte und Gegenargumente vorbereiten		
notwendige Informationen einholen (z. B. Status quo, Mitarbeiterentwicklung, erreichte Ziele, Verlauf früherer Gespräche)		
erforderliche Dokumente und Unterlagen zurechtlegen (Gliederung bzw. Strukturierung des Gesprächsablaufs („roter Faden" zur Orientierung)		
ungefähre Dauer abschätzen (Pufferzeiten berücksichtigen)		
Datum und Zeitpunkt festlegen		
Entscheidung für Besprechungsort/-raum (mit ruhiger Gesprächsumgebung) – falls nötig, reservieren. Steht kein Besprechungsraum zur Verfügung, kann das Gespräch auch direkt am Arbeitsplatz des Mitarbeiters (z. B. im Arzt- oder Behandlungszimmer) stattfinden – vorausgesetzt, die Vertraulichkeit wird gewährleistet.		
Beteiligte informieren, Einladungen inkl. Besprechungspunkte zeitgerecht versenden (Richtwert: eine Woche vorher); für weniger umfangreiche Gespräche reicht eine mündliche Einladung.		

Mustervorlage: Einladung zum Jahresgespräch[5]

Hausärztliche Gemeinschaftspraxis
Dr. Beate Beispiel
Beispielweg 12
12345 Beispielhausen

DIE HAUSÄRZTE

Frau/Herr M. Muster
Musterweg 3
98765 Musterhausen

Liebe/r (Name),

am (Datum) um (Uhrzeit) findet das Jahresgespräch statt, zu dem ich dich hiermit einlade.

Wir werfen gemeinsam einen Blick zurück auf das vergangene Jahr, auf die bei unserer letzten Besprechung getroffenen Vereinbarungen und gesetzten Ziele. Wir sprechen über deine gemachten Erfahrungen, deine Vorschläge und Anliegen.

Konkret möchte ich u. a. folgende Punkte ansprechen:

- (Punkt 1)
- (Punkt 2)

Bitte bereite dich vor, sodass auch alles für dich Relevante zur Sprache kommt.

Ich freue mich auf unser Gespräch!

Solltest du vorab Fragen haben, lass sie mich gern wissen.

Mit freundlichen Grüßen
Unterschrift

---

[5] Vgl.   https://www.zeitblueten.com/news/das-jahresgespraech-so-fuehren-sie-es-richtig/, abgerufen am 16.01.2023.

Checkliste: Fragen vor dem Jahresgespräch für Vorgesetzte

	Ja	Nein	Thema für das Jahresgespräch?	Ziel
Aufgaben und Leistungen				
Macht mein MA einen zufriedenen Eindruck?	☐	☐	☐	
Mit welchen Leistungen meines MA war ich zufrieden/unzufrieden? (positive/negative Beispiele)	☐	☐	☐	
Zusammenarbeit und Führung				
Gebe ich genug Feedback?	☐	☐	☐	
Unterstütze ich meinen MA genug?	☐	☐	☐	
Gebe ich meinem MA genug Rückendeckung?	☐	☐	☐	
Ist mein MA gut mit Kolleginnen und Kollegen klargekommen?	☐	☐	☐	
Veränderungs- und Entwicklungsmöglichkeiten				
Will ich mit meinem MA über berufliche Entwicklungsmöglichkeiten reden?	☐	☐	☐	
Will ich über persönliche Angelegenheiten reden?	☐	☐	☐	
Sonstiges				

(MA = Mitarbeiterin oder Mitarbeiter)

Checkliste: Fragen vor dem Jahresgespräch für Mitarbeiterinnen und Mitarbeiter

	Ja	Nein	Thema für das Jahres-gespräch?	Ziel
Aufgaben und Leistungen				
Bin ich mit meinem Aufgabenbereich zufrieden?	☐	☐	☐	
Bin ich mit meiner Leistung zufrieden? (positive/negative Beispiele)	☐	☐	☐	
Zusammenarbeit und Führung				
Erhalte ich genügend Feedback?	☐	☐	☐	
Erhalte ich genügend Unterstützung bei der Entwicklung meiner Potentiale?	☐	☐	☐	
Erhalte ich genügend Rückendeckung?	☐	☐	☐	
Bin ich mit Kolleginnen und Kollegen gut klargekommen?	☐	☐	☐	
Veränderungs- und Entwicklungsmöglichkeiten				
Will ich neue Tätigkeiten übernehmen oder Aufgabenschwerpunkte ändern?	☐	☐	☐	
Will ich über persönliche Angelegenheiten reden?	☐	☐	☐	
Sonstiges				

Checkliste: Vorbereitung am Tag des Jahresgesprächs[6,7]

Inhalt	Erledigt	Offen
Vorsorgen, dass keine Störungen auftreten (Telefon umleiten, Smartphone stummschalten, …)		
erforderliche Unterlagen bereitlegen		
funktionstüchtige Schreibutensilien und evtl. notwendige Geräte im Besprechungsraum bereitstellen		
Erfrischungsgetränke hinstellen		
Sitzplatzpositionierung: anstatt sich direkt gegenüberzusitzen, besser im 120°-Winkel (wirkt auf Mitarbeiter weniger „bedrohlich")		

Checkliste: Mögliche Fragen für das Jahresgespräch[8]

- Welche aktuellen Probleme und/oder Herausforderungen, die möglichst kurzfristig gelöst werden müssen, gibt es aus Ihrer Perspektive? *(Patientenbeschwerden, Computer-, Softwareprobleme, Fachkräftemangel, Mobbing, …)*
- Was läuft aus Ihrer Perspektive aktuell gut, was eher schlecht? *(z. B. Zusammenarbeit im Team, Praxisklima)*
- Wo sehen Verbesserungsmöglichkeiten? Wie könnten diese Ihrer Meinung nach aussehen?
- Wo bzw. in welchem Bereich brauchen Sie Unterstützung und von wem in welcher Form?
- Wo sehen Sie die Gründe, die die Zielerreichung behindert haben?
- Wie kann die Zusammenarbeit im Praxisteam noch besser werden? Gibt es Schwierigkeiten im Team? Wenn ja, welche?

---

[6] Vgl. https://www.aerztezeitung.de/Wirtschaft/So-verliert-das-Jahresgespraech-seinen-Schrecken-289072.html, abgerufen am 16.01.2023.

[7] Vgl. https://www.zeitblueten.com/news/das-jahresgespraech-so-fuehren-sie-es-richtig/, abgerufen am 16.01.2023.

[8] Vgl. https://www.aerztezeitung.de/Wirtschaft/So-verliert-das-Jahresgespraech-seinen-Schrecken-289072.html, abgerufen am 16.01.2023.

- Was fehlt Ihnen an Informationen? Wie kann aus Ihrer Sicht dafür gesorgt werden, dass Sie und alle anderen die Informationen haben, die sie benötigen?
- Wohin wollen Sie sich entwickeln und wie kann die Praxis Sie dabei unterstützen?
- Wo wollen Sie in den kommenden 3 bis 5 Jahren in dieser Praxis sein?
- Wie glücklich sind Sie mit Ihrer Arbeit in dieser Praxis? Was könnte dazu beitragen, dass Sie noch glücklicher wären?
- Welche Fort- und Weiterbildungsmöglichkeiten wünschen Sie sich?
- Wie und wo könnten Sie Ihr dazugewonnenes Wissen einbringen? Was würde sich dadurch verbessern?
- Was müsste aus Ihrer Sicht noch angeschafft werden, damit Ihr tun für Sie leichter wird?
- Wie fühlen Sie sich in Ihrem Tun gefordert? Was könnte ich dazu beitragen, dass sich das ändert?
- Wo sehen Sie Ihre persönlichen Stärken und können Sie diese optimal bei uns einsetzen? Wenn nein, was könnte ich dazu beitragen, dass das besser gelänge?
- Was behindert Ihre Arbeit am meisten und wie könnte das verhindert werden?
- Wie gut läuft die Vertretung während Ihrer Abwesenheit? Was müsste ggf. verändert werden?

Checkliste: Haltung in der Gesprächsführung[9,10]

- eine offene, einladende Körperhaltung einnehmen
- als Einleitung eine freundliche Begrüßung und ein Danke fürs Kommen
- positiver Gesprächseinstieg (Getränk anbieten, kurzer Small Talk)
- Gesprächsanlass und -ziel kompakt darlegen (auch wenn bereits in der Einladung kommuniziert)
- Gespräch mithilfe eines Gesprächsleitfadens durchführen
- Mitarbeiterin bzw. Mitarbeiter erläutert zu den jeweiligen Besprechungspunkten die eigene Perspektive (die von Ihnen ggf. parallel in Stichworten notiert wird)
- nicht unterbrechen, zuerst ausreden lassen und erst dann auf die dargebrachten Aspekte eingehen
- auf die Wortwahl achten, stets sachlich bleiben, nicht emotional werden
- auf Basis des Gesprächszieles gemeinsam Lösungen oder zukünftige Maßnahmen erarbeiten

---

[9] Vgl. https://www.aerztezeitung.de/Wirtschaft/So-verliert-das-Jahresgespraech-seinen-Sch recken-289072.html, abgerufen am 16.01.2023.
[10] Vgl. https://www.zeitblueten.com/news/das-jahresgespraech-so-fuehren-sie-es-richtig/, abgerufen am 16.01.2023.

- Ziele, Meilensteine und Schritte vereinbaren, den Mitarbeitern die Umsetzung möglichst selbstverantwortlich überlassen und sie nicht durch zu detaillierte Vorgaben einschränken
- vereinbarte Ziele sind gemäß der SMART-Methode (spezifisch – möglichst konkret-, messbar, akzeptiert, realistisch und terminiert)
- alle wesentlichen Punkte (z. B. Maßnahmen, Etappenziele, Fristen, Feedback) nochmals verbal zusammenfassen, um Missverständnissen vorzubeugen
- Protokollierung der besprochenen Punkte und vereinbarten Aufgaben
- beide Gesprächsteilnehmenden unterschreiben das Protokoll
- evtl. bereits einen Termin für das nächste Gespräch festlegen
- freundliche Verabschiedung

Checkliste: Jahresgespräch nachbearbeiten[11]

Erst durch die Nachbearbeitung kann das Jahresgespräch seine ganze Wirkung entfalten:

Inhalt	Erledigt	Offen
Wie ist es gelaufen? Was ist gelungen? Was ist misslungen? Was kann beim nächsten Gespräch besser gemacht werden?		
Bearbeitung möglicher, offener Punkte aus dem Gespräch		
die vereinbarten Unterstützungen bereitstellen		
Protokoll fertigen und weiterleiten		
Beurteilungsbogen ausfüllen		

Jobbeschreibung

Eine Job-, Stellen- oder auch Arbeitsplatzbeschreibung (siehe auch Stellenbeschreibung) ist eine von der Person unabhängige schriftliche Beschreibung eines Arbeitsplatzes mit den dazugehörigen Zielen, Inhalten, Aufgaben, Kompetenzen

---

[11] Vgl. https://www.aerztezeitung.de/Wirtschaft/So-verliert-das-Jahresgespraech-seinen-Sch recken-289072.html, abgerufen am 16.01.2023.

und Beziehungen zu anderen Arbeitsstellen[12] im Gesundheitsunternehmen. Die Jobbeschreibung ist ein internes Dokument, was nicht nach außen getragen wird, anders als eine Stellenanzeige, die auf einem Jobportal oder anders veröffentlicht wird, um eine passende Bewerberin oder einen passenden Bewerber auf eine freie Position im Gesundheitsunternehmens aufmerksam zu machen.

Eine Job- oder Stellenbeschreibung beschreibt eine Stelle in einem Unternehmen und dokumentiert die damit zusammenhängenden Aufgaben und Verantwortlichkeiten – unabhängig von der aktuellen oder potenziellen Stelleninhaberin oder dem aktuellen oder potenziellen Stelleninhaber. Auch die organisatorische Einbindung im Gesundheitsunternehmen und die Führungsverantwortung (z. B. Praxismanagerin) werden in hier aufgezählt und festgehalten. Aus diesen Beschreibungen lassen sich die für den Job erforderlichen Skills der Bewerberin bzw. des Bewerbers ableiten.

Vorteile[13]

- klare Beschreibung der Aufgaben, Kompetenzen und Verantwortlichkeiten,
- weniger Konflikte durch unklare Verantwortlichkeiten,
- eindeutige, präzise Jobbeschreibung und -ausschreibung,
- passende oder leichtere Jobbesetzung und
- Unterstützung der Einarbeitung neuer Mitarbeiterinnen und Mitarbeiter

Nachteile

- flexibleres Arbeiten kann behindert werden,
- kostet viel Zeit und Organisation,
- Einführung, Überarbeitung und Aktualisierung kostet Geld und
- fördert ggf. die Bürokratie und das „Bereichsdenken"

---

[12] Vgl. https://de.wikipedia.org/wiki/Stellenbeschreibung, abgerufen am 22.09.2022.

[13] Vgl.   https://www.karteikarte.com/card/1303973/vor-und-nachteile-der-stellenbeschrei bung, abgerufen am 22.09.2022.

Checkliste: Job- oder Stellenbeschreibung – oder was alles dazugehört

Inhalt	Erledigt	Offen
Das **Ziel**		
Die **Aufgaben**		
Die **Entscheidungen**		
Die **Befugnisse** und Grenzen		
Die hierarchische **Über- und Unterstellung**		
Die **Verantwortung**		
Die **Vertretung**		
Die **Zusammenarbeit**		

Muster: Jobbeschreibung[14]

Inhalt	
Jobbeschreibung	Personalsachbearbeiterin/Personalsachbearbeiter
Abteilung bzw. Bereich	Personalmanagement
Vorgesetzte/Vorgesetzter	Bernd Beispiel
Stellvertretung	Eva Exempel
Ziele des Jobs	Personalplanung und -entlohnung
Hauptaufgaben	kontinuierliche Planung, Bedarfserkundung, Besetzung, Arbeitsverträge, Beurteilung, Freisetzung und Gehaltsabrechnung
Nebenaufgaben	Urlaubsplanung, Koordination von Fort- und Weiterbildungen
Kooperation	enge Zusammenarbeit und regelmäßiger, direkter Austausch mit der Leitung mit Leitung (z. B. des (Z-)MVZ)
Anforderungen	Der Job erfordert gute Kenntnisse im Bereich der Personalplanung und des Personalmanagements sowie den souveränen Umgang mit Lohnabrechnungen. Des Weiteren ist ein freundliches und professionelles Auftreten hilfreich.

---

[14] Vgl. https://karrierebibel.de/stellenbeschreibung/, abgerufen am 22.09.2022.

Jobrotation

Bei der Jobrotation wechseln Mitarbeitende regelmäßig – oder zeitlich begrenzt – in eine andere Funktion innerhalb des Unternehmens. „Sie wurde erstmals 1951 durch Eric Lansdown Trist und Ken Bamforth[15] beschrieben". „Jobrotation zählt zu den Formen der Arbeitsorganisation und beschreibt einen systematischen Wechsel der Aufgaben und Funktionen"[16] einer Mitarbeiterin bzw. eines Mitarbeiters. So können Mitarbeitende in andere Funktionen, Tätigkeiten oder Bereiche hineinschauen, neue Verantwortungen übernehmen und weitere Aspekte im Gesundheitsunternehmen kennenlernen. Im Gabler Wirtschaftslexikon kann man nachlesen, dass ein systematischer Arbeitsplatzwechsel das Fachwissen geeigneter Mitarbeiterinnen und Mitarbeiter entfalten bzw. vertiefen kann. Damit trägt diese Form der Arbeitsorganisation dazu bei, Monotonie zu vermeiden und den Entscheidungsraum von Mitarbeitenden zu erweitern. Es ist auch eine Möglichkeit, Führungsnachwuchs zu entwickeln und an neue Aufgaben heranzuführen.

Die Vorteile im Überblick lassen sich wie folgt beschreiben[17]:

- permanente Lernbereitschaft der Mitarbeiterinnen und Mitarbeiter
- kaum auftretende „Betriebsblindheit"
- Förderung von Fähigkeiten und Wissen
- weniger Personallücken
- flachere Hierarchien
- auch bei wenig Arbeit sinnvolle Tätigkeiten für die Beschäftigten
- verbreiterte Expertise'
- bessere Führungskräfte
- geringe Abhängigkeit von Fachkräften durch breiteres Wissen der Mitarbeitenden
- größere Motivation der Mitarbeitenden und dadurch bessere Bindung
- verbesserte Kreativität
- Unterstützung der Gewinnung und Bindung von passenden Mitarbeiterinnen und Mitarbeitern

---

[15] https://de.wikipedia.org/wiki/Jobrotation, abgerufen am 16.01.2023.

[16] https://karrierebibel.de/jobrotation/, abgerufen am 16.01.2023.

[17] Vgl. https://arbeits-abc.de/job-rotation/, abgerufen am 16.01.2023.

Checkliste: Jobrotation[18]

Form der Jobrotation	geeignet	ungeeignete	möglich	unmöglich
Job Shadowing Es wird der Kollegin bzw. dem Kollegen bei der Arbeit über die Schulter geschaut. So soll gelernt werden, wie und woran diese/dieser arbeitet.				
Trainee-Programme Mitarbeitende durchlaufen unterschiedliche Bereiche eines Unternehmens, um sich auf ihre Tätigkeit vorzubereiten.				
Projektarbeit In einem zeitlich begrenzten Rahmen finden sich Menschen zusammen, die eine bestimmte Aufgabe bearbeiten und diese lösen.				
Job Swapping Swapping ist Jobrotation in Reinform. Mitarbeitende tauschen für eine gewisse Zeit Aufgaben und Verantwortung miteinander. Dies setzt voraus, dass die Qualifikationen dies auch zulassen.				
Hospitation Ein kurzer Einblick in einen speziellen Bereich, der dazu dient, ein besseres Verständnis für Abläufe und Qualifikationsbedarfe dieses Bereiches zu entwickeln.				
„Job Enlargement In die Jobrotation kann auch eine Vergrößerung des Arbeitsfeldes fallen. Wichtig für diese Form ist: Die Erweiterung der Aufgaben findet auf dem gleichen Anforderungsniveau statt, dass schon die bisherige Tätigkeit hatte."[130]				
Job Enrichment Hier geht es darum, dass der Arbeitsbereich breiter wird, sich vergrößert. Verbunden mit der Idee, dass das Anforderungsprofil noch niedriger ist als im angestammten Bereich.				
Job Visiting Dabei kann die Mitarbeiterin bzw. der Mitarbeiter einen neuen Job zu ca. 70 % und den alten Job zu ca. 30 % ausüben.				

---

[18] Vgl. https://karrierebibel.de/jobrotation/, abgerufen am 16.01.2023.

Jubiläum

„Unter einem Jubiläum versteht man eine Erinnerungsfeier bei der Wiederkehr eines besonderen Datums."[19] Jubiläum bedeutet „Jahrestag", „Ehrentag" oder „Gedenktag". Es leitet sich ursprünglich aus dem alttestamentlichen „Jubeljahr" her. In Gesundheits- wie anderen Unternehmen gibt es verschiedene Jubiläen[20]:

- rundes Firmenjubiläum in der Praxis,
- ein Mitarbeiterjubiläum nach 25 oder 50 Jahren Praxiszugehörigkeit,
- eine Mitarbeiterin bzw. ein Mitarbeiter hat einen runden Geburtstag,
- eine Mitarbeiterin bzw. ein Mitarbeiter heiratet.

Häufig erhält die Jubilarin bzw. der Jubilar eine Jubiläumzuwendung, z. B. eine einmalige (Sonder-) Geldzahlung (sog. Sondervergütung) anlässlich eines Dienstjubiläums. Diese wird neben dem laufenden Lohn und sonstigen Bezügen ausgeschüttet. Diese Jubiläumszuwendungen erfolgen als Bar- oder Sachzuwendungen. In aller Regel ist die Höhe der Jubiläumszuwendung durch Betriebsvereinbarung oder Einzelvereinbarung geregelt. Möglich ist aber auch die Zahlung einer Jubiläumszuwendung aufgrund einer betrieblichen Übung.

---

[19] https://de.wikipedia.org/wiki/Jubil%C3%A4um, abgerufen am 16.01.2023.
[20] Vgl. https://www.workingoffice.de/anlaesse/jubilaeum/, abgerufen am 16.01.2023.

Checkliste: Jubiläumszuwendung Steuer- und/oder Sozialversicherungspflicht

Entgelt	Lohnsteuerpflicht	Sozialversicherungspflicht
Jubiläumszuwendung als Geldleistung	pflichtig	pflichtig
Jubiläumszuwendung als Sachgeschenk bis 60 EUR brutto	frei	frei
Firmenjubiläum (Zuwendungen bis 110 EUR) im Rahmen einer Betriebsveranstaltung	frei	frei
Firmenjubiläum (Zuwendungen über 110 EUR) im Rahmen einer Betriebsveranstaltung	pauschal	pflichtig

K

Kinderbetreuung

Beruf und Familie „unter einen Hut" zu bekommen, ist für viele Mitarbeitende eine große Aufgabe. Dazu gehört auch die Absicherung der Kinderbetreuung während der Arbeitszeit. In diesem Zusammenhang gilt es diverse Herausforderungen zu meistern, beginnend mit dem Finden eines Kitaplatzes über die Betreuung in Krankheitsfällen bis zur Überbrückung der Ferien.

Um ein familienfreundliches Personalmanagement zu schaffen, gibt es verschiedene Möglichkeiten:

- Kooperation mit Kitas in Praxisnähe
- flexible Arbeitszeitmodelle und individuelle Lösungen
- Homeoffice
- Anpassung der Arbeitsstunden, z. B. durch Sonderurlaub oder temporäre Arbeitszeitverkürzung
- Arbeitszeitspenden

Auch ein Zuschuss zu den Kinderbetreuungskosten z. B. anstelle einer Gehaltserhöhung hilft Eltern, die Betreuung abzusichern. All diese Maßnahmen fördern die Zufriedenheit der Mitarbeitenden und steigern die Arbeitgeberattraktivität.

© Der/die Autor(en), exklusiv lizenziert an Springer Fachmedien Wiesbaden GmbH, ein Teil von Springer Nature 2023
S. Kock and K. Kock, *Personalmanagement in der Arzt- und Zahnarztpraxis von A bis Z*, https://doi.org/10.1007/978-3-658-42360-5_12

Kleiderordnung

Die Kleiderordnung (siehe auch Arbeitskleidung) beschreibt die Regeln, die Arbeitgebende und Arbeitnehmende für die Bekleidung am Arbeitsplatz vereinbart haben. In (Zahn-)Arztpraxen wird ein Teil der Kleiderordnung durch die Hygienevorschriften bestimmt. Wer vermeiden möchte, dass in den Bereichen, die diesen Vorschriften nicht unterliegen, sehr individuelle Bekleidungskonzepte ausgelebt werden, ist gut beraten, eine Kleiderordnung mit den Mitarbeitenden zu vereinbaren. Diese Vereinbarungen können in den Arbeitsvertrag integriert oder als zusätzliche Vereinbarung ergänzt werden. Inhaltlich können neben der Festlegung der Kleidungsstücke auch der Zustand der Kleidung und deren Angemessenheit festgehalten werden, auch wenn man meinen mag, dass saubere frischgebügelte Kleidung eine Selbstverständlichkeit darstellt. In vielen Praxen wird, unter anderem, um dies sicherzustellen sowie eine einheitliche Außendarstellung zu haben, Praxiskleidung zur Verfügung gestellt.

Kommunikation

Kommunikation dient dem Austausch von Informationen zwischen Menschen und findet verbal und/oder nonverbal statt. Paul Watzlawick, ein anerkannter Kommunikationswissenschaftler, hat fünf Grundsätze aufgestellt:

1. „Man kann nicht nicht kommunizieren, denn jede Kommunikation (nicht nur mit Worten) ist Verhalten und genauso wie man sich nicht nicht verhalten kann, kann man nicht nicht kommunizieren."
2. „Jede Kommunikation hat einen Inhalts- und einen Beziehungsaspekt, wobei letzterer den ersten bestimmt."
3. „Die Natur einer Beziehung ist durch die Interpunktion der Kommunikationsabläufe seitens der Partner bedingt."
4. „Menschliche Kommunikation bedient sich analoger und digitaler Modalitäten. In der Kommunikation gibt es zwei Möglichkeiten, Objekte darzustellen. Zum einen kann man sie durch die Analogie (z. B. eine Zeichnung) ausdrücken oder dem Objekt einen Namen geben. Nicht nur das gesprochene Wort (in der Regel digitale Kommunikation), sondern auch die nonverbalen Äußerungen (z. B. Lächeln, Wegschauen,…) teilen etwas mit."

5. „Zwischenmenschliche Kommunikationsabläufe sind entweder symmetrisch oder komplementär, je nachdem ob die Beziehung zwischen den Partnern auf Gleichgewicht oder Unterschiedlichkeit beruht."[1]

Um die Fülle von Informationen, denen Menschen permanent ausgesetzt sind, zu verarbeiten, hat jede bzw. jeder persönliche Filter, die unter anderem auf der Sozialisation, der individuellen Lerngeschichte und auf der Kultur basieren. Kommunikation ist sehr anfällig für Fehlinterpretationen und Missverständnisse und bietet jede Menge Potential für Konflikte. Gut zuhören und nachfragen (aktives Zuhören) sowie eine bewusste, klare, sachliche, eindeutige und wertschätzende Kommunikation kann vielen Missverständnissen vorbeugen. In der Führung von Mitarbeitenden ist Kommunikationsfähigkeit eine der wichtigsten Kompetenzen, denn falsch verstandene Botschaften können das Betriebsklima und die Motivation der Mitarbeitenden negativ beeinflussen. Hilfreich sind in diesen Zusammenhang Trainings, in denen verschiedene Gesprächssituationen und das aktive Zuhören geübt werden.

Kommunikationskanäle

Es gibt eine Vielzahl von Kommunikationskanälen, die eine wichtige Rolle im Praxisalltag spielen. Sie werden entweder im Rahmen der internen oder externe Kommunikation eingesetzt, also intern mit Mitarbeitenden und extern mit Patienten, Kooperationspartnern oder ganz allgemein der Öffentlichkeit. Die Kommunikationskanäle sollten mit Bedacht gewählt und zielgruppengerecht eingesetzt werden. Jüngere Menschen sind eher über Social-Media-Kanäle zu erreichen, beispielsweise bei Stellenausschreibungen über Facebook, Instagram, TikTok etc. Darüber hinaus unterscheiden sich die Kommunikationskanäle noch in analoge und digitale Kanäle. Für den Einsatz im Bereich der externen Kommunikation kann es hilfreich sein, professionelle Unterstützung durch eine Marketingagentur in Anspruch zu nehmen, beispielsweise bei der Erstellung oder Überarbeitung der Website.

---

[1] Bender, S. (o. D.). Die 5 Axiome der Kommunikationstheorie von Paul Watzlawick. https://www.paulwatzlawick.de/axiome.html, abgerufen am 07.12.2022.

Übersicht Kommunikationskanäle (Auswahl):

Analoge Kanäle	Geeignet für		Digitale Kanäle	Geeignet für	
	Intern	Extern		Intern	Extern
Teambesprechungen	✓		E-Mail	✓	
Mitarbeitergespräche	✓		Messenger	✓	
Infoboard	✓	✓	WhatsApp	✓	
Briefe	✓	✓	Website		✓
Telefon	✓	✓	Social Media (Facebook, Instagram)	✓	✓
Anzeigen		✓	SMS	✓	✓
Postsendungen		✓	Mitarbeiter-Apps	✓	
			Bewertungsforen		✓
			XING		✓
			LinkedIn		✓

Kompetenzen

Kompetenz ist die Fähigkeit, Wissen, Können und Wollen so zu vereinen, das berufsbezogene Aufgaben eigenverantwortlich und situationsgerecht erfüllt werden können. Es werden verschiedene Kompetenzbereiche beschrieben: soziale, fachliche, persönliche und methodische Kompetenzen. Für die unterschiedlichen Berufsbilder und deren Anforderungen sind unterschiedliche Kompetenzen erforderlich. Führungskräfte benötigen insbesondere gut ausgeprägte soziale und persönliche Kompetenzen, um Mitarbeitende erfolgreich zu leiten (siehe auch Anforderungsprofil).

Übersicht Kompetenzen (Auswahl)

Sozial	Fachlich	Persönlich	Methodisch
Begeisterungsfähigkeit	Allgemeinwissen	Belastbarkeit	PC-Kenntnisse
Einfühlungsvermögen	Ausdrucksvermögen in Wort und Schrift	Durchsetzungsvermögen	Fachspezifische praktische Kenntnisse
Integrationsbereitschaft	Fremdsprachenkenntnisse	Engagement	
interkulturelle Fähigkeiten	muttersprachliche Fähigkeiten	Flexibilität	
Konfliktfähigkeit	fachspezifische theoretische Kenntnisse	Lernbereitschaft	
Kommunikationsfähigkeit		Mobilität	
Kritikfähigkeit		Selbstmotivation	
Motivationsfähigkeit		Selbstorganisation	
Offenheit		Selbstreflexion	
Patientenorientierung		Selbstvertrauen	
Problemlösungsfähigkeit		Verantwortungsbewusstsein	
Teamorientierung		Zeitmanagement	
Verhandlungsgeschick		Zielstrebigkeit	
		Zuverlässigkeit	

Konflikt

Bei einem Konflikt treffen unterschiedliche Auffassungen, Interessen, Bedürfnisse, Meinungen und/oder Wertvorstellungen aufeinander. Die Bandbreite ist groß, von kleinen Auseinandersetzungen bis zu großen Streitigkeiten. Wenn unterschiedliche Menschen aufeinandertreffen, entstehen Konflikte. Solche Situationen können den beruflichen Alltag extrem belasten und das Betriebsklima vergiften, daher ist der Vorbeugung und Bewältigung von Konflikten hohe Bedeutung beizumessen.

Lösen lassen sich Konflikte meistens durch konstruktive Gespräche. Wenn das bei Konflikten im Team untereinander nicht möglich ist, ist hier die Führungskraft gefragt, diese Gespräche zu moderieren. Bei direkten Konflikten zwischen Mitarbeitenden und Führungskraft empfiehlt es sich kurzfristig, allerdings nicht spontan und emotionsgeladen, das Gespräch zu suchen (siehe auch Konfliktgespräch).

Im Berufsleben führen vor allem diese Anlässe zu Konflikten

Unterschiedliche Meinungen zur Zielerreichung	Sachkonflikte
Nicht erfüllte Rollen, selbstzugewiesene Rollen (Chef spielen)	Rollenkonflikte
Wer macht was? Wer bekommt was? Wer ist zuständig?	Verteilungskonflikte
Antipathien, man kann sich nicht „riechen"	Beziehungskonflikte
Positionierung im Team, wer hat das Sagen	Machtkonflikte
Unterschiedliche Arbeitsauffassungen	Wertkonflikte
Widersprüchliche Botschaften	Kommunikationskonflikte

Konfliktgespräch

Im Konfliktgespräch (siehe auch Konflikt) spielt neben den Auslösern auch die Persönlichkeit der Beteiligten eine Rolle. Es gibt Menschen, die streitlustig sind und jeden Konflikt mitnehmen, und es gibt Menschen, die jeglichen Konflikten aus dem Weg gehen und das Unwohlsein in sich „hineinfressen". Hier bedarf es besonders viel Empathie und Verständnis und ggf. auch ein Nachfragen, um jeder bzw. jedem gerecht zu werden. Bestehende Konflikte lösen sich in den seltensten Fällen von selbst, daher sind zeitnahe, klärende und konstruktive Gespräche hilfreich.

Der Ablauf dieser Gespräche erfolgt in fünf Phasen:

1. Auftaktphase – Wie wird die Situation erlebt? (kein Small Talk!)
2. Selbsterklärungsphase – Die Konfliktparteien schildern die Situation aus ihrer Sicht.
3. Dialogphase – Austausch zu den unterschiedlichen Sichtweisen, Verständnis füreinander entwickeln
4. Lösungsphase – gemeinsame Suche nach Lösungen bzw. Kompromissen
5. Abschlussphase – Zusammenfassung der Ergebnisse, treffen von Vereinbarungen

In Konfliktgesprächen sind folgende Grundregeln zu beachten: sachlich bleiben, zuhören und das Gegenüber ausreden lassen, wertschätzende Kommunikation und das Finden von Gemeinsamkeiten. In schweren, scheinbar unlösbaren Fällen empfiehlt sich das Hinzuziehen einer Mediatorin bzw. eines Mediators.

Checkliste: Vorbereitung Konfliktgespräch[2]

Beteiligte	▪ Wer ist direkt beteiligt? ▪ Wer ist indirekt beteiligt?
Thema	▪ Worum geht es genau? ▪ Was genau ist passiert? ▪ Was haben Sie selbst beobachtet? ▪ Welche Themen stecken gegebenenfalls dahinter?
Interessen und Ziele	▪ Welche Interessen bzw. Ziele könnten die Beteiligten verfolgen? ▪ Was möchten Sie als Führungskraft erreichen?
Gefühle	▪ Welche Sorgen und Befürchtungen scheint es zu geben? ▪ Wie stehen die Beteiligten zueinander? Gab es hier Veränderungen?
Rahmenbedingungen	▪ Was passiert, wenn der Konflikt erstmal nicht lösbar ist? ▪ Wieviel Zeit geben Sie dem Finden der Lösung? ▪ *geschützter, ungestörter Raum, Einladung an Beteiligte*

Hilfreiche Fragen und Regeln	**Phase 1 Auftakt**
	
	▪ Beschreibung der erlebten Konfliktsituation
	▪ Regeln für das Gespräch vereinbaren
	    ▪ Verwendung von Ich-Botschaften: „es ist mir unangenehm...,
	      mich hat verletzt..., ich wünsche mir..."
	    ▪ einander ausreden lassen
	    ▪ Handys ausschalten
	Phase 2 Selbsterklärung der Beteiligten
	
	▪ Worum geht es genau?
	▪ Wie kam es dazu?
	▪ Was genau soll geklärt werden?
	Phase 3 Dialog
	
	▪ Wie ist es Ihnen damit ergangen?
	▪ Habe ich richtig verstanden...?
	▪ Bitte sagen Sie noch einmal ganz konkret...?
	Phase 4 Lösungsfindung
	
	▪ Was wäre Ihr Wunsch?
	▪ Wofür haben Sie Verständnis?
	▪ Was sind die Gemeinsamkeiten?
	▪ Wie könnte aus Ihrer Sicht eine Lösung aussehen?
	▪ Was hindert Sie, der Lösung der bzw. des anderen nachzukommen?
	▪ Wie könnte ich als Vorgesetzter zur Lösung des Konflikts beitragen?
	Phase 5 Abschluss
	
	▪ Zusammenfassung der Lösungen
	▪ Vereinbarung konkreter Schritte
	▪ Symbolisches Händereichen
	▪ ggf. Klärung offener Themen und nächster Gesprächstermin

---

[2] Vgl. Mai, J. (2021, 29. April). Konfliktmanagement: 5 Phasen + 4 Methoden zum Konflikte lösen. karrierebi-bel.de. https://karrierebibel.de/konfliktmanagement/, abgerufen am 07.12.2022

Krankschreibung

Die Krankschreibung ist der Nachweis einer Erkrankung, ausgestellt durch eine Vertragsärztin bzw. einen Vertragsarzt. Sie bescheinigt, dass es der bzw. dem Mitarbeitenden nicht möglich ist, den vertraglichen Pflichten zur Arbeitsleistung nachzukommen. Die gesetzliche Grundlage für Krankschreibungen liefert § 5 des Entgeltfortzahlungsgesetzes (EFZG). Hier wird geregelt, dass sich Arbeitnehmende unverzüglich krankmelden und dem Arbeitgebenden die voraussichtliche Dauer der Abwesenheit mitteilen müssen. Spätestens nach drei Fehltagen, gemeint sind Kalendertage, ist die Krankschreibung einzureichen.[3] Allerdings können Arbeitgebende auch abweichende Fristen im Arbeitsvertrag festschreiben, z. B. die Einreichung der Krankschreibung mit Beginn der Krankmeldung. Seit dem 01.01.2023 ist die Krankschreibung, der „gelbe Schein", durch die elektronische Krankschreibung ersetzt worden. Hierbei werden die Informationen zur Krankschreibung digital durch den krankschreibenden Arzt der Krankenkasse übermittelt. Die Krankenkasse stellt die Daten dann für die Arbeitgebenden zur Verfügung. Der Arbeitgebende muss diese aktiv abrufen.

Arbeitnehmende müssen Pflichten der Krankschreibung nachkommen. Sollten sie dies nicht tun, ist eine Abmahnung gerechtfertigt, spätestens nach einer Ermahnung (siehe auch Abmahnung).

Kritikgespräch

Kritikgespräche sind aus dem beruflichen Kontext nicht wegzudenken. Es gibt kaum eine Führungskraft, die diese Gespräche gern führt, und dennoch gehören sie zum Alltag. Anlässe für Kritikgespräche sind Verhalten oder Fehler, das oder die zu Problemen im Praxisablauf führen, wie Zuspätkommen, Unfreundlichkeit gegenüber Kolleginnen bzw. Kollegen oder Patientinnen bzw. Patienten. Kritikgespräche sind ein wirksames Führungsinstrument, was gut vorbereitet dafür sorgt, das Lösungen entstehen, um Probleme in der Zukunft zu vermeiden, Verhaltensänderungen herbeizuführen, Lernen zu ermöglichen, Mitarbeiterzufriedenheit zu steigern und die Ziele der Praxis zu erreichen. Darüber hinaus ermöglichen sie Offenheit und Vertrauen und verschaffen der Führungskraft Erfolg und Respekt. Kritikgespräche sollten keinesfalls zwischen „Tür und Angel" oder im Beisein anderer geführt werden, sondern sind kurzfristig nach dem unerwünschten Verhalten oder dem Fehler mit ausreichend Zeit zu terminieren.

---

[3] Vgl. § 5 EntgFG – Einzelnorm. (o. D.). https://www.gesetze-im-internet.de/entgfg/__5.html, abgerufen am 07.12.2022

Hilfreiche Gesprächselemente	Todsünden
Sitzpositionen über Eck	Scharfer Tonfall, Anschreien
Gesprächseinstieg mit Small Talk	Ironie oder Sarkasmus
Ruhiger Tonfall	Moralpredigt
Sachliche, unmissverständliche Formulierungen	Persönliche Kritik
Ich-Botschaften	
Folgen aufzeigen	

Checkliste: Kritikgespräch

Gesprächsphasen	Hilfreiche Fragen und Aussagen
Vorbereitung	Organisatorisch - Einladung zum Termin - ungestörter Raum - Sitzordnung Inhaltlich - Was genau ist passiert? - Was hat die oder der betroffene Mitarbeitende dazu beigetragen? - Was haben ggf. andere dazu beigetragen? - Was haben Sie ggf. selbst zu verantworten? - Ist ähnliches bereits in der Vergangenheit vorgekommen?
Gesprächseröffnung	Ich freue mich, dass Sie sich Zeit genommen haben für ein Gespräch. Der Grund für unser Gespräch ist...
Fakten benennen	Ich habe wahrgenommen, dass... Mir ist aufgefallen... Ich habe erlebt...
Erläuterung	Das führt dazu...
Selbstauskunft	Das macht mich ausgesprochen ärgerlich. Das verletzt mich.
Stellungnahme des Mitarbeitenden	Wie sehen Sie das? Wie ist es dazu gekommen? Wie sehen Sie den Sachverhalt?
Bewertung des Sachverhaltes	Was schlagen Sie vor? Wie können wir solche Vorfälle zukünftig verhindern? Wie werden Sie sich bei ähnlichen Vorkommnissen in der Zukunft verhalten?
Vereinbarung konkreter Schritte	Was genau soll verändert werden? Wann soll das eintreten? Wie wird das gemessen bzw. kontrolliert? Was benötigt der Mitarbeitende zur Unterstützung?
Gesprächsbeendigung	Zusammenfassung des Besprochenen ggf. schriftlich ggf. Termin zur Überprüfung vereinbaren

Kündigung

Mit einer Kündigung wird ein bestehendes Arbeitsverhältnis beendet. Die Kündigung kann entweder durch die Arbeitnehmende bzw. den Arbeitnehmenden oder durch die Arbeitgeberin bzw. den Arbeitgeber erfolgen. Unterschieden werden die ordentliche und die außerordentliche Kündigung:

Ordentliche Kündigung	Außerordentliche Kündigung
Einhaltung der Kündigungsfrist	Fristlos oder mit verkürzter Kündigungsfrist
Gründe für Arbeitgebende – betriebsbedingt – verhaltensbedingt – personenbedingt – krankheitsbedingt	Gründe für Arbeitgebende – massiver Pflichtverstoß – Vertrauensbruch – Fortsetzung des Arbeitsverhältnisses nicht zumutbar
Regelung durch § 622 BGB (Kündigungsfristen)[4]	Regelung durch § 626 BGB (fristlose Kündigung aus wichtigem Grund)[5]
Gründe für Arbeitnehmende – individuell, z. B. Umzug, attraktivere Stelle	Gründe für Arbeitnehmende (Beispiele) – sexuelle Belästigung – schwerwiegende Beleidigung – Verletzung von Arbeitsschutzmaßnahmen

Damit eine Kündigung wirksam ist, muss sie in Schriftform erfolgen.[6]

Für bestimmte Zielgruppen gelten besondere Kündigungsvoraussetzungen, z. B. Schwangere, Arbeitnehmende in Mutterschutz und Elternzeit, Schwerbehinderte und Gleichgestellte, Auszubildende und Arbeitnehmende in Pflegezeit. In der Probezeit eines Mitarbeitenden gilt eine Kündigungsfrist von zwei Wochen für beide Parteien. In besonderen Kündigungssituationen, bzw. bei einer außerordentlichen Kündigung oder bei Kündigungen von Mitarbeitenden mit Sonderkündigungsfristen, ist es immer hilfreich, einen Arbeitsrechtler hinzuzuziehen, um die Rechtswirksamkeit abzusichern.

---

[4] Vgl. § 622 BGB – Einzelnorm. (o. D.). https://www.gesetze-im-internet.de/bgb/__622.html, abgerufen am 08.12.2022

[5] Vgl. § 626 BGB – Einzelnorm. (o. D.). https://www.gesetze-im-internet.de/bgb/__626.html, abgerufen am 08.12.2022

[6] Vgl. § 623 BGB – Einzelnorm. (o. D.). https://www.gesetze-im-internet.de/bgb/__623.html, abgerufen am 08.12.2022

Muster: Kündigungsschreiben[7,8]

Hausärztliche Gemeinschaftspraxis
Dr. Beate Beispiel
Beispielweg 12
12345 Beispielhausen

DIE HAUSÄRZTE

Frau Mandy Muster
Musterstr. 14
98765 Musterhausen

Kündigung Ihres Arbeitsvertrages

Sehr geehrte Frau Muster,

hiermit kündigen wir das mit Ihnen bestehende Arbeitsverhältnis, begründet am xx.yy.zzzz, fristgerecht und ordentlich zum nächstmöglichen Zeitpunkt. Das ist nach meiner Berechnung der xx.yy.zzzz.

Zum Beendigungszeitpunkt werden wir Ihnen ein qualifiziertes Arbeitszeugnis ausstellen.

Wir weisen Sie darauf hin, dass Sie nach § 38 Abs. 1 SGB III verpflichtet sind, sich spätestens drei Monate vor der Beendigung Ihres Arbeitsverhältnisses bei der Agentur für Arbeit arbeitsuchend zu melden. Liegen zwischen der Kenntnis des Beendigungszeitpunktes und der Beendigung des Arbeitsverhältnisses weniger als drei Monate, hat die Meldung innerhalb von drei Tagen nach Kenntnis des Beendigungszeitpunktes zu erfolgen.

Wir bedanken uns für die Zusammenarbeit und wünschen Ihnen weiterhin viel Erfolg und alles Gute.

Bitte bestätigen Sie die Kündigung und das Datum der Beendigung schriftlich.

Beispielhausen, xx.yy.zzzz

Unterschrift
Dr. Beate Beispiel

Kündigung erhalten

_____

Unterschrift Arbeitnehmender

_____

[7] Vgl. KSchG – Kündigungsschutzgesetz. (o. D.). https://www.gesetze-im-internet.de/kschg/BJNR004990951.html, abgerufen am 08.12.2022
[8] Vgl. https://www.arbeitsagentur.de/datei/dok_ba013493.pdf, abgerufen am 08.12.2022

L

Leistungsbereitschaft

Unter Leistungsbereitschaft versteht man laut karriereakademie.de, in welchem Umfang Mitarbeitende bereit sind, ihr geistiges und körperliches Leistungsvermögen einzubringen, um erforderliche Aufgaben zu erledigen, neue Fähigkeiten zu erlernen und angestrebte Ziele zu erreichen. Synonym werden Begriffe wie Verantwortungsbewusstsein, Einsatzbereitschaft, Handlungsstärke oder Eigen- bzw. Selbstmotivation benutzt.

Im Personalmanagement ist die Leistungsbereitschaft ein grundlegender Faktor des Arbeitsverhaltens. Die individuelle Leistungsbereitschaft ist von der physischen, aktuellen körperlichen Verfassung, von der geistigen Leistungsfähigkeit, von den Bedürfnissen der Mitarbeiterin bzw. des Mitarbeiters abhängig. Aber auch andere Faktoren haben einen starken Einfluss auf die Leitungsbereitschaft der Mitarbeitenden: Arbeitssituation, Arbeitsplatzgestaltung, Unternehmensphilosophie, Image des Unternehmens, Führungsverhalten, finanziellen Anreizen etc. Die Leistungsbereitschaft stellt den Umfang dar, in dem Mitarbeitende bereit sind, ihr Leistungsvermögen in die Leistungserstellungsprozesse einer Organisation einzubringen.[1]

---

[1] Vgl. https://wirtschaftslexikon.gabler.de/definition/leistungsbereitschaft-40378, abgerufen am 16.01.2023.

Leistungsbeurteilung

Die Leistungsbeurteilung ist ein Führungsinstrument, welche zur Planung und zum Controlling sowie für eine Anzahl personalwirtschaftlicher Ziele eingesetzt wird. Sie ist neben der Potenzialbeurteilung ein Teilbereich der Personalbeurteilung. Sie bezieht sich auf Leistungen und Verhalten der Vergangenheit.[2]

Führen mit Zielvereinbarung benötigt die Leistungsbeurteilung. Diese Beurteilung erfolgt regelmäßig, zum Beispiel einmal im Quartal. So können frühzeitig mögliche Abweichungen festgestellt und „Gegenmaßnahmen" ergriffen werden. Die Beurteilung von Leistungen unterstützt so einen Bereich der Entlohnung, der auf Zielerreichung und Prämierung ebendieser ausgerichtet ist (siehe auch Beurteilung und Bonifikation). Zudem ist sie ein fester Bestandteil der Personalentwicklung

Kern von Leistungsbeurteilung ist ein „Blumenstrauß" von Merkmalen, der die erbrachte Leistung anhand verschiedener Kriterien darstellt. Die Qualität der Leistungsbeurteilung hängt aber auch von anderen Rahmendaten wie zum Beispiel der sorgfältigen Durchführung, der Anwendung standardisierter Beurteilungsmethoden, dem persönlichen Eindruck der bzw. des Vorgesetzten sowie der Beurteilungskompetenz der beurteilenden Person ab.

Damit die Leistungsbeurteilung von den Mitarbeitenden akzeptiert wird, müssen die Beurteilungsmaßstäbe für alle Mitarbeitenden gleich und langfristig stabil sein.

Leistungsfähigkeit

Das DocCheck Flexikon beschreibt „Leistungsfähigkeit als Potential eines Menschen, zielgerichtete körperliche oder geistige Tätigkeiten auszuüben".[3]

„Leistungsfähigkeit bedeutet also, dass ein Mensch eine bestimmte Leistung über einen längeren Zeitraum erbringen kann."[4] Im besten Fall kann eine Mitarbeiterin bzw. ein Mitarbeiter ein definiertes Leistungslevel während des gesamten Arbeitslebens halten und dabei keinen gesundheitlichen Schaden nehmen.

---

[2] Vgl. https://de.wikipedia.org/wiki/Leistungsbeurteilung_(Personalwesen), abgerufen am 16.01.2023.

[3] https://flexikon.doccheck.com/de/Leistungsf%C3%A4higkeit, abgerufen am 16.01.2023.

[4] https://www.arbeitswissenschaft.net/angebote-produkte/ifaa-lexikon/leistungsfaehigkeit, abgerufen am 16.01.2023.

Die Höhe dieses Leitungslevels ist höchstpersönlich und absolut differierend. Vor diesem Hintergrund kommen der Steuerung und möglichen Erhöhung der Leistungsfähigkeit hohe Bedeutung zu.

Die Leistungsfähigkeit eines Menschen benötigt ein Umfeld, in dem sich Mitarbeiterinnen und Mitarbeiter wohlfühlen. Neben gutem Arbeitsklima zeichnet sich ein solches Umfeld zum Beispiel durch ergonomische Arbeitsplatzeinrichtung aus. Es ist bekannt und erwiesen, dass Mitarbeitenden, die geistig und körperlich gesund sind, insgesamt mehr leisten können.

Leitbild

Ein Leitbild wird häufig als Grundgesetz oder die „10 Gebote" einer Praxis, eines (Z-)MVZ oder eines Unternehmens bezeichnet. Es enthält die langfristigen Ziele einer Organisation und Richtlinien für das Verhalten der Organisation bzw. das Verhalten der einzelnen Organisationsmitglieder innerhalb und außerhalb der Unternehmung. Anders ausgedrückt ist ein Leitbild eine verschriftlichte Erklärung der Praxis bzw. des (Z-)MVZ über deren Zweck und deren Werte.

Praxisleitbilder beschreiben das Selbstverständnis, nach dem eine Unternehmung handelt. Sie richten sich sowohl an Patientinnen, Patienten, Zuweisende und Mitarbeitende. Leitbilder wirken also nach außen und nach innen.

Nach innen wirken sie sinnstiftend und motivierend, können Kontinuität im Handeln sicherstellen, Veränderungsanstöße geben, Qualitätsansprüche fördern und sichern, als Problemlösungshilfe dienen u. v. m. Nach außen schaffen sie Identität, geben Orientierung und Information für Interessierte und sorgen für Abgrenzung gegenüber dem Wettbewerb.

Ein Leitbild setzt sich zusammen aus:

- Motto oder Slogan
- Mission und Vision
- Werten und Grundsätzen

Ein Leitbild schafft Nutzen wie zum Beispiel[5]:

- Es zieht engagierte, gute und motivierte Mitarbeitende an.

---

[5] Vgl.   https://www.thinksgiving.de/5-gruende-warum-sich-ein-leitbild-fuer-ihr-unternehmen-lohnt/, abgerufen am 16.01.2023.

- Es erhöht die Leistungsfähigkeit und den Leistungswillen durch motivierende Bilder der Zukunft.
- Es fördert Vertrauen und Identität bei Mitarbeitenden und Geschäftspartnerinnen und -partnern.
- Es lässt die Zukunft deutlicher und positiver hervortreten.
- Es vermittelt allen Mitarbeitenden das Gefühl, eine wertvolle Aufgabe für den Praxiserfolg zu erfüllen.
- Es ist die Grundlage für die Entwicklung eines gemeinsamen „Stils der Praxis", ein Wir-Gefühl und damit eines einheitlichen Erscheinungsbildes mit den praxisspezifischen Alleinstellungsmerkmalen.
- Es fördert das Ableiten von Zielen, Strategien und Maßnahmen/Aktivitäten, sodass jede bzw. jeder die richtigen Dinge richtig tun kann.
- Es erleichtert, Geduld zu haben bei Fehlern, Umwege in Kauf zu nehmen und Abweichungen zu korrigieren, weil die Richtung klar ist, in die es weitergeht.[6]

Lernbereitschaft

„Lernbereitschaft beschreibt den Wunsch oder die Bereitschaft, neues Wissen zu erwerben und sich zu entwickeln. Eine lernbereite Person möchte mit modernen Trends und Tendenzen Schritt halten."[7]

Lernbereitschaft im Rahmen einer Bewerbung zu zeigen, kann die Anpassungsfähigkeit an eine sich verändernde Welt oder an die eigenen veränderten Umstände in dieser Welt verdeutlichen. Lernbereitschaft unterstützt dabei, wichtige Fähigkeiten wie Zeitmanagement, Kommunikation, persönliche Reflexion o. ä. m. weiterzuentwickeln. „Lernbereitschaft bedeutet, dass wir offen sind für Neues und Freude am Lernen haben."[8] Menschen, die etwas lernen wollen, können oft besser mit unbekannten Situationen und Aufgaben klarkommen, sich hilfreiches Wissen nutzbar machen und sich ungewohnte Vorgehensweisen aneignen.

---

[6] Vgl.   https://www.yumpu.com/de/document/view/5159545/das-unternehmensleitbild, abgerufen am 16.01.2023.

[7] https://www.workwise.io/karriereguide/soft-skills/lernbereitschaft#definition,   abgerufen am 16.01.2023.

[8] https://www.kompetenzlabor.de/portfolio/lernbereitschaft-2/, abgerufen am 16.01.2023.

Lernbereitschaft ist eine wesentliche Voraussetzung für den beruflichen Aufstieg. Sie ist auch die wichtigste Voraussetzung, um mehr über ein Unternehmen sowie über die Branche, in der es tätig ist, zu erfahren.

Lernfähigkeit

„Unter Lernfähigkeit wird die Bereitschaft und Fähigkeit verstanden, Ausbildungsinhalte eigenständig, langfristig aufzunehmen, logisch zu ordnen, zu verarbeiten und aus eigenen Fehlern zu lernen."[9] Man kann demnach sagen, dass Lernfähigkeit die Eigenschaft eines Lebewesens ist, Informationen für eigen Zwecke zu gebrauchen und zu speichern.

Lernfähigkeit beschreibt also die Fähigkeit, zu lernen oder sich Neues anzueignen.

Die Lernfähigkeit kann u. a. durch folgende Faktoren gesteigert werden:

- sich beim Lernen ein Ziel setzen
- Notizen machen und sammeln
- mit dem Finger lesen oder unterstreichen
- einen eignen Lernstil festlegen
- sich nicht über- oder unterfordern
- Erwartungen ablegen
- regelmäßig Lernpausen machen
- das Gelernte sofort anwenden
- ggf. andere unterrichten
- das Gelernte wiederholen
- Fragen zum Gelernten stellen
- sich gut organisieren

Lob

Lob bedeutet, Leistungen oder Verhaltensweisen durch sprachliche oder körpersprachliche Ausdrucksmittel zu würdigen.

---

[9] https://de.wikipedia.org/wiki/Lernf%C3%A4higkeit, abgerufen am 17.01.2023.

Lob ist Gegenstand lernpsychologischer, motivationspsychologischer und erziehungswissenschaftlicher Betrachtung.[10] Der Begriff Anerkennung wird als Synonym für Akzeptanz, Lob oder Respekt verwendet. Anerkennung ist jedoch eher eine Haltung, die die regelmäßige Qualität oder Leistung respektiert und schätzt.

Wenn Lob ausbleibt, kann das weitreichende Folgen haben:

- Jede dritte Arbeitnehmerin bzw. jeder dritte Arbeitnehmer wird nie gelobt.
- Mitarbeitende, die selten gelobt werden, sind öfter krank.
- Wenig Lob sorgt für mehr Krankmeldungen und so für mehr Krankheitstage. In 2016 waren es durchschnittlich fast 18 Tage.
- Die Tabelle der DAK aus dem Jahre 2016 zeigt, dass es über alle Branchen zu einer Steigerung der Krankheitstage gekommen ist. Über alles waren es 4,1 %.
- Häufigeres Lob sorgt für weniger Krankmeldungen bei den Beschäftigten.

Krankenstandswerte 2016[11]

Steigerung der Krankheitstage in 2016	
Für verschiedene Branche laut DAK	
Branche	**Steigerung der Krankheitstage 2016**
	in Prozent
Verkehr, Lagerei und Kurierdienste	4,7
Gesundheitswesen	**4,7**
Öffentliche Verwaltung	4,3
Sonstige verarbeitende Gewerbe	4,1
Handel	4
Sonstige Dienstleistungen	3,8
Bildung, Kultur, Medien	3,4
Banken, Versicherungen	3,4
Rechtsberatung u. a. Unternehmens-	
Dienstleistungen	3,3
DAK Gesamt	4,1

Quelle: AU-Daten der DAK-Gesundheit 2016

---

[10] Vgl. https://educalingo.com/de/dic-de/lob, abgerufen am 17.01.2023.
[11] https://www.dak.de/dak/fotos-und-grafiken/gesundheitsreport-2016-1776902.html#/, abgerufen am 17.01.2023

Checkliste: Vorbereitung eines „Lobgesprächs"

Anregungen	Persönliche Notizen
Welches Verhalten oder welche Leistung möchten Sie bei wem loben?	
Welche Erwartung wurde von wem übertroffen?	
Wodurch hat wer gezeigt, dass mit- und weitergedacht wird?	
Wie hat die Mitarbeiterin bzw. der Mitarbeiter den Prozess hin zum Ergebnis gestaltet?	
Wie hat die- bzw. derjenige die Ziele des Teams und der Praxis positiv beeinflusst und somit zum Praxiserfolg beigetragen?	
War es eine Team- oder eine Einzelleistung? Wenn es eine Teamleistung war, welchen Anteil hat die jeweilige Mitarbeiterin bzw. der jeweilige Mitarbeiter?	
Was ist die Mitarbeiterin bzw. der Mitarbeiter für ein Typ und was sollte bei der Wertschätzung entsprechend beachtet werden?	
In welchem Rahmen sollten Sie das jeweilige Lob aussprechen (Vieraugengespräch, Teamsitzung)?	
Wie viel Zeit benötigen Sie, um das Lob zu übermitteln (wenige Minuten oder Einzelgespräch)?	

Lohnabrechnung

„Eine Lohnabrechnung dokumentiert nach § 108 GewO verbindlich die Zusammensetzung des Gehalts einer Arbeitnehmerin bzw. eines Arbeitnehmers."[12] Sie gilt stets für einen festgelegten Zeitraum, meist einen Monat, und eine bestimmte Mitarbeiterin bzw. einen bestimmten Mitarbeiter. Jede Beschäftigte bzw. jeder Beschäftigte – auch bei gleichem Salär – hat Anspruch auf eine individuelle Lohnabrechnung.

Eine Lohnabrechnung ist so aufgebaut, dass stets erkennbar wird, aus welchen Bausteinen sich das Entgelt bzw. der Lohn von Mitarbeitenden in einem festgelegten Zeitraum ergibt. Außerdem können die Vertragsparteien anhand der Lohnabrechnung nachvollziehen, dass der Lohn gezahlt worden ist.

Eine Lohn- bzw. Gehaltsabrechnung ist wie folgt aufgebaut:

- Name und Anschrift der Arbeitgeberin bzw. des Arbeitgebers
- Name, Anschrift und Geburtsdatum der Arbeitnehmerin bzw. des Arbeitnehmers
- Versicherungsnummern, Steuerklasse und Steuer-ID der Arbeitnehmerin bzw. des Arbeitnehmers
- Datum des Beschäftigungsbeginns und ggf. das Austrittsdatum
- Personalnummer, Konfession, Anzahl der Arbeitsstunden
- Zeitraum, für den die Abrechnung gilt
- detaillierte Angaben zu den Bezügen

Lohnbestandteile

„Der Begriff Lohnbestandteil sollte, laut help.sap.com, nicht mit dem Begriff Lohnart verwechselt werden. Lohnbestandteile stammen aus der Personalplanung und werden nur in der Personalplanung verwendet."[13]

Sie stellen die verschiedenen Kostenarten dar, die zusammen die Personalkosten einer Praxis oder eines (Z-)MVZ ausmachen. Lohnbestandteile sind z. B. Löhne und Gehälter sowie die Beiträge der Arbeitgeberin bzw. des Arbeitgebers zur Sozialversicherung.

---

[12] https://www.billomat.com/lexikon/l/lohnabrechnung/, abgerufen am 17.01.2023.

[13] https://help.sap.com/doc/07cadc53b5ef424de10000000a174cb4/700_SFIN20%20006/de-DE/34c9dc53b5ef424de10000000a174cb4.html, abgerufen am 17.01.2023.

Im Rechnungswesen ist Lohnbestandteil eine Bezeichnung für die verschiedenen Lohnarten. Lohnbestandteile können sein:

* Grundlohn, d. h. Lohn, der den Mitarbeitenden für das Mitarbeiten gezahlt wird
* Hilfslohn, d. h. Lohn für Arbeiten, die nicht zur direkten Durchführung der (medizinischen) Dienstleistung gehören (Gemeinkosten)
* Lohnzuschläge, z. B. für Arbeitserschwernisse, Schichtarbeit oder Überstunden
* Zusatzlohn, d. h. Entlohnung für gesetzlichen Urlaub, Feiertage, bezahlte Freistellungen aufgrund gesetzlicher oder kollektivvertraglicher Bestimmungen

M

Mentoring

Mentoring ist ein Instrument der Personalentwicklung. Ein erfahrener Mitarbeitender (Mentorin bzw. Mentor) gibt Erfahrungen und fachliches Wissen an einen weniger erfahrenen Mitarbeitenden (Mentee) weiter.[1] Oft wird sich dieses Instruments zur Einarbeitung bedient. Es erleichtert das Ankommen in der Praxis und gibt Sicherheit bei Unsicherheiten. Andere Begrifflichkeiten dafür sind Patenschaften oder auch Buddy-Programme.

Eine Mentorin bzw. ein Mentor hat verschiedene Aufgaben: Ratgeber, Förderer, Kritiker und Vorbild. Die Auswahl der Mentorinnen bzw. Mentoren sollte zunächst einmal berücksichtigen, ob Mitarbeitende sich gern an so einem Programm beteiligen würden. Darüber hinaus sollten Mentorinnen bzw. Mentoren folgende Voraussetzungen erfüllen: hohe soziale Kompetenz, Verantwortungsbewusstsein, Geduld und gutes Fachwissen. Für ein erfolgreiches Mentoring ist eine Vorabklärung der Ziele, des Zeitaufwands, der Dauer des Programms und der Vertraulichkeit eine gute Basis.

---

[1] Bartscher, T. (2018). Mentoring. In Gabler Wirtschaftslexikon. https://wirtschaftslexikon. gabler.de/definition/mentoring-41572, abgerufen am 08.12.2022.

Mitarbeiterbefragung

Befragungen von Mitarbeiterinnen und Mitarbeitern dienen dazu, deren Meinungen und Einschätzungen zu erfassen und auszuwerten sowie Zufriedenheit zu messen. Themen können beispielsweise der Arbeitsalltag (Arbeitszeit, Besprechungen, Arbeitsmethoden, Arbeitsplatzausstattung...), Gehalt, Motivation, Qualifizierungsbedarf und Führung sein. Ziele von Mitarbeiterbefragungen kann die Einschätzung der Mitarbeiterbindung, die Optimierung von Arbeitsprozessen oder auch die Sicherung von Qualität sein.

Um solche Befragungen erfolgreich und erkenntnisbringend durchzuführen, müssen die Anonymität gewährleistet und die Bestimmungen des Datenschutzes eingehalten werden, und die Fragen sollten für alle Teilnehmenden klar und leicht verständlich sein. Die Fragen entstehen durch das Ziel der Befragung: Welche Absicht wird damit verfolgt? Neben dem Erkenntnisgewinn für die Praxisinhaberin bzw. den Praxisinhaber stiftet eine Mitarbeiterbefragung Motivation durch die Einbindung der Mitarbeitenden und sorgt für eine Verbesserung der Kommunikation. Im Rahmen von Qualitätsmanagementverfahren, wie z. B. dem Qualität und Entwicklung in Praxen (QEP), sind diese Befragungen verpflichtend.[2]

Muster: Mitarbeiterbefragung[3,4]

---

[2] Mitarbeiterbefragung: Definition, Leitfaden, Durchführung & Ziele ✓. (2022, 10. Mai). Qualtrics. https://www.qualtrics.com/de/erlebnismanagement/mitarbeiter/mitarbeiterbefragung/, abgerufen am 08.12.2022

[3] Vgl. Mitarbeiterbefragung. (o. D.). Kassenärztliche Vereinigung Hessen. https://www.kvhessen.de/qualitaetsmanagement/mitarbeiterbefragung/, abgerufen am 08.12.2022.

[4] Vgl. Sachsen-Anhalt, K. V. (o. D.). QEP-Musterdokument: Mitarbeiterfragebogen – KVSA. Kassenärztliche Vereinigung Sachsen-Anhalt. https://www.kvsa.de/praxis/vertragsaerztliche_taetigkeit/qualitaet/qualitaetsmanagement/traegerseiten/qep_musterdokumentmitarbeiterfragebogen.html, abgerufen am 08.12.2022.

DIE HAUSÄRZTE

Liebe Mitarbeiterinnen, liebe Mitarbeiter,

Ihre Meinung ist gefragt! Wir möchten Sie zu dieser Befragung einladen, um die Arbeitsbelastung und die Vereinbarkeit von Familie und Beruf zu analysieren. Diese Befragung ist freiwillig und anonym. Wir hoffen, dass Sie die Möglichkeit nutzen, um Ihre Einschätzung und Ihre Wünsche mitzuteilen.
Bei den Bewertungen steht 5 für *trifft vollkommen zu* und 1 für *trifft überhaupt nicht zu*.

Tätigkeitsbereich

Meinen Aufgabenbereich empfinde ich als abwechslungsreich.	5	4	3	2	1
Ich habe ausreichend Zeit, meine Tätigkeiten gut zu verrichten.	5	4	3	2	1
Ich kann meine Kenntnisse und Fähigkeiten gut einbringen.	5	4	3	2	1
Ich fühle häufig eine Über- oder Unterforderung.	5	4	3	2	1

Ihre Anmerkungen

Arbeitsatmosphäre

Die Zusammenarbeit in der Praxis ist gut.	5	4	3	2	1
Meine Meinung wird bei Entscheidungen berücksichtigt.	5	4	3	2	1
Ich erhalte Lob und Anerkennung für meine Tätigkeiten.	5	4	3	2	1

Ihre Anmerkungen

Arbeitszeiten

Bei Krankheit kann ich mich auf eine Vertretung verlassen.	5	4	3	2	1
Bei der Erstellung des Dienstplans werden meine Bedürfnisse berücksichtigt.	5	4	3	2	1
Überstunden kann ich in der Regel zeitnah abbauen.	5	4	3	2	1

Ihre Anmerkungen

Vorgesetze bzw. Vorgesetzter

Ich erhalte bei Bedarf Unterstützung bei meiner Arbeit.					
Ich kann mich auf meine Vorgesetzte bzw. meinen Vorgesetzen verlassen.					
Meine Vorgesetzen fördern Austausch untereinander.					

Ihre Anmerkungen

Vielen Dank für Ihre Teilnahme!

Mitarbeiterentwicklung

Mit Mitarbeiterentwicklung ist der systematische Prozess, die Fähigkeiten, Kompetenzen und das Wissen von Mitarbeitenden aus- und aufzubauen gemeint. Die Vorteile für die Praxis liegen zum einen in der Verbesserung der Arbeitsqualität sowie der Chance, neue Arbeitsbereiche ins Leistungsportfolio aufzunehmen, und zum anderen darin, die Mitarbeiterzufriedenheit und damit auch die Mitarbeiterbindung und die Arbeitgeberattraktivität zu stärken.

Am Anfang steht die Planung: Welches Budget steht zur Verfügung? Welche Ziele hat die Praxis? Um den Prozess der Mitarbeiterentwicklung in Gang zu bringen und kontinuierlich fortzuführen, sind regelmäßige Entwicklungsgespräche mit den Mitarbeitenden notwendig. In ersten Gesprächen wird zunächst gemeinsam eruiert, wohin sich die bzw. der Mitarbeitende entwickeln möchte, und abgeglichen, was für die Praxis sinnvoll bzw. interessant ist. Soll die Entwicklung dazu dienen, im eigenen Arbeitsbereich besser zu werden, oder strebt die bzw. der Mitarbeitende eine neue Rolle an? Arbeitgebende und Mitarbeitende besprechen gemeinsam die Ziele und nehmen die Auswahl der Maßnahmen zur Mitarbeiterentwicklung vor. Nach der Durchführung z. B. eines Trainings, Workshops oder Seminars wird gemeinsam evaluiert und die nächsten Schritte werden besprochen.

Was ist mit den Kosten? Die Kosten sollten vorab budgetiert worden sein. Bei größeren Maßnahmen, von denen die Mitarbeitenden langfristig profitieren, können auch Regelungen einer Kostenbeteiligung seitens des Mitarbeitenden getroffen werden. Alternativ kann auch die Verpflichtung, während der nächsten x Jahre in der Praxis zu verbleiben, vereinbart werden. Sollte der Mitarbeitende dennoch den Wunsch haben, das Arbeitsverhältnis vor dem vereinbarten Zeitpunkt zu verlassen, trägt er X % der Kosten.

Was ist mit der Zeit? Viele Maßnahmen finden während der Arbeitszeit statt, einige an Wochenenden. Hier sind komplette Freistellung, Einsatz von Überstunden, Freizeitausgleich sowie diverse Kombinationen möglich.

Mitbestimmung

Im Personalmanagement versteht man unter Mitbestimmung den Betriebsrat. Das ist auch für Praxen relevant, da, wenn dauerhaft mindestens fünf Arbeitnehmende beschäftigt sind, laut § 1 Betriebsverfassungsgesetz (BetrVG)[5] ein Betriebsrat gegründet werden kann. Für Praxisinhaberinnen und Praxisinhaber hat das Folgen: Der Betriebsrat muss in diverse Entscheidungen einbezogen werden und die Kosten, die durch die Betriebsratsarbeit entstehen, sind von der Praxisinhaberin bzw. dem Praxisinhaber zu tragen.

Die Entscheidungen, zu denen der Betriebsrat gefragt werden muss, sind durch § 87 des Betriebsverfassungsgesetzes (BetrVG)[6] geregelt. Dies sind beispielsweise die Gestaltung der Arbeitsplätze, Beginn und Ende der Arbeitszeit sowie der Pausen, Überstunden, Arbeitsentgelte und Lohngestaltung, Urlaubsregelungen, betriebliche Sozialleistungen, Regelungen zum Arbeitsschutz, Umgang mit technischer Arbeitsausstattung, Ausstattung für mobile Arbeit... Die Kosten, die von der Praxisinhaberin bzw. dem Praxisinhaber zu tragen sind, beziehen sich auf Ausgaben für Porto und Telefon, Schulungen des Betriebsrats, Anwaltskosten bei Streitfällen... Darüber hinaus besteht für Betriebsräte ein besonderer Kündigungsschutz.[7]

Mobbing

Mobbing kommt eigentlich aus dem Englischen „to mob" und bedeutet so viel wie anpöbeln, jemanden bedrängen oder attackieren.[8] Von Mobbing am Arbeitsplatz spricht man, wenn Mitarbeitende ausgegrenzt, diskriminiert oder herabgesetzt werden und dies regelmäßig passiert. Mobbing kann in Form von Gewalt, mit Worten, durch Missachtung oder über soziale Medien (Cybermobbing) geschehen. Im Arbeitsrecht wird Mobbing auch folgendermaßen beschrieben:

---

[5] Vgl. § 1 BetrVG – Einzelnorm. (o. D.). https://www.gesetze-im-internet.de/betrvg/__1. html, abgerufen am 09.12.2022

[6] Vgl. § 87 BetrVG – Einzelnorm. (o. D.). https://www.gesetze-im-internet.de/betrvg/__87. html, abgerufen am 09.12.2022

[7] Vgl. W.A.F. Institut für Betriebsräte-Fortbildung. (2022, 14. Juli). Betriebsrat gründen – einfach erklärt! betriebsrat.com. https://www.betriebsrat.com/wissen/betriebsrat/betriebsratgruenden, abgerufen am 09.12.2022

[8] Vgl. Definition: Was ist Mobbing? (o. D.). https://www.gesundearbeit.at/cms/V02/ V02_2.1.a/1342537685042/psychische-belastungen/mobbing/definition-was-ist-mobbing, abgerufen am 09.12.2022

- geschieht durch andere Mitarbeitende oder Vorgesetzte
- wird regelmäßig und zielgerichtet über einen längeren Zeitraum ausgeführt
- Handlungen entbehren jeglicher Grundlage
- Handlungen basieren auf rein subjektiver Beurteilung

Mobbing kann schwerwiegende Folgen nach sich ziehen; es beeinträchtigt die Gesundheit, und zwar physisch und psychisch. Symptome sind unter anderem Schlaflosigkeit, Leistungseinschränkungen, Erschöpfung, Ängste, Konzentrationsschwierigkeiten, Depressionen… .[9]

Praxisinhaberinnen oder Praxisinhaber haben nach § 75 Abs. 2 Betriebsverfassungsgesetz (BetrVG)[10] eine Fürsorgepflicht für die Arbeitnehmenden. Das bedeutet, dass sie alle zur Verfügung stehenden arbeitsrechtlichen Mittel einsetzen müssen. Je nach Einzelfall gehören dazu Ermahnungen, Abmahnungen bis zur Kündigung mobbender Arbeitnehmender.[11]

Motivationsgespräch

Motivationsgespräche mit Mitarbeitenden sind ein Führungsinstrument, das zum Einsatz kommt, wenn Vorgesetzte einen Leistungsabfall und/oder erste Anzeichen von Demotivation bemerken. Anzeichen von Demotivation sind beispielsweise die Ausdehnung der Pausen, genervtes oder gelangweiltes Verhalten oder nachlassendes Interesse am Arbeitsumfeld. In Motivationsgesprächen geht es nicht darum, Mitarbeitenden gut zuzureden, sondern Ursachen der Demotivation zu beseitigen und somit die Motivation wieder herzustellen. Eine gute Vorbereitung und strukturiertes Vorgehen sind beste Voraussetzungen für erfolgreiche Gespräche. In einer positiven Atmosphäre fällt es den Mitarbeitenden leichter, sich zu öffnen. Es liegt beim Vorgesetzten, den Gesprächsanlass zu benennen, durch offene Fragen Möglichkeiten zur Reflexion zu geben und so die Gründe für die Demotivation zu erforschen. Im Anschluss werden gemeinsam Lösungen

---

[9] Vgl. Arbeitsrechte.de. (2022, 16. Oktober). Mobbing am Arbeitsplatz – eine Belastung für die Gesundheit. https://www.arbeitsrechte.de/mobbing-am-arbeitsplatz/, abgerufen am 09.12.2022

[10] Vgl. § 1 BetrVG – Einzelnorm. (o. D.-b). https://www.gesetze-im-internet.de/betrvg/__1.html, abgerufen am 09.12.2022

[11] Vgl. www.haufe.de. (2021, 28. April). Wie sollen Arbeitgeber mit Mobbing am Arbeitsplatz umgehen? Haufe.de News und Fachwissen. https://www.haufe.de/personal/arbeitsrecht/fuersorgepflicht-bei-mobbing-grenzen-und-schadensersatz_76_463104.html, abgerufen am 09.12.2022

erarbeitet, die Ergebnisse zusammengefasst und ein Termin für ein Folgegespräch vereinbart.

Leitfaden: Motivationsgespräch[12]

Gesprächsphasen	Hilfreiche Fragen und Aussagen
Vorbereitung	Organisatorisch – Einladung zum Termin – ungestörter Raum – Sitzordnung über Eck Inhaltlich – Was möchten Sie mit dem Gespräch erreichen? – Woran machen Sie die Demotivation fest? – Welche konkreten Beispiele gibt es dafür?
Gesprächseröffnung	Angenehme Gesprächsatmosphäre schaffen Freundliche Begrüßung (Ich freue mich, dass Sie sich Zeit genommen haben für ein Gespräch.)
Anlass des Gespräches erläutern	Der Grund für unser Gespräch ist… Ich habe wahrgenommen, dass… Mir ist aufgefallen… Ich habe erlebt… Ich habe den Eindruck…
Stellungnahme des Mitarbeitenden	Wie sehen Sie das? Wie beurteilen Sie Ihre derzeitigen Arbeitsergebnisse? Mein Eindruck ist, Sie sind derzeit nicht ganz bei der Sache. Wie sehen Sie das?
Bewertung des Sachverhaltes	Was schlagen Sie vor, wie wir damit umgehen? Wie können wir Abhilfe schaffen? Wie kann ich Sie unterstützen? Was würde noch helfen? Wenn sollten wir noch einbeziehen?
Vereinbarung konkreter Schritte	Was genau soll verändert werden? Wann soll das eintreten? Wie wird das gemessen bzw. kontrolliert? Was benötigt der Mitarbeitende zur Unterstützung?
Gesprächsbeendigung	Zusammenfassung des Besprochenen und Vereinbarung eines Folgetermins

[12] Vgl. Motivationsgespräch: In 7 Schritten zu mehr Mitarbeitermotivation. (2021, 5. Mai). wirtschaftswissen.de. https://www.wirtschaftswissen.de/personal-und-arbeitsrecht/mitarbeiterfuehrung/motivationstechniken/motivationsgespraech/, abgerufen am 12.12.2022

Mutterschutz

Berufstätige schwangere und stillende Frauen stehen unter einem besonderen Schutz, dem Mutterschutz. Hierzu gehören unter anderem folgende Bereiche: Schutz der Gesundheit am Arbeitsplatz, besonderer Kündigungsschutz, Beschäftigungsverbot vor und nach der Geburt und die Entgeltsicherung während des Beschäftigungsverbots. Geregelt wir dies durch das Mutterschutzgesetz (MuSchG). Die Regelungen des Mutterschutzgesetzes gelten auch für Auszubildende, Teilzeitkräfte und geringfügig Beschäftigte.

Beginn der Mutterschutzfrist ist 6 Wochen vor dem errechneten Geburtstermin und das Ende 8 Wochen nach der Geburt. Eine Verlängerung auf 12 Wochen erfolgt bei Mehrlings- oder Frühgeburten oder bei Geburten von Kindern mit Behinderung. Es gilt eine besondere Arbeitszeitregelung. Mitarbeiterinnen unter 18 Jahren dürfen nicht mehr als 8 h täglich tätig sein, ältere Mitarbeiterinnen nicht mehr als 8,5 h. Arbeit an Sonn- und Feiertagen sowie Nachtarbeit (Zeitraum zwischen 20:00 bis 06:00 Uhr) sind nicht erlaubt. Auch die Arbeit mit gesundheitsgefährdenden Stoffen, Arbeiten, bei denen regelmäßig mehr als 5 kg bewegt werden müssen, und Arbeiten, verbunden mit häufigem Strecken, Beugen, in gebückter Haltung oder in der Hocke sind ebenfalls nicht gestattet.[13]

Der Schutz beginnt, sobald die Mitarbeiterin den Arbeitgebenden über die Schwangerschaft informiert hat. Es muss unverzüglich eine individuelle Gefährdungsbeurteilung der Arbeitsbedingungen der Schwangeren vorgenommen werden, die erforderlichen Schutzmaßnahmen sind sofort einzuleiten.[14] In der (Zahn-)Arztpraxen kann dies erhebliche Einschränkungen des Arbeitsalltages bedeuten, denn dies hat u. a. zur Folge:

- keine Blutabnahmen
- keine Verabreichung von Spritzen
- keine Versorgung infektiöser Wunden
- kein Kontakt mit bekannt infektiösen Patienten
- kein Kontakt mit Patienten, die unter besonderen Infektionserkrankungen leiden (z. B. HIV, MRSA, Tuberkulose)
- kein Umgang mit CMR-Stoffen
- kein Umgang mit radioaktiven Substanzen

[13] Vgl. Mutterschutz. (o. D.). Familienportal des Bundes. https://familienportal.de/familienp ortal/familienleistungen/mutterschutz, abgerufen am 12.12.2022
[14] Vgl. Online, A. (2022, 11. Januar). Mutterschutz in Klinik und Praxis: Welche Maßnahmen Arbeitgeber ergreifen müssen. ARZT & WIRTSCHAFT. https://www.arzt-wirtschaft. de/recht/arbeitsrecht/mutterschutz-in-klinik-und-praxis/, abgerufen am 12.12.2022

- Einschränkungen beim Einsatz im Bereich Röntgen[15]

---

[15] Vgl. Schwanger als MFA. (o. D.). AOK Gesundheitspartner. https://www.aok.de/gp/news-arzt-praxis/newsdetail/schwanger-als-mfa, abgerufen am 12.12.2022

N

Nachhaltigkeit

Es ist gar nicht einfach zu sagen, was Nachhaltigkeit eigentlich ist, existieren doch zu viele Definitionen und Beschreibungen. Durch die Tatsache, dass der Begriff nahezu überall im Alltag auftaucht, wird es auch nicht leichter. Angeblich wissen lediglich 15 % aller Deutschen, was mit dem Begriff eigentlich gemeint sein könnte. Im Englischen wird von „Sustainable Development bzw. Sustainability" gesprochen, was man mit „Zukunftsfähigkeit" übersetzen kann oder besser „dauerhaftes Aushalten" beschreibt. Was Nachhaltigkeit mit Personalmanagement zu tun hat, liegt nicht so einfach auf der Hand.

Nachhaltig ist, was nur so viele Ressourcen eines Systems nutzt, wie wieder regeneriert werden. Ist diese Bilanz zwischen Nutzung und Regenerierung auf lange Sicht ausgeglichen, kann die Funktionsfähigkeit des Systems dauerhaft aufrechtgehalten werden.[1] Unter dem Aspekt sich ändernder Märkte, muss Personalmanagement in (Zahn-)Arztpraxen nachhaltig angelegt sein, um wettbewerbsfähig zu werden, zu sein oder zu bleiben. Nachhaltiges Personalmanagement zeichnet sich durch folgende Faktoren aus:

- **Personalplanung**
  Künftiger Personalbedarf wird im Rahmen der strategischen Praxis- bzw.-Unternehmensentwicklung und -ziele von der Leitung geplant und entwickelt. Dabei geht es um eine Laufbahnplanung, die sowohl horizontal als auch vertikal erfolgen kann.
- **Personalentwicklung**

---

[1] Vgl. https://plant-values.de/beratung-nachhaltigkeit-csr/, abgerufen am 17.01.2023.

S. Kock and K. Kock, *Personalmanagement in der Arzt- und Zahnarztpraxis von A bis Z*, https://doi.org/10.1007/978-3-658-42360-5_15

Hier geht es um eine langfristige Strategie, um Wissen und Kompetenzen der Mitarbeitenden zu erhalten und zu verbessern.

- **Personalkommunikation**

  Das meint eine situations- und bedarfsgerechte Kommunikation nach innen und nach außen.

- **Personalbeschaffung**

  Hier sind langfristige, kostengünstige Wege für das Finden und Binden von Mitarbeiterinnen und Mitarbeitern zu entwickeln und zu beschreiben.

- **Personaleinsatz und -organisation**

  Gemeint ist die Verknüpfung von Erfahrung und Wissen zum langfristigen Erhalt der Praxis bzw. des Unternehmens.

- **Personalcontrolling**

  Personalcontrolling sichert eine langfristige, erfolgreiche Steuerung des Personalmanagements.

Nachhaltiges Personalmanagement wird genutzt, um den langfristigen Erfolg einer Praxis, eines (Z-)MVZ oder eines Gesundheitsunternehmens zu sichern. Ziel ist es, eine gleichbleibend hohe Zufriedenheit der Mitarbeitenden zu generieren und die Attraktivität der Arbeitgeberin bzw. des Arbeitgebers sicherzustellen.

Nachfolge

Mit Nachfolge ist meist die Nachfolgeplanung als ein Teilbereich der Personalentwicklung gemeint. Eng damit verbunden ist die Frage, wer geeignet wäre, den Platz einer ausgeschiedenen Mitarbeiterin oder eines ausgeschiedenen Mitarbeiters einzunehmen bzw. dieser Person nachzufolgen. Diese Nachfolge ist immer dann gefragt, wenn Mitarbeitende die Praxis bzw. das Unternehmen verlassen oder in den verdienten Ruhestand überwechseln. Dabei geht es für den Betrieb, die Praxis darum, dass das wertvolle Wissen nicht abwandert oder ausscheidet. Demzufolge versteht man unter Nachfolge die vorbereitete Nachbesetzung einer Stelle. Im Vordergrund steht das Ziel, Mitarbeitende so zu entwickeln, dass die Nachbesetzung von Schlüsselpositionen und Stellen sichergestellt ist.

Wenn Mitarbeitende aus der Praxis oder dem (Z-)MVZ ausscheiden, hinterlassen sie häufig offene Stellen. Damit diese schnell, unterstützend und reibungslos nachbesetzt werden können, macht es Sinn, die Nachfolge- oder Nachbesetzungsplanung langfristig, systematisch und geordnet anzugehen.[2] Die gründliche und strategische Nachbesetzungsplanung in der Praxis und im (Z-)MVZ ist ein entscheidender Erfolgsfaktor und Wettbewerbsvorteil. Die Nachfolgeplanung gehört zu einem passenden Personalmanagement und ist wesentliches Merkmal einer passenden Stellenbesetzung.

Checkliste: Nachfolge

Inhalt	Erledigt	Offen
Ist ein Anforderungsprofil erstellt?		
Kann die Nachfolge intern abgebildet werden?		
Welchen Qualifizierungsbedarf gilt ggf. zu befriedigen?		
Muss die Nachfolge extern sichergestellt werden?		
Ist die Stellenausschreibung auf den Weg gebracht?		
Ist der Wissenstransfer sichergestellt?		
Steht der Einarbeitungsplan?		
Ist mit der kündigenden Person über deren Gründe gesprochen worden?		
Sind die betroffenen und beteiligten Personen eingebunden und informiert?		
Ist das „Willkommens-Paket" für die nachfolgende Person (extern) vorbereitet?		
Ist eine passende Verabschiedung für die ausscheidende Person sichergestellt?		

---

[2] Vgl. https://www.personalwissen.de/arbeitsrecht/kuendigung/personalaustritt/nachfolge planung-personalwissen/, abgerufen am 17.01.2023.

Nebentätigkeit

„Eine Nebentätigkeit ist jede Beschäftigung gegen Entgelt, die neben einer hauptberuflichen Beschäftigung von Arbeitnehmenden, Beamten, Abgeordneten, Richterinnen bzw. Richtern oder Soldatinnen bzw. Soldaten ausgeübt wird. Das Entgelt bezeichnet man als Nebenverdienst, Zuverdienst oder umgangssprachlich (veraltet) als Zubrot. Je nach Kontext wird bei Selbstständigen oder auch bei Arbeitslosen von der Ausübung einer Nebentätigkeit gesprochen. Arbeits- und dienstrechtlich können auch unentgeltliche Tätigkeiten als Nebentätigkeiten gelten."[3]

Aus dem in Deutschland geltenden Recht auf Berufsfreiheit leitet sich das Recht zur Ausübung einer Nebentätigkeit ab. Eine Nebentätigkeit kann dabei sowohl anzeigepflichtig oder auch genehmigungspflichtig sein. Es gilt zu berücksichtigen, dass die gesetzliche Höchstarbeitszeit nicht überschritten wird. In Deutschland beträgt sie bis zu 10 h täglich, gilt aber nicht für ehrenamtliche Tätigkeiten. Die Leistungsfähigkeit, bezogen auf die Haupttätigkeit der Arbeitnehmerin bzw. des Arbeitnehmers (zum Beispiel: MFA oder ZFA in Vollzeit innerhalb einer Praxis) darf durch die Nebentätigkeit nicht eingeschränkt werden. Es darf auch nicht zu einem Interessensstreit zwischen den Tätigkeiten kommen.[4] Von einem solchen Streit ist auszugehen, wenn zum Beispiel eine Medizinische Fachangestellte oder ein Medizinischer Fachangestellter nebenbei noch eine Nebentätigkeit als Pflegerin oder Pfleger ausübt.

Im Arbeitsvertrag darf festgelegt sein, dass jede Nebentätigkeit der Arbeitgeberin bzw. dem Arbeitgeber unaufgefordert und vor Aufnahme anzuzeigen ist.

Mitgeltende Gesetze und Vereinbarungen können sein: Teilzeitarbeit, Arbeitszeitgesetz, Tarifverträge, Betriebsvereinbarungen und Individualabreden.

Neueinstellung

Neueinstellung, meist als Personaleinstellung beschrieben, ist über kurz oder lang eine folgenreiche und bedeutende Entscheidung. So sind die Personalsuche und -auswahl, die Vertragserstellung und der Einarbeitungsprozess nicht nur zeitaufwendig und kostspielig, Mitarbeitende sind auch ein entscheidendes

---

[3] https://de.wikipedia.org/wiki/Nebentätigkeit, abgerufen am 17.01.2023.
[4] Vgl. https://de.wikipedia.org/wiki/Nebenätigkeit, abgerufen am 17.01.2023.

Erfolgskriterium für eine (Zahn-)Arztpraxen oder ein (Z-)MVZ.[5] Die gesamte Personalplanung gehört daher in Leitungshände, denn es kommt immer wieder vor, dass man erkennt, dass eine bestimmte Personaleinstellung eine Fehlentscheidung war. Die betroffenen Verantwortlichen müssen dann entweder mit den negativen Folgen leben oder den gesamten Ausschreibungs- und Anstellungsprozess erneut durchlaufen[6] – beide Optionen sind meist finanziell und ideell unerfreulich. Es ist sinnvoll, vor einer langfristigen Personalentscheidung die Rahmendaten (Bedarf, Bezahlung, Einsatz, Bindung, Arbeitszeiten etc.) klar zu haben.

---

[5] Vgl. https://softgarden.com/de/ressourcen/glossar/personaleinstellung/, abgerufen am 17.01.2023.

[6] Vgl. https://softgarden.com/de/ressourcen/glossar/personaleinstellung/, abgerufen am 17.01.2023.

Checkliste: Neueinstellung I[7]

Inhalt	Erledigt	Offen
Ausgefüllter Personalfragebogen (persönliche Angaben, Angaben zur Beschäftigung, Steuer etc.)		
Personalausweis (Kopie oder Vorlage)		
Rentenversicherungsnummer (Schreiben des Rentenversicherungsträgers)		
Mitgliedsbescheinigung der Krankenkasse		
Steuer-Identifikationsnummer (Steuer-ID)		
Elektronische Lohnsteuerabzugsmerkmale (ELStAM) (Abruf über Datenbank der Finanzverwaltung)		
Urlaubsbescheinigung der letzten Arbeitgeberin bzw. des letzten Arbeitgebers (falls vorhanden)		
Unterlagen für Vermögenswirksame Leistungen (falls vorhanden)		
Arbeits- und Aufenthaltserlaubnis (bei ausländischen Mitarbeitenden)		
Schwerbehindertenausweis (falls vorhanden)		
branchenspezifische Nachweise (z. B. Gesundheitsbescheinigung in Pflegeberufen etc.)		
Nachweise über Zusatzqualifikationen (z. B. Hygienebeauftragung, Prophylaxe, Röntgenschein etc.)		

[7] https://www.firma.de/unternehmensfuehrung/mitarbeiter-einstellen-checkliste-fuer-arbeit geber/, abgerufen am 17.01.2023.

Checkliste: Neueinstellung II[8] – Minimalangaben in einem wirksamen Arbeitsvertrag

Inhalt	Erledigt	Offen
Name und Anschrift der Arbeitgeberin/des Arbeitgebers		
Name und Anschrift der Arbeitnehmerin/des Arbeitnehmers		
Angabe des Arbeitsortes		
Beschreibung der Tätigkeit		
Beginn des Arbeitsverhältnisses		
Dauer der Probezeit, falls vereinbart (max. 6 Monate)		
Dauer des Arbeitsverhältnisses (bei Befristung)		
Arbeitszeiten		
Jährlicher Urlaubsanspruch (mind. 24 Arbeitstage)		
Kündigungsfristen		
Höhe und Zusammensetzung des Arbeitsentgelts		

---

[8] https://www.firma.de/unternehmensfuehrung/mitarbeiter-einstellen-checkliste-fuer-arbeitgeber/, abgerufen am 17.01.2023.

Checkliste: Suche von Mitarbeiterinnen und Mitarbeitern

Kostenfreie Möglichkeiten

Bereich	Passt	Passt nicht
persönliches Netzwerk nutzen		
Netzwerke der Mitarbeitenden nutzen		
Social-Media-Recruiting einbinden		
kostenfreie Jobbörsen ansprechen		
Agentur für Arbeit fragen		
interne Mitarbeitende entwickeln		

Kostenpflichtige Möglichkeiten

Bereich	Passt	Passt nicht
der Klassiker: Stellenanzeigen in Printmedien		
Stellenanzeigen in Online-Jobbörsen		
Zeitarbeit: Personal erst testen, dann einstellen		
Hochschulmarketing: ran an die frisch Ausgebildeten		
die eigene Website: Karrierewebsite als Bewerbungs-Booster		
Jobmessen, Fachmessen und Veranstaltungen: direkter Zugang zu Interessierten		
Personalberater und Headhunter: direkte Vermittlung		
Angebot von Praktikumsplätzen und Bachelor-/Masterarbeiten		

O

Online-Bewerbungen

Unter Online-Bewerbungen versteht man den Eingang der Bewerbungsunterlagen über ein digitales Medium, z. B. per Mail oder via Bewerbungsformular über die Homepage. Diese Art der Bewerbung erfreut sich zunehmender Beliebtheit: schnell, ohne Kosten für Papier und Porto, nachhaltig durch Papierlosigkeit. Mittlerweile wird über die Hälfte der Bewerbungsunterlagen online verschickt: Wer über das Internet Stellen sucht, bewirbt sich auch online. Bei Bewerbungen per E-Mail werden die Bewerbungsunterlagen im Anhang versandt. Für die Bewerbung über Bewerbungsformulare wird die Bewerbung über die Internetseite der Praxis (Bewerberportal) und die dort hinterlegten Formulare eingereicht. Auch für Arbeitgebende haben Online-Bewerbungen Vorteile: Die Unterlagen sind jederzeit abrufbar, müssen nicht in Ordnern abgeheftet und gelagert werden und eine Rücksendung ist nicht nötig. Daraus ergeben sich Ersparnisse in Zeit und Geld.[1] In Zeiten des Fachkräftemangels ist es empfehlenswert, den Bewerbern das Bewerben so einfach wie möglich zu machen. Dazu eignet sich die Form der Online-Bewerbung. Bei der Einrichtung eines Bewerberportals auf der Homepage der Praxis können Fachleute (Webagenturen) helfen. Der Webauftritt wirkt sofort moderner und ist attraktiver für Bewerber.

---

[1] Vgl. Die Online-Bewerbung als Standard im Recruitingprozess. (2019, 16. Juli). DE B2C. https://www.stepstone.de/karriere-bewerbungstipps/online-bewerbung-standard-beim-recruitingprozess/, abgerufen am 13.12.2022

Organigramm

In einem Organigramm wird die interne Struktur eines Unternehmens bzw. einer Praxis abgebildet. Mit Kreisen, Kästchen, Pfeilen und Linien werden Zusammenhänge und Beziehungen zwischen verschiedenen Abteilungen, Hierarchien und Kommunikationswege visuell dargestellt. Zweck eines Organigramms ist unter anderem, Verantwortlichkeiten abzugrenzen, Doppelarbeit zu vermeiden, einen schnellen Überblick in der Einarbeitung zu verschaffen, Transparenz für alle Mitarbeitenden herzustellen und die Darstellung nach außen, z. B. gegenüber Banken.

Darüber hinaus erleichtern Organigramm die Kommunikation, indem sie unter anderem folgende Fragen beantworten:

- Wer arbeitet mit wem zusammen?
- Wer darf wem Anweisungen erteilen?
- Wie wirken Menschen und Prozesse zusammen?
- Wer trägt wofür Verantwortung?
- Wer muss informiert werden?[2]

Organigramme lassen sich relativ einfach in Word oder Excel erstellen.

Muster: Einfaches Organigramm (Beispiel Zahnarztpraxis)

---

[2] Vgl. Fleig, J. (2021, 15. September). Organigramm erstellen – Beispiel, Definition und Vorlagen. business-wissen.de. https://www.business-wissen.de/hb/organigramm-erstel len-beispiel-definition-und-vorlagen/, abgerufen am 13.12.2022

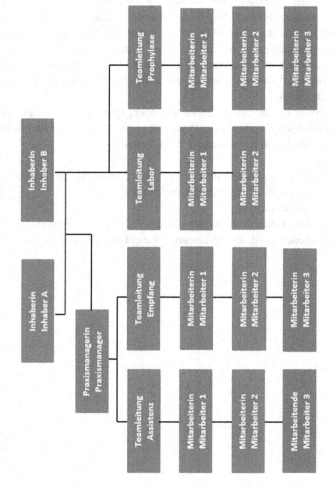

Muster: Einfaches Organigramm (Beispiel Zahnarztpraxis)

Organisationsentwicklung

„Organisationsentwicklung ist ein geplanter, systematischer und langfristiger Prozess der Veränderung und Weiterentwicklung eines Unternehmens (einer Organisation) unter größtmöglicher Beteiligung aller Betroffenen."[3] Sie dient dazu, den unternehmerischen Erfolg zu sichern und auszubauen, Veränderungen gut zu bewältigen und die (Zahn-)Arztpraxen strategisch weiterzuentwickeln.

Es gibt viele verschiedene Modelle, die Organisationsentwicklung beschreiben. Oft werden externe Beraterinnen bzw. Berater hinzugezogen, da Inhaberinnen und Inhaber meist zu involviert sind, um bestehende Strukturen und Prozesse objektiv zu betrachten.

Was passiert in einem Organisationsentwicklungsprozess? Nach einer Analyse der bestehenden Organisation der Praxis über alle Bereiche werden passende Strukturen entwickelt und implementiert. Dazu gehören u. a.:

- Ziele (z. B. Erhöhung der Patientenzufriedenheit, Verkürzung der Wartezeiten)
- Arbeitsprozesse (z. B. Ablauf Patientenaufnahme)
- Arbeitsmittel (z. B. neue IT)
- Praxis- und Teamkultur (z. B. Teammeetings, Patientenbefragung)
- Führungsmethoden (z. B. Zielvereinbarungsgespräche, Bonussysteme)

---

[3] Organisationsentwicklung: So wird Ihr Unternehmen fit für den Wandel. (o. D.). https://www.personio.de/hr-lexikon/organisationsentwicklung/, abgerufen am 14.12.2022

P

Patientenorientierung

Patientenorientierung wird als ein Prozess beschrieben, in dem sich alle Beteiligten (Patientin, Patient, (Zahn-)Ärztin, (Zahn-)Arzt, Betreuerin, Betreuer, (Z-)MFA etc.) dafür einsetzen, die Wünsche und Erwartungen der Patientinnen und Patienten zu erkunden und nach Möglichkeit zu befriedigen – dies streng an der nötigen Therapie ausgerichtet. Jeder Patientin bzw. jedem Patienten steht das Recht zu, als Individuum, mit individuellen Erwartungen, Wünschen, Bedürfnissen aber auch Ängsten und Befürchtungen, wahrgenommen und behandelt zu werden. Je genauer die behandelnden Menschen ((Zahn-)Ärztinnen, (Zahn-)Ärzte, (Z-)MFA etc.) diese Bedürfnisse ihrer Patientinnen und Patienten kennen, desto leichter fällt es ihnen, darauf einzugehen bzw. diese – wenn machbar und angemessen – zu erfüllen. Davon ausgehend, ist es sinnvoll und hilfreich, permanent Bedürfnisse, Erwartungen, Wünsche, aber auch Ängste und Befürchtungen zu ermitteln oder zu erfragen und – wo immer möglich – darauf einzugehen. Tools des Qualitätsmanagements, wie zum Beispiel Patientenbefragungen können dabei unterstützen.

Patientenorientierung erkennt man unter anderem an der Erfüllung folgender Kriterien:

- Patienten und deren Problem werden ernstgenommen.
- Patienten erhalten eine aus deren Sicht umfassende, verständliche Erklärung.
- Der Patient erhält von seiner (Zahn-)Ärztin bzw. seinem (Zahn-)Arzt weiterführende Informationen sowie Hilfs- und Beratungsangebote.[1]
- Patienten werden in alle gesundheitsbezogenen Entscheidungen eingebunden.

---

[1] Vgl. Ärztliches Zentrum für Qualität in der Medizin (ÄZQ) (2007) Woran erkennt man eine gute Arztpraxis? Checkliste für Patientinnen und Patienten. ÄZQ, Berlin

© Der/die Autor(en), exklusiv lizenziert an Springer Fachmedien Wiesbaden GmbH, ein Teil von Springer Nature 2023
S. Kock and K. Kock, *Personalmanagement in der Arzt- und Zahnarztpraxis von A bis Z*, https://doi.org/10.1007/978-3-658-42360-5_17

- Patienten werden freundlich und respektvoll behandelt.
- Patienten haben problemlosen Einblick in alle Patientendaten...
- Patienten dürfen eine Zweitmeinung einholen.
- Die Praxis ist für Patienten gut erreichbar.
- etc.

Checkliste: Patientenorientierung[2,3]

Inhalt	Trifft zu	Trifft nicht zu
Kann ich die Praxis gut erreichen?		
Werde ich in der Praxis freundlich und respektvoll behandelt?		
Nimmt meine (Z-)Ärztin/mein (Z-)Arzt mich und mein Anliegen ernst?		
Werden in der Praxis meine Persönlichkeit und meine Intimsphäre respektiert?		
Erhalte ich eine verständliche und neutrale Aufklärung, Information und Beratung?		
Bekomme ich Hinweise auf weiterführende verlässliche Informationsquellen und Beratungsangebote?		
Bezieht meine (Z-)Ärztin/mein (Z-)Arzt mich und meine Wünsche in alle Entscheidungen ein?		
Akzeptiert meine (Z-)Ärztin/mein (Z-)Arzt, dass ich im Zweifelsfall eine zweite Meinung einholen möchte?		
Wird in der Praxis der Schutz meiner persönlichen Daten gewahrt?		
Kann ich erkennen, ob meine (Z-)Ärztin/mein (Z-)Arzt und das Mitarbeiterteam an Fortbildungsveranstaltungen und Qualitätsprogrammen teilnehmen?		
Wird in der Praxis auf möglichst große Sicherheit bei meiner Behandlung geachtet?		
Erhalte ich ohne Probleme Zugang zu meinen Patientenunterlagen?		
Kooperiert die Praxis mit anderen (Z-)Ärztinnen/(Z-)Ärzten?		

---

[2] Vgl. Szecsenyi J, Klingenberg A, Pelz J, Magdeburg K, Bewertung eines Patientenbuches durch Patienten – Ergebnisse aus der Ärztlichen Qualitätsgemeinschaft Ried. Z Arztl Fortbild Qualitatssich. (2001), 95, 407–412

[3] Vgl. äzq Schriftenreihe, Band 43: Woran erkennt man eine gute Arztpraxis? Checkliste für Patientinnen und Patienten Herausgeber: Bundesärztekammer und Kassenärztliche Bundesvereinigung. Erarbeitet durch das ÄZQ. Im Auftrag von: Patientenforum Bundesärztekammer und Kassenärztlicher Bundesvereinigung. 4. überarbeitete Auflage, 2015

Personalbindung

Unter Personalbindung wird gemeinhin verstanden, dass Mitarbeiterinnen und Mitarbeiter über die Probezeit hinaus für unbestimmte oder bestimmte Zeit an eine Praxis, ein (Z-)MVZ oder einen Betrieb im ambulanten Gesundheitswesen gebunden werden. Oder anders: „Mitarbeiterbindung bezeichnet den Grad des Zusammenhalts zwischen dem Mitarbeiter auf der einen Seite und der Organisation als Ganzes auf der anderen Seite."[4] So schreibt Gunther Wolf in seinem Buch zum Thema Mitarbeiterbindung. Klar ist, dass das Binden von Mitarbeiterinnen und Mitarbeitern eine Führungsaufgabe ist, der aktuell erfolgsentscheidende Bedeutung zukommt. Die Personalbindung kann auf unterschiedliche Weise erfolgen. Erfahrungsgemäß ruht sie auf verschiedenen Säulen:

- **Arbeitsumfeld und -organisation**
  (flexible Arbeitszeiten, Kinderbetreuung, Schichtsystem etc.)
- **Entwicklung und Aufstieg**
  (Weiterbildung, Mentoring, Zielvereinbarungen etc.)
- **Gesundheit und Freizeit**
  (Vermeidung von Überstunden, betriebliches Gesundheitsmanagement etc.)
- **Employer Branding**
  (Willkommenspaket, Karriereprotal etc.)
- **Praxiskultur und Kommunikation**
  (klare Praxiskultur, Leitbild, Work-Life-Balance etc.)
- **Benefits**
  (Boni, Diensthandy, betriebliche Altersvorsorge, Urlaubsgeld etc.)

Die Ziele der Personalbindung liegen auf der Hand: die Fluktuation gering-zuhalten, die krankheitsbedingten Fehlzeiten zu verringern, die Produktivität auf hohem Niveau zu halten, die Bereitschaft der Arbeitnehmenden, die Praxis als Arbeitgeber zu empfehlen, zu fördern und Personalkosten zu reduzieren durch den Wegfall wiederkehrender, langwieriger, kostenintensiver Auswahlverfahren. Mitarbeiterinnen und Mitarbeiter zeigen mehr Leistungsbereitschaft und Eigeninitiative.

---

[4] Vgl. Gunther Wolf; Mitarbeiterbindung – inkl. Arbeitshilfen online: Strategie und Umsetzung im Unternehmen (Haufe Fachbuch) Gebundene Ausgabe – 22. Juni 2020

Checkliste: Personalbindung

Inhalt	Vor- handen	Nicht vor- handen
Arbeitsumfeld und -organisation (flexible Arbeitszeiten, Kinderbetreuung, Schichtsystem etc.)		
Entwicklung und Aufstieg (Weiterbildung, Mentoring, Zielvereinbarungen etc.)		
Gesundheit und Freizeit (Vermeidung von Überstunden, Gesundheitsmanagement etc.)		
Employer Branding (Willkommenspaket, Karriereprotal etc.)		
Praxiskultur und Kommunikation (klare Praxiskultur, Leitbild, Work-Life-Balance etc.)		
Benefits (Boni, Diensthandy, Betriebliche Altersvorsorge, Urlaubsgeld etc.)		

Personalentwicklung

Bei der Personalentwicklung handelt es sich um den Teil des Personalmanagements, der dafürsteht, dass Mitarbeiterinnen und Mitarbeiter so gefördert werden, dass sie sich positions-, potenzial- oder positions- und potenzialbezogen entwickeln.[5] Dies gilt für alle Mitarbeitenden einer Praxis, eines (Z-)MVZ oder eines Betriebes. Gewonnene Mitarbeiterinnen und Mitarbeiter sind das größte, das erfolgsentscheidende Potenzial eines Unternehmens, deshalb müssen sie gefördert

---

[5] Vgl. M. Becker: Personalentwicklung. Bildung, Förderung und Organisationsentwicklung in Theorie und Praxis. 6., akt. u. überarb. Auflage. Schäffer-Poeschel, Stuttgart 2013.

und entwickelt werden, denn das ist eine Säule der Personalbindung (siehe auch Personalbindung).

Das Ziel der Personalentwicklung ist die langfristige Bindung von Mitarbeitenden und damit der Unternehmenserfolg. Es hat sich als Bindungsstrategie bewährt, Mitarbeiterinnen und Mitarbeiter zu qualifizieren, fort- und weiterzubilden. Eine Strategie, die für beide Seiten von Nutzen ist.[6] Die Mitarbeitenden entwickeln sich und werden bzw. sind attraktiv für den Arbeitsmarkt. Die Unternehmen halten sowohl ihre Wettbewerbsfähigkeit als auch ihre Attraktivität als Arbeitgeberin bzw. Arbeitgeber.

Personalplanung

Personalplanung gehört mit zur Praxisplanung und zum Personalmanagement. Sie nimmt alle Aktivitäten in den Blick, die nötig sind, damit die für die Praxisziele erforderlichen Mitarbeiterinnen und Mitarbeiter in ausreichender Zahl, passend qualifiziert und aus-, fort- oder weitergebildet zur Verfügung stehen, ohne dass dabei die geplanten und einzuhaltenden Kosten und Aufwendungen aus dem Ruder laufen. Dabei ist stets von einer Mindestbelegung bzw. -besetzung auszugehen. Das inkludiert Plausibilitäten, Produktivität, Planstellen etc. Außerdem ist die Personalplanung mit dem Leitbild, der Vision bzw. Philosophie der Praxis bzw. des (Z-)MVZ abzugleichen und zu verknüpfen. Zudem ist die Personalplanung mit der Unternehmens- und Führungsphilosophie zu verbinden[7] und wirkt so auf Zielvereinbarungen mit Mitarbeiterinnen und Mitarbeitern (siehe auch Personalbindung und -entwicklung).

Praxisklima

Der Begriff Praxisklima ist in der Literatur nicht zu finden. Meist wird er im Arbeitskontext als Synonym für Praxisimage oder Arbeitsatmosphäre in der Praxis genutzt. So schrieb im November 2022 Rolf Leicher in „Der Hausarzt digital": „Umgang mit Kolleginnen und Kollegen – Praxisklima: Manchmal braucht es ein Gewitter". Hauke Gerlof schrieb im Februar 2021 in der Ärztezeitung: „Wie wichtig das Praxisklima für das Praxisimage ist." Die Autoren verstehen

---

[6] Vgl. J. Peterke: Personalentwicklung als Managementfunktion. Springer-Gabler, Wiesbaden 2021

[7] Vgl. https://de.wikipedia.org/wiki/Personalplanung, abgerufen am 17.01.2023.

unter Praxisklima eher so etwas wie Betriebsklima[8] und demnach wäre das Praxisklima das jeweils persönlich wahrgenommene Zusammenspiel von Mitarbeitenden innerhalb einer Praxis bzw. eines (Z-)MVZ. Die Art und Weise der Zusammenarbeit hat sehr große Bedeutung für die Mitarbeitenden und die Patienten. Vor allem bei Stress oder Krisen kann ein schlechtes Praxisklima zu Misserfolg und Lustlosigkeit führen. Die Motivation geht verloren, Krankheitstage häufen sich und die Dienstleistungsqualität nimmt ab. Besonders schlecht ist das Praxisklima, wenn es zu Mobbing (siehe dort) unter den Mitarbeitenden kommt. Besonders gut ist das Praxisklima hingegen, wenn viel miteinander erlebt wird, ein gemeinsames Praxisleitbild erarbeitet und verfolgt wird, wenn Mitbestimmung möglich ist und die Hierarchien flach sind.

---

[8] Vgl. Rudolf Bögel: Organisationsklima und Unternehmenskultur. In: Lutz von Rosenstiel, Erika Regnet, Michael E. Domsch (Hrsg.): Führung von Mitarbeitern. Handbuch für erfolgreiches Personalmanagement. 5. Auflage. Schäffer-Poeschel Verlag, Stuttgart 2003, S. 43.

Checkliste: Praxisklima[9]

Inhalt	Stimmt	Stimmt nicht
Sie zeigen Anerkennung, wenn eine Mitarbeiterin oder ein Mitarbeiter gute Arbeit leistet oder eine gute Idee hat.		
Sie geben Ihren Mitarbeitenden Aufgaben, die zu ihren Fähigkeiten und Qualifikationen passen. Sie berücksichtigen dabei auch persönliche Entwicklungs- und Berufsziele.		
Freundlichkeit und Respekt gehören für Sie zum normalen Umgangston.		
Sie können zuhören.		
Wenn Fehler auftreten, geht es Ihnen vor allem darum, dass das gesamte Team daraus lernen kann, nicht um das „Abstrafen" von „Schuldigen".		
Sie übernehmen bei Auseinandersetzungen oder Fehlern der Beschäftigten die Verantwortung und stellen sich vor sie. Führung in diesem Sinne gibt Sicherheit und nimmt den Beschäftigten die Angst – besonders auch vor den schnellen und oft undurchschaubaren Veränderungen am Arbeitsplatz.		
Sie sind ansprechbar und gut erreichbar. Sie suchen auch selbst aktiv den Austausch – und nicht nur, wenn etwas schiefläuft.		
Sie vergeben nicht nur Aufgaben und Ziele, sondern besprechen mit den Mitarbeitenden auch, wie sie diese Ziele realistisch erreichen können. Einer Ihrer Standardsätze ist: „Was kann ich dazu beitragen, damit meine Mitarbeiterinnen und Mitarbeiter ihren Job gut machen können?"		
Sie vertrauen Ihren Mitarbeitenden, verzichten auf übermäßige Kontrolle.		
Das Wohlergehen Ihrer Mitarbeitenden interessiert Sie ehrlich und Sie bekommen sehr wohl mit, wie es Ihren Beschäftigten geht, was sie gerade besonders beschäftigt, freut oder anstrengt.		
Wenn sich Veränderungen in der Praxis ankündigen, informieren Sie Ihre Beschäftigten sofort und ausführlich und stehen für Fragen zur Verfügung.		
In Mitarbeitergesprächen sorgen Sie dafür, dass auch die Mitarbeitenden Ihnen ein Feedback zu ihrem Führungsverhalten geben.		

Probearbeiten

Das Probearbeiten[10] kann man als einen Teil der Personalbeschaffung und somit als einen weiteren Teil des Personalmanagements sehen. Dabei ist Probearbeit kein Arbeitsverhältnis, sondern eher ein Verhältnis zum gegenseitigen Kennenlernen. Die Person, die zur Probe arbeitet, lernt die Arbeitgeberin bzw. den

[9] https://www.impulse.de/management/personalfuehrung/betriebsklima-verbessern/2346524.html, abgerufen am 17.01.2023.
[10] Vgl. Jobsuche: Die wichtigsten Spielregeln bei der Probearbeit. Abgerufen am 9. Juli 2018. Copyright Haufe-Lexware GmbH & Co. KG – all rights reserved: Probearbeiten: Was arbeitsrechtlich gilt | Personal | Haufe. In: Haufe.de News und Fachwissen. haufe.de, abgerufen am 14. 12.2022.

Arbeitgeber, die Mitarbeitenden, die Aufgabe, das Praxisklima etc. kennen, und die Arbeitgeberin bzw. der Arbeitgeber können herausfinden, ob die Bewerberin bzw. der Bewerber zur Praxis passt. Das bringt Vorteile für beide Seiten, denn beide können sich vor falschen oder zu schnellen Entscheidungen schützen.

Praxen gehen zunehmend dazu über, mögliche Bewerberinnen und Bewerber zur Probe arbeiten zu lassen, um so feststellen zu können, ob man zueinander passt, wie schnell gelernt oder adaptiert wird und ob die Kandidatin bzw. der Kandidat zum restlichen Team passt.

Beim Probearbeiten gilt es, einige Dinge zu beachten, zum Beispiel[11]:

- „Zuallererst geht es darum darauf zu achten, dass aus der Probearbeit nicht unbeabsichtigt ein Arbeitsverhältnis wird.
- Probearbeit findet auf freiwilliger Basis statt, das heißt sowohl der Arbeitgeber als auch der Bewerber können sie jederzeit beenden.
- Der Zeitraum der Arbeit auf Probe ist gesetzlich nicht fest geregelt. In der Regel veranschlagen Arbeitgeber einen Probearbeitstag oder einige Stunden am Vor- oder Nachmittag. Allerdings sind auch mehrere Probearbeitstage möglich, wenn zum Beispiel gewisse Arbeiten nur zu bestimmten Tagen erledigt werden. Die Probearbeitszeit sollte 5 Tage nicht überschreiten.
- Da das Probearbeiten grundsätzlich kein Arbeitsverhältnis darstellt, müssen Arbeitgeber auch keine Vergütung an die Bewerber zahlen. Aufwandsentschädigungen sind möglich.
- Die Praxis hat während der Probearbeit nur das Hausrecht, aber keine Weisungsbefugnis. Arbeitgebende haben darauf zu achten, dass sie den Bewerbenden während der Probearbeitszeit nur Aufgaben mit geringem Umfang oder nur Probeaufgaben übergeben. Diese müssen zeitlich begrenzt sein oder nicht vollständig allein bewältigt werden können."

Probezeit

Die Probezeit oder auch das Probearbeitsverhältnis beschreibt einen im Voraus geplanten Zeitraum, der maximal 6 Monate betragen darf. Sie gilt in der Regel mit Beginn des Arbeitsverhältnisses zwischen Arbeitgeberin bzw. Arbeitgeber und Arbeitnehmerin bzw. Arbeitnehmer. Die Probezeit ist Bestandteil des Arbeitsvertrages. Innerhalb der vereinbarten Probezeit ist es beiden Vertragspartnern

---

[11] https://www.rexx-systems.com/hr-glossar/probearbeiten/, abgerufen am 17.01.2023.

erlaubt, die Zusammenarbeit mit einer verkürzten Kündigungsfrist zu beenden. Die Probezeit dient dazu, zu proben, ob ein Arbeitsverhältnis sinnvoll ist oder nicht. Der Begriff kommt aus dem Arbeitsrecht.[12]

Probezeitgespräch

Ein Probezeitgespräch ist ein Gespräch, das während und/oder am Ende der Probezeit genutzt wird, um gemeinsam mit der Mitarbeiterin bzw. dem Mitarbeiter Rückschau auf die bisherige Probezeit zu halten und zu besprechen, was innerhalb dieser Zeit gut oder weniger gut gelaufen ist. Außerdem wird am Ende der Probezeit die Übernahme in Festanstellung bestätigt, wenn es nicht zu einer vorzeitigen Kündigung oder eine Verlängerung der Probezeit gekommen ist.

Probezeitgespräche können folgende Fragen aufwerfen:

- Wie würden Sie die bisherige Einarbeitung beschreiben?
- Wurden Ihre Erwartungen, Wünsche und Bedürfnisse an die Einarbeitung erfüllt?
- Falls nicht, was hat Ihnen gefehlt, was würden Sie gern verändern, worauf hätten Sie verzichten können?
- Wie gut sind Sie in der Praxis angekommen und aufgenommen worden?
- Entsprechen die Tätigkeiten, die Sie nun bei uns ausüben, dem, was Sie sich vorgestellt haben?
- Wird Ihre Expertise bei Ihrer täglichen Arbeit ausreichend berücksichtigt?
- Wie erleben Sie den Zusammenhalt im Praxisteam?
- Wie sind Sie mit der Unterstützung durch Ihre Kolleginnen und Kollegen zufrieden, wenn es ein Problem gibt?
- Wie erleben Sie das Praxisklima bei uns?
- Was hat Ihnen besonders gut gefallen?
- Was hat Sie besonders gestört bzw. worauf hätten Sie verzichten können?
- Was wollen Sie in den kommenden sechs Monaten erreichen?
- Wo und welchen Bereichen können Sie noch Unterstützung benötigen und von wem?[13]

---

[12] Vgl. Probezeit | Ihr Anwalt für Arbeitsrecht aus Augsburg. (2023, 31. März). Limmer.Reutmann – Rechtsanwälte. https://www.limmer-reutemann.de/arbeitsrecht-ratgeber/probezeit abgerufen am 14.05.2023

[13] Vgl. https://www.hit-personal.de/magazin/feedbackgespraech-nach-der-probezeit-so-gelingt-es/, abgerufen am 14. 12.2022

Checkliste: Inhalte Probezeitfeedback

Inhalte	Notizen
Stand der Einarbeitung	
Erfüllung der übertragenen Aufgaben	
Erreichung vereinbarter Ziele	
noch offene Aufgaben aus dem Onboarding-Plan	
Beurteilung	
Stärken der Mitarbeiterin bzw. des Mitarbeiters	
gewünschte und erforderliche Weiterentwicklung	
Inhalte für Mitarbeitende, die weiterbeschäftigt werden sollen:	
Unterstützungsoptionen der Praxis	
sinnvolle Maßnahmen	
soziale Eingliederung in das Praxisteam und die Praxis (Team, Chefin/Chef, Mitarbeitende bei Führungskräften)	
zukünftige Aufgaben	
Karriereoptionen:	

Produktivität

Als Produktivität bezeichnet man sowohl eine betriebswirtschaftliche als auch volkswirtschaftliche Kennzahl, die das Verhältnis zwischen produzierten Dienstleistungen und den dafür benötigten Produktionsfaktoren (menschliche Arbeit) beschreibt[14] – oder anders: Produktiv wird gearbeitet bzw. gedienstleistet, wenn das, was entsteht, mehr ist als das, was eingebracht wurde. Output minus Input. In einer (Z-)Arztpraxen oder einem (Z-)MVZ ließe sich zum Beispiel errechnen, wie die Produktivität je vollbeschäftigter Person ist. Gesamtumsatz/Anzahl vollbeschäftigter Personen = Umsatz je Mitarbeiterin bzw. Mitarbeiter.

---

[14] Vgl. Helmut Weber, Rentabilität, Produktivität und Liquidität: Größen zur Beurteilung und Steuerung von Unternehmen, 1998, S. 87, S. 89 f.

Q

Qualifizierung

Bei einer Qualifizierung (siehe auch betriebliche Fort- und Weiterbildung) werden Kompetenzen und/oder Fähigkeiten in einer Fort- bzw. Weiterbildung ausgebaut oder erworben. Qualifizierungsmaßnahmen finden auf unterschiedlichen Wegen statt: in Präsenz, online oder auch in Kombination. Für (Zahn-)Arztpraxen werden u. a. folgende fachspezifische Themenbereiche angeboten: Abrechnung, Praxismanagement, Personalführung, Prophylaxe, Hygiene, Wundversorgung, VEHRA, Patientengespräche… Eine gute Übersicht über die Möglichkeiten und Qualifizierungsanbieter ist unter Info Web Weiterbildung (iwwb.de) zu finden. Darüber hinaus gibt es diverse, auf den medizinischen Bereich spezialisierte Qualifizierungsanbieter. Das Qualifizierungschancengesetz (QCG) bietet Arbeitgebenden, die die Mitarbeitenden qualifizieren, unter bestimmten Voraussetzungen (Umfang mehr als 120 h, zertifizierter Anbieter) Fördermöglichkeiten durch die Arbeitsagentur für Arbeit. Hier lohnt sich in jedem Fall eine Beratung.

Qualitätsmanagement

Ein Qualitätsmanagement (QM) sorgt für die Verbesserung von Prozessen und Strukturen innerhalb einer Organisation (Praxis). Damit gute Qualität nicht dem Zufall überlassen wird, sorgen Qualitätsmanagementsysteme für Struktur, Steuerung und Wiederholbarkeit. Darüber hinaus helfen solche Systeme bei der Einarbeitung neuer Mitarbeitender, bei der Verbesserung des Praxisimages, der Patientenorientierung, der Kommunikation nach innen und außen sowie der

© Der/die Autor(en), exklusiv lizenziert an Springer Fachmedien Wiesbaden GmbH, ein Teil von Springer Nature 2023
S. Kock and K. Kock, *Personalmanagement in der Arzt- und Zahnarztpraxis von A bis Z*, https://doi.org/10.1007/978-3-658-42360-5_18

Zufriedenheit und Bindung der Mitarbeitenden. Die Maßnahmen des Qualitätsmanagements werden in einem Qualitätsmanagement-Handbuch festgehalten und
regelmäßig überprüft.

Für (Zahn-)Arztpraxen ist die Einführung und Weiterentwicklung eines Qualitätsmanagementsystems „Patientenorientierung einschließlich Patientensicher-
heit" nach § 135a Absatz 2 Nr. 2 SGB 5[1] verpflichtend. Allerdings steht die
Ausgestaltung der (Zahn-)Ärztin und dem (Zahn-)Arzt frei. Hilfreich ist es,
ausgewählte Mitarbeitende auf das System zu schulen und als Qualitätsmana-
gementbeauftragte zu berufen.

Das wohl bekannteste Qualitätsmanagement in (Z-)Arztpraxen ist das QEP®,
entwickelt durch die KBV und die Kassenärztlichen Vereinigungen. Weitere,
speziell auf das Gesundheitswesen ausgerichtete QM-Systeme sind KTQ® und
EPA.

Folgende Elemente wurden als Basis des ärztlichen Qualitätsmanagements
durch die QM-Richtlinie des Gemeinsamen Bundesausschusses (G-BA) definiert:

- „Mitarbeiterorientierung einschließlich Mitarbeitersicherheit"
- „Prozessorientierung"
- „Kommunikation und Kooperation"
- „Informationssicherheit und Datenschutz"
- „Verantwortung und Führung"[2]

Quereinsteiger

Unter Quereinsteigern versteht man im Personalmanagement Mitarbeitende aus
fachfremden Berufen, die in ein anderes Betätigungsfeld wechseln. Vor dem Hintergrund des Fachkräftemangels kann die Beschäftigung von Quereinsteigern eine
gute Alternative sein. Besonders für den Einsatz am Empfang, aber auch in der
Administration gibt es verschiedene Berufsausbildungen, die hier gute Voraussetzungen bieten, beispielsweise Berufe aus der Hotellerie oder kaufmännische
Berufe. Mitarbeitende aus diesen Bereichen bringen verschiedene Kompetenzen
mit, die auch in (Zahn-)Arztpraxen benötigt werden, beispielsweise hohe Ser-
viceorientierung, Verständnis für Zahlen, organisatorische Fähigkeiten. Darüber

---

[1] § 135a SGB 5 – Einzelnorm. (o. D.). https://www.gesetze-im-internet.de/sgb_5/__135a.
html, abgerufen am 14.12.2022

[2] Qualitätsmanagement. (o. D.). https://www.virchowbund.de/praxis-knowhow/praxis-gru
enden-und-ausbauen/qualitaetsmanagement, abgerufen am 14.12.2022

hinaus gibt es berufsbegleitende Umschulungen für Quereinsteiger. So ist es möglich, einen Mitarbeitenden bereits in Teilzeit in der Praxis zu beschäftigen, während eine Umschulung zur MFA absolviert wird. Solche Umschulungsmaßnahmen werden unter bestimmten Voraussetzungen auch durch die Agentur für Arbeit gefördert. Die Vorteile der Beschäftigung von Quereinsteigern liegen auf der Hand: hohe Motivation, Arbeitserfahrung und Mitarbeitende, die eine Aufgabe ganz bewusst gewählt haben und neue Perspektiven einbringen.

R

Recruiting

Unter Recruiting (siehe auch Anforderungsprofil, Job- oder Stellenbeschreibung und Stellenausschreibung) versteht man in Deutschland alle Maßnahmen, die der Personalbeschaffung dienen. In Deutschland spricht man daher auch eher von Personalbeschaffung[1]. Die Personalbeschaffung dient dazu, für eine Praxis, ein (Z-MVZ) bzw. ein Unternehmen ausgebildete, qualifizierte oder aber interessante Mitarbeiterinnen oder Mitarbeiter zu finden und zu binden. Seit einiger Zeit wird das Suchen geeigneter Mitarbeiterinnen und Mitarbeiter digital bzw. „elektronisch" vollzogen, sodass sich der Begriff des E-Recruiting mehr und mehr durchsetzt. Im E-Recruiting werden soziale Medien und eigene Websites genutzt. Interessierte Bewerberinnen und Bewerber bevorzugen zunehmend niedrigschwellige Bewerbungsmöglichkeiten, getreu dem Motto: Klick, Klick, Job.

Der Prozess des Recruiting besteht aus einigen einfachen Schritten[2]:

- Klärung der Anforderungen an die zu besetzende Stelle und Stellenausschreibung
- Suche geeigneter Bewerberinnen bzw. Bewerber
- Auswahl einer geeigneten Bewerberin bzw. eines Bewerbers
- Fixierung des Arbeitsvertrags
- Einbindung der neuen Mitarbeiterin bzw. des neuen Mitarbeiters in die Praxis, das (Z-)MVZ

---

[1] Vgl. J. Hentze, A. Kammel: Personalwirtschaftslehre *1*. 7. Auflage. UTB Haupt, Bern/Stuttgart/Wien 2001, ISBN 978–3-8252–0649-9

[2] Vgl. https://de.wikipedia.org/wiki/Personalbeschaffung, abgerufen am 17.01.2023.

© Der/die Autor(en), exklusiv lizenziert an Springer Fachmedien Wiesbaden GmbH, ein Teil von Springer Nature 2023
S. Kock and K. Kock, *Personalmanagement in der Arzt- und Zahnarztpraxis von A bis Z*, https://doi.org/10.1007/978-3-658-42360-5_19

Rentenversicherung

Mit dem Begriff der Rentenversicherung ist gemeinhin die gesetzliche Rentenversicherung gemeint. Diese gesetzlich vorgegebene Form der „Altersversorgung"
gehört zu den Sozialversicherungen, die in bestehenden Arbeitsverhältnissen
nahezu paritätisch durch die arbeitgebende und die arbeitnehmende Person
finanziert werden. Sie ist gesetzlich vorgeschrieben. Gemanagt werden Beitragseinnahmen und Rentenauszahlungen von der Deutschen Rentenversicherung
(DRV).

Die DRV besteht aus 16 regionalen Rentenversicherern. Aktuell beläuft sich
der Beitrag, der in die gesetzliche Rentenversicherung monatlich eingezahlt werden muss, auf 18,6 % des jeweiligen Bruttogehaltes. Die versicherte Person erhält
eine lebenslange Rente, wenn Rentenbeiträge mindestens 60 Monate (sogenannte
Wartezeit) fortlaufend eingezahlt wurden und die versicherte Person das für den
Bezug einer gesetzlichen Rente nötige Mindestalter erreicht hat. Dieses Alter liegt
aktuell bei 63 Jahren und steigt seit 2012 kontinuierlich in Richtung 67 Jahre.
Arbeitnehmerinnen bzw. Arbeitnehmer müssen mindestens 35 Beitragsjahre in
die gesetzliche Rentenversicherung nachweisen können, um einen Anspruch auf
Altersrente dokumentieren zu können. Wann Mitarbeiterinnen bzw. Mitarbeiter
in den Ruhestand wechseln können, hängt von ihrem Geburtsjahr ab. Die Renten
sind umlagefinanziert. Das bedeutet, dass die eingezahlten Rentenversicherungsbeiträge direkt und unmittelbar als Renten ausgezahlt werden. Zudem gibt es
ca. 30 % der monatlichen Auszahlungen als Zuschuss durch den Bund. Diese
Zuschüsse sind notwendig, weil das System nicht mehr kostendeckend arbeitet.[3]

---

[3] Vgl. https://de.wikipedia.org/wiki/Gesetzliche_Rentenversicherung_(Deutschland), abgerufen am 19.12.2022

S

Schwerbehindertengesetz

Das Schwerbehindertengesetz (SchbG) ist im Juli 2001 durch das Sozialgesetzbuch (SGB IX) Neuntes Buch, Rehabilitation und Teilhabe von Menschen mit Behinderung, abgelöst worden. Dort sind u. a. die Rechte der Schwerbehinderten und die Verpflichtungen der Arbeitgebenden geregelt (siehe auch Behinderung).

Schwerbehindert sind Menschen mit einem Grad der Behinderung von mindestens 50 %. Menschen mit einem Grad der Behinderung von mindestens 30 % können sich auf Antrag unter bestimmten Voraussetzungen gleichstellen lassen (z. B. zur Absicherung ihres Arbeitsplatzes). Sollte eine Praxis mehr als 20 Mitarbeitende haben, besteht nach § 154 SGB IX die Verpflichtung, mindestens 5 % der Arbeitsplätze mit schwerbehinderten Menschen zu besetzen. Wenn dies nicht geschieht, muss nach § 160 SGB IX eine sogenannte Ausgleichsabgabe gezahlt werden. Sollte es in der Einrichtung einen Betriebsrat geben, ist man als arbeitgebende Instanz verpflichtet, mit der Vertretung der Schwerbehinderten eine Inklusionsvereinbarung zu schließen.

Wird ein Arbeitsplatz frei, ist man als arbeitgebende Instanz verpflichtet, zu überprüfen, ob der freigewordene Arbeitsplatz durch einen Menschen mit Schwerbehinderung besetzt werden kann. Diese Regelung gilt auch für Praxen und (Z-)MVZen, die weniger als 20 Arbeitsplätze haben oder ihre Pflichtquote bereits erfüllen.

S. Kock and K. Kock, *Personalmanagement in der Arzt- und Zahnarztpraxis von A bis Z*, https://doi.org/10.1007/978-3-658-42360-5_20

Schwerbehinderte dürfen aufgrund ihrer Behinderung nicht benachteiligt werden, dies gilt bereits im Bewerbungsverfahren. Darüber hinaus gelten weiteren Sonderregelungen, beispielsweise eine behindertengerechte Ausstattung des Arbeitsplatzes (z. B. ein rollstuhlunterfahrbarer Schreibtisch), zusätzlicher bezahlter Urlaub von 5 Tagen und Auflagen bei einer Kündigung (diese darf nur unter Einbeziehung des Integrationsamtes erfolgen). Arbeitgebende können Fördermittel, z. B. zur behindertengerechten Ausstattung von Arbeitsplätzen, Weiterbildungszuschüsse oder Eingliederungshilfe beantragen. Schwerbehinderte Arbeitnehmende müssen, um die Sonderrechte in Anspruch nehmen zu können, lediglich die Schwerbehinderung nachweisen, nicht aber den Grund der Behinderung darlegen.[1] Die Einstellung Schwerbehinderter hat neben dem Nachkommen der gesetzlichen Verpflichtung verschiedene Vorteile: Schwerbehinderte Mitarbeitende haben oft eine hohe Motivation und Loyalität, sie tragen zur Diversität der Praxis bei und bringen andere Perspektiven ein.

Stellenbeschreibung

In einer Stellenbeschreibung oder auch Jobbeschreibung (siehe auch dort) werden von der Person unabhängige Ziele, Inhalte, Aufgaben, Kompetenzen, Pflichten und Verbindungen zu anderen Stellen in der Praxis, dem (Z-)MVZ oder dem Unternehmen dargestellt. Stellenbeschreibungen zu erstellen, ist eine zentrale Aufgabe des Personalmanagements und gehört zum Bereich der Personalplanung. Stellenbeschreibungen werden Arbeitsverträgen angehängt und sind Basis für Stellenanzeigen oder -ausschreibungen. Wozu dienen Stellenbeschreibungen? Sie schaffen Transparenz und durch die Klarheit in Bezug auf Verantwortlichkeiten und Zuständigkeiten werden Doppelarbeiten und Streitigkeiten vermieden.[2]

---

[1] Vgl. SGB IX – Sozialgesetzbuch Neuntes Buch – Rehabilitation und Teilhabe von Menschen mit Behinderungen – (Artikel 1 des Gesetzes v. 23. Dezember 2016, BGBl. I S. 3234), o. D.

[2] Vgl. https://karrierebibel.de/stellenbeschreibung/, abgerufen am 15.01.2023

Muster: Stellenbeschreibung[3]

Name der Praxis	
Bezeichnung der Stelle	
Stelleninhaberin/Stelleninhaber	
Abteilung	
direkte Vorgesetzte/direkter Vorgesetzter	Direkt unterstellte Mitarbeiterin/direkt unterstellter Mitarbeiter
Hauptaufgaben:	Nebenaufgaben:
Kompetenzen:	Befugnisse:
Verantwortlichkeiten:	Ziele der Stelle:
Stellvertretung:	

---

[3] Vgl. https://www.business-wissen.de/hb/inhalte-einer-stellenbeschreibung/, abgerufen am 15.01.2023

Stellvertretung

Unter Stellvertretung verstehen die meisten Praxisbetreiberinnen und -betreiber, dass eine Person eine andere während deren „Unpässlichkeit" vollumfänglich vertritt. Dadurch soll sichergestellt werden, dass alle für den Praxisbetrieb notwendigen Aufgaben dieser Person stellvertretend erfüllt werden. Die Verantwortlichkeit bleibt bei der vertretenden Person. Juristisch ist die Stellvertretung sowohl im Zivilrecht als auch im BGB beschrieben. Empfehlenswert ist es, bereits in der Stellenbeschreibung und im Organigramm die Regelungen für Stellvertretungen durch geeignete Mitarbeitende festzulegen, damit Transparenz entsteht und die Stellvertretung kompetent ausgeführt werden kann.[4,5]

---

[4] Vgl. https://karrierebibel.de/vertretungsregelung/, abgerufen am 15.01.2023

[5] Vgl.   https://www.haufe.de/personal/haufe-personal-office-platin/instrumente-und-mas snahmen-der-personalentwicklung-114-stellvertretung_idesk_PI42323_HI6616092.html#: ~:text=Durch%20eine%20Stellvertretung%20%C3%BCbernimmt%20ein,Vertretung% 20und%20den%20Gegebenheiten%20ab, abgerufen am 15.01.2023

Checkliste: Vorbereitung der Urlaubsvertretung in der Verwaltung

Inhalt	Erledigt	Offen
Wichtige Dinge, die vor Urlaubsantritt zu erledigen waren, sind erledigt.		
Eine Vertreterin bzw. ein Vertreter wurde für die Abwesenheit bestimmt.		
Die Vertretung hat eine Liste mit Aufgaben und wichtigen Terminen, die ggf. erledigt werden müssen.		
Die Praxis weiß Bescheid, ob, wann und wie XYZ im Urlaub wegen dringender Angelegenheiten kontaktiert werden darf.		
Eventuell nötige Vollmachten, Zugriffsrechte bzw. Passwörter sind ausgestellt bzw. bekannt.		
Wichtige Aufgaben wurden schriftlich verteilt.		
Die Vertretenden wissen, was bis wann erledigt werden muss.		
Die Vertretenden wissen Bescheid, welche Aufgaben und Termine ggf. verschoben werden können.		
Das zuständige Personal wurde über fällige Zahlungen schriftlich informiert.		
Eine Anruf-Weiterleitung an die Vertretung wurde erstellt.		
Der Anrufbeantworter/die Sprachbox ist besprochen (Urlaubsabwesenheit). (Wenn nötig!)		
Eine automatische E-Mail-Abwesenheitsbenachrichtigung wurde mit Zeitraum der Abwesenheit und der entsprechenden Vertretung erstellt.		
Die E-Mail-Weiterleitung in cc an die Vertretung wurde eingerichtet.		

Stellenausschreibung

Eine Stellenausschreibung oder auch Stellenanzeige ist das Instrument für eine Praxis oder ein (Z-)MVZ, neue, geeignete Kandidatinnen bzw. Kandidaten für eine zu besetzende Stelle anzuwerben bzw. auf diese aufmerksam zu machen. Die Ausschreibung einer zu besetzenden Stelle kann sowohl intern als auch extern erfolgen. In der Vergangenheit wurden Stellenausschreibungen in Fachblättern im Bereich der Kleinanzeigen platziert bzw. veröffentlicht. Aktuell sind andere, weniger traditionelle Wege gefragt. So können „kostenlos" das persönliche Netzwerk oder die Netzwerke der Mitarbeitenden genutzt werden. Auch die sozialen Medien bieten sich an. Zudem können kostenfreie Jobbörsen und die Agentur für Arbeit genutzt werden.[6]

Mit **Kosten** verbunden sind Möglichkeiten wie Stellenanzeigen in Printmedien (der Klassiker), Stellenanzeigen in Online-Jobbörsen, Zeitarbeit, Hochschulmarketing (eher für akademische Heilberufe), die eigene Website, Jobmessen, Personalberater und/oder Headhunter und letztlich das Angebot von Praktikumsplätzen und/oder Bachelor-/Masterarbeiten (eher für größere Einrichtungen).

Bei der Erstellung von Stellenausschreibungen ist das Anforderungsprofil (siehe auch Anforderungsprofil, Jobbeschreibung) eine sehr gute Basis. In der Stellenausschreibung werden zu folgenden Punkten Angaben gemacht: Arbeitgeber (Praxis, (Z-)MVZ), Beschreibung der Position, Aufgaben der Position, erforderliche Fähigkeiten und Kompetenzen, Angebot an die Bewerberin bzw. den Bewerber, Hinweis zu den gewünschten Unterlagen sowie der Kontaktaufnahme.[7]

---

[6] Vgl. Frodl, A.; Personalmanagement in der Arztpraxis, Georg Thieme Verlag, Stuttgart 1996, Seite 49 ff.

[7] Vgl. Kock, S.; PraxismitarbeiterIn gesucht: *Qualifiziertes Personal finden und binden; Vortrag für die BW-Bank, Tübingen 2022*

Muster: Stellenausschreibung

Medizinische/r Fachangestellte/r (MFA) oder Krankenpfleger/in (m/w/d) für Hausärztliche Praxis in Voll- oder Teilzeit gesucht

Für unser Praxisteam suchen wir eine/n neue/n motivierten Kollegin/en in Voll- oder Teilzeit. Unsere hausärztliche Praxis in Musterstadt ist topmodern ausgestattet und hat eine sehr zentrale Lage. Schöne, stilvolle Räume bieten unseren Mitarbeitenden und Patienten eine Atmosphäre zum Wohlfühlen. Wir arbeiten mit den mordernsten Behandlungsmethoden und haben ein strukturiertes Patientenmanagement sowie eine Zertifizierung nach QEP.

Wir bieten dir:

- eine abwechslungsreiche Tätigkeit in einem harmonischen Umfeld
- individuelle Arbeitszeitregelungen
- übertarifliche Vergütung und zusätzliche Leistungen wie Jobticket oder Jobrad
- Beteiligung am wirtschaftlichen Erfolg der Praxis durch Gratifikationen
- regelmäßige interne Weiterbildungen sowie ein Weiterbildungsbudget
- strukturierte Einarbeitung in Form eines Buddy-Programms

Deine Aufgaben:

- Medizinische Assistenz
- Assistenz bei kleinen operativen Eingriffen
- Instrumentenaufbereitung
- Blutabnahme
- Patientenempfang

Dein Profil:

- abgeschlossene Ausbildung als MFA oder als Gesundheits- und Krankenpfleger(in)
- strukturierte und zielstrebige Arbeitsweise
- Verantwortungsbewusstsein und Zuverlässigkeit
- sicheres, freundliches und gepflegtes Auftreten
- gute EDV- Kenntnisse (MS Office Programme)

Bist du interessiert? Wir freuen uns auf deine Bewerbungsunterlagen (Lebenslauf und Zeugnisse). Bei Fragen stehen wir dir gern unter Tel.: XXXXXXXX oder per Mail unter mail@mail.de zur Verfügung.

Sozialraum

In einer (Zahn-)Arztpraxis oder einem (Z-)MVZ ist mit Sozialraum nicht der sozialgeografische Raum, wie ein Stadtteil gemeint, sondern ein Raum, der zum Pause-Machen und Verweilen einlädt. So schreiben die Büro- und Praxisgestalter der Breitinger AG aus Aschaffenburg auf ihrer Website.[8]

Ein Sozial- oder auch Pausenraum muss nach Arbeitsstättenverordnung dann vorhanden sein, wenn eine (Zahn-)Arztpraxis oder ein (Z-)MVZ zehn und mehr Mitarbeitende zählt. Der Pausenraum muss bestimmte Kriterien erfüllen. Hier einige Beispiele:

- Anforderungen und Empfehlungen des Robert Koch-Institutes (RKI)
- Arbeitsschutzgesetz (ArbSchG)
- Arbeitsstättenrichtlinien (ASR)
- Arbeitsstättenverordnung (ArbStättV)
- Berufsgenossenschaftliche Vorschriften für den Gesundheitsdienst
- Landesbauordnung (LBO/BauO)
- Unfallverhütungsvorschriften (BGV)

Der Sozial- oder Pausenraum muss für alle Angestellten leicht und ungefährlich erreichbar und ausreichend groß sein (siehe auch dazu auch „ASR A4.2"). Praxisinhaberinnen und -inhaber sind verpflichtet, leicht zu reinigende Tische und Sitzgelegenheiten vorzuhalten, die eine Rückenlehne haben müssen.

---

[8] Vgl. https://praxisgestalter.de/sozialraum/, abgerufen am 20.12.2022

Checkliste: Anforderungen an einen Sozialraum

Kriterium	erfüllt	offen
Der Raum ist für alle mitarbeitenden Menschen leicht erreichbar.		
Eine ausreichende Größe ist gegeben.		
Leicht zu reinigende Oberflächen sind vorhanden.		
Eine ausreichende Anzahl passender Sitzgelegenheiten (mit Rücklehne) ist sichergestellt.		
Der Lärmschutz ist gewährleistet.		
Es sind „normale" Arbeitsräume, kein Keller, kein Dachgeschoss, kein Abstellraum.		
Der Bodenbelag ist leicht zu reinigen und putzmittelbeständig.		
Der Raum verfügt über Tageslicht.		
Die Deckenhöhe beträgt 250 cm oder mehr.		
Abschließbare Schränke sind in ausreichender Anzahl vorhanden.		
Die Aufbewahrung von Speisen und Getränken ist möglich.		

Social Media

Social Media, auch unter der Bezeichnung soziale Medien bekannt, werden Platt-
formen genannt, die es ihren Nutzerinnen und Nutzern ermöglichen, im Internet
miteinander zu kommunizieren und sich zu vernetzen. Sucht man dieses Wort-
paar im Internet bzw. googelt man es, erhält man am 22.12.2022, um 10:03 Uhr
3.440.000.000 Einträge in einer halben Sekunde. Es ist also ein Sammelbegriff.
„Social Media, auch soziale Medien genannt, bedeutet dass sich Personen mit
gleichen Interessen finden und dialogorientiert austauschen können"[9], so schreiben M. Däumler und M. Hotze in ihrem Buch: „Social Media für die erfolgreiche
Zahnarztpraxis".

Der Austausch oder die Vernetzung ist natürlich auch möglich, wenn die Interessen nicht wirklich gleich sind. Dabei erfolgt der Austausch dieser Informationen
sehr schnell und weltweit. Verbreitet werden können alle möglichen Formen von
Informationen, z. B. Texte, Bilder und Audio- oder Video-Dateien.

Da soziale Medien auch im Gesundheitswesen genutzt werden, ist es für Praxisinhaberinnen und -inhaber wie für (Z-)MVZ-Betreibende wichtig, sich mit
dieser Form der Kommunikation zu beschäftigen und Social Media im eigenen
Interesse zu nutzen. Dies ist wichtig und zu berücksichtigen, denn Social Media
hat nicht nur das Verhalten der Patientinnen und Patienten nachhaltig verändert
und wird dies auch weiterhin tun. So gesehen ist Social Media ein sich voll-
ziehender Wandel in der Kultur, der auch vor dem Gesundheitswesen nicht Halt
macht. Die meisten Menschen in Deutschland besitzen ein internetfähiges Smartphone; laut Statista sind es aktuell ca. 62,6 Mio. Stück, können Social Media also
nutzen und tun dies auch.

---

[9] Vgl. Marc Däumler, Marcus M. Hotze: *Social Media* für die *erfolgreiche Zahnarztpraxis*.
Springer Verlag, 2016.

Die wichtigsten Begriffe auf einen Blick[10]

Social Media	Beispiel	Erläuterung
Forum/Blog	WordPress	Austausch in schriftlicher Form von mehreren Personen zu einem Thema in chronologischer Auflistung der Beiträge auf einer Website.
Microblog	Twitter	Austausch wie bei Forum/Blog nur mit deutlich begrenzter Zeichenanzahl.
Soziales Netzwerk	Facebook	Einfache Vernetzung von persönlichen Profilen, um Informationen auszutauschen.
Professionelles Netzwerk	LinkedIn	Wie Facebook, allerdings mit einem stark beruflichen Anstrich zum Netzwerken.
Themenspezifisches Netzwerk	PatientsLikeMe	Auch wie Facebook. Die Vernetzung geschieht hier im Rahmen themengebundener Aspekte.
Wikipedia	Wikipedia	Gemeinsam Erarbeitete Inhalte werden im Sinne einer Wissensenzyklopädie veröffentlicht.
Mashup	HealthMap	Verbindung unterschiedlicher Quellen zu einem Thema und gemeinsame Veröffentlichung auf einer Webseite. für verschiedene Branchen
Kollaborative Filterseiten	Digg	Zusammenführung und Bewertung aus dem Web durch die Nutzerinnen und Nutzer
Media Sharing	YouTube	Austausch und damit Verbreitung von Medien im Web.
Sonstige	Secondlife	Andere Entwicklungen, die zu sozialen Medien gehören, wie zum Beispiel virtuelle Welten.

---

[10] Vgl.   https://aerzteblatt.de/archiv/159365/Social-Media-in-der-aerztlichen-Praxis-Cha
ncen-Risiken-Trends#group-3, zugegriffen am 20.06.2023.

Checkliste: Anforderungen Social Media

Kriterium	erfüllt	offen
Wird der ärztlichen Schweigepflicht entsprochen?		
Wird die Netiquette beachtet?		
Werden die Grenzen des (Z-)Arzt-Patienten-Verhältnisses nicht überschritten?		
Werden berufliches und privates Profil ausreichend voneinander getrennt?		
Wird das Fernbehandlungsverbot ausreichend beachtet?		
Wird sichergestellt, dass keine berufswidrige Werbung durch soziale Medien erfolgt?		
Werden der Datenschutz und die Datensicherheit ausreichend beachtet?		
Wird eine mögliche Selbstoffenbarung von Patienten verhindert?		
Wird eine angemessene Zurückhaltung bei produktbezogenen Aussagenberücksichtigt?		
Wurde die Haftpflichtversicherung hinsichtlich der Risiken, die in der Nutzung von Social Media stecken, geprüft?		

Suchterkrankung

Seit 1968 ist Sucht gemäß einem Urteil des Bundessozialgerichtes als Erkrankung in Deutschland anerkannt. Suchterkrankt sind Menschen, wenn sie ihr eigenes Handeln nicht kontrollieren bzw. steuern können. Gemäß der International Statistical Classification of Diseases, kurz ICD, ist eine Suchterkrankung durch folgende Kriterien gekennzeichnet:

- Starker Konsumdrang
- Kontrollverlust
- Toleranzentwicklung
- Körperliche Entzugssymptome
- Vernachlässigung anderer Interessen zugunsten des Substanzkonsums
- Anhaltender Substanzkonsum trotz des Nachweises eindeutig schädlicher Folgen[11]

Dabei können substanzabhängige und substanzunabhängige Süchte beschrieben werden. Sucht ist also keine Charakterschwäche, sondern eben eine Krankheit, die auf einer Fehlregulierung im Gehirn beruht. Die Wege in eine Suchterkrankung sind vielfältig und entsprechend unterschiedlich.

Wenn eine Arbeitgeberin bzw. ein Arbeitgeber feststellt, dass eine mitarbeitende Person zum Beispiel alkoholisiert ist, ist sie bzw. er dafür verantwortlich, dass diese Person ihren Arbeitsplatz umgehend verlässt, oder sollte eine mitarbeitende Person bereits angetrunken in die Praxis kommen, diese sofort nach Hause zu schicken.

Unfälle in der Folge von Alkohol- oder Drogenkonsum werden von den meisten Versicherungsgesellschaften nicht als Arbeitsunfälle eingeordnet. Also haftet die Arbeitgeberin bzw. der Arbeitgeber, wenn eine angezeigte Anweisung ausbleibt.[12]

---

[11] Vgl. *6 Merkmale, an denen Sie eine Sucht erkennen.* (o. D.). Diakonie Düsseldorf. https://www.diakonie-duesseldorf.de/magazin/gesundheit-soziales/6-merkmale-an-denen-sie-eine-sucht-erkennen abgerufen am 14.05.2023

[12] Vgl. https://www.personalwissen.de/arbeitsrecht/arbeitsschutzgesetz/alkohol-und-drogen-am-arbeitsplatz-missbrauch/, abgerufen am 16.01.2022

Checkliste: Anzeichen einer möglichen Suchterkrankung[13]

Die Anzeichen einer Sucht können sich deutlich unterscheiden, zu den auffälligsten Anzeichen gehören die nachfolgenden:

Kriterium	erfüllt	nicht erfüllt
Häufiges Fehlen oder Unpünktlichkeit		
Sinkende Arbeitsqualität, sinkende Produktivität		
Auffälligkeiten im Sprachgebrauch		
Auffallende körperliche Veränderungen (Gewichtsverlust, Zittern, unsicherer Gang, u. v. m.)		
Selbstüberschätzung/steigende Risikobereitschaft		
Distanzlosigkeit		
Eingeschränktes Selbstvertrauen		
Auffällige Leistungseinbußen		
Stimmungsschwankungen		
Extrem verlangsamtes Arbeiten		
Sozialer Rückzug		
Selbstgespräche, Zwänge		
Verminderte Kritikfähigkeit		
Starke Gereiztheit		
Nachlassen der Konzentration und Merkfähigkeit		

---

[13] Vgl. https://www.neuraxpharm.com/de/krankheiten/sucht, abgerufen am 16.01.2023

T

Teamentwicklung

Als Teambildung oder Teamentwicklung werden die Phasen der Personalentwicklung benannt, die die Strukturen der Zusammensetzung von kleinen Gruppen bezeichnen. Diese Kleingruppen agieren Hand in Hand miteinander, um in arbeitsteiliger Verantwortung das Praxisziel zu erreichen.

Teamentwicklung soll die Kooperationsbereitschaft und Teamgeist fördern, um die Arbeitseffizienz eines Teams zu steigern. Dabei ist zu beachten, dass nicht nur die effiziente Zusammenarbeit innerhalb des Teams gewährleistet ist, sondern auch die Zusammenarbeit zwischen dem Team und der Praxisleitung. Zudem sollen mögliche Unzufriedenheiten in den Teams beseitigt werden. Teamentwicklung kann dabei ein Prozess sein, den Arbeitsgruppen und Teams im Verlauf ihres Bestehens automatisch phasenweise durchlaufen, zum anderen kann Teamentwicklung auch ein aktiver, gesteuerter Prozess der Verbesserung der Zusammenarbeit von Praxismitarbeiterinnen und -mitarbeitern sein.

Um zu erklären, wie sich Teams entwickeln, gibt es verschiedene Modelle. Das bekannteste ist vermutlich das Modell von Bruce Tuckmann, einem Psychologen aus den USA, der 1965 sein Phasenmodell der Teamentwicklung veröffentlichte. Er beschrieb vier aufeinander folgende Phasen der Teamentwicklung, die als Forming, Storming, Norming und Performing bekannt sind.

Das **Forming** beschreibt die Phase des Teambuildings, in der es um Orientierung und Kennenlernen geht. Die Mitarbeiterinnen und Mitarbeiter lernen sich kennen und versuchen, sich gegenseitig hinsichtlich ihrer Fähigkeiten, Besonderheiten und Interessen einzuschätzen. Unterschiede und Gemeinsamkeiten werden bekannt und geben den Teilnehmenden erste Orientierungspunkte für den Auf- und Ausbau ihres Team-Netzwerkes. Sie sehen sich noch nicht als Team. Diese

© Der/die Autor(en), exklusiv lizenziert an Springer Fachmedien Wiesbaden GmbH, ein Teil von Springer Nature 2023
S. Kock and K. Kock, *Personalmanagement in der Arzt- und Zahnarztpraxis von A bis Z*, https://doi.org/10.1007/978-3-658-42360-5_21

Phase ist meist von Unsicherheit geprägt. Deshalb besteht der Job der Leitung vor allem darin, Gemeinsamkeiten herauszustellen und ein Gefühl der Zusammengehörigkeit zu schaffen.

Nach dem ersten Kennenlernen geht es darum, Aufgaben, Rollen und Einfluss zu verteilen, wobei die individuellen Interessen in unterschiedlichem Maße berücksichtigt werden. Diese Phase ist als **Storming** bekannt. Unterschiedliche Interessenslagen und unterschiedliche Aufgabenverständnisse werden offensichtlich. Das führt häufig zu Unstimmigkeiten, weshalb diese Phase der Teambildung auch als Konflikt- oder Positionierungsphase bezeichnet wird. Das Praxisteam wird auf die Probe gestellt, die Konflikte konstruktiv zu lösen. Es muss mit Auseinandersetzungen, Machtkämpfen und Cliquenbildungen gerechnet werden. Die Praxisleitung hat die Aufgabe, Spannungen abzubauen, Konflikte in die richtigen Bahnen zu führen und die Teamentwicklung so zu fördern.

In der sich anschließenden Phase, dem **Norming,** geht es, wie der Name vermuten lässt, um Regeln der Zusammenarbeit. Das neu ausgerichtete Praxisteam ist nicht nur ausgeglichener als das ursprüngliche, sondern es ist auch stärker. Die Teammitglieder haben sich bewusst oder unbewusst auf gemeinsame Ziele, Normen und Umgangsweisen geeinigt. Sobald die Rollenverteilung weitestgehend feststeht, legen sich auch die Spannungen. Damit ist die Grundlage für eine gemeinsame Teamidentität geschaffen. Die Kooperation rückt stärker in den Mittelpunkt. In dieser Phase der Teambildung kommen die ersten Vorteile der Teamarbeit zum Tragen. Die Teamleiterin bzw. der Teamleiter unterstützt und fördert die Zusammenarbeit.

Sobald alle Teammitglieder an einem Strang ziehen und das gemeinsame Ziel vor Augen haben, tritt die Leistungsphase, das **Performing,** ein. Aus der Gruppe ist ein echtes Team entstanden. Jedes Mitglied hat seine Rolle gefunden und kann seine Fähigkeiten einbringen. Die effektive Kooperation funktioniert reibungslos. Die Zusammenarbeit macht Spaß und auch anspruchsvolle Aufgaben werden gemeinsam gemeistert. Jetzt zeigen die positiven Effekte der Teambildung ihre Wirkung, denn es lassen sich Ergebnisse erreichen, die nur im Team möglich sind. Die Teamleitung sollte in dieser Phase besonderen Wert auf die Anerkennung und Wertschätzung der Leistungen legen.[1]

---

[1] Vgl. Stephan Kock; Praxisteams erfolgreich entwickeln: Was Führungskräfte über Teamarbeit wissen sollten; in Arzt & Wirtschaft; vom 25. Mai 2022; abgerufen am 17.01.2023

Fragen zur Teamkultur[2]
Bitte beantworten Sie die folgenden Fragen in Bezug auf Ihr Team und tragen Sie in die Spalte hinter den
   Fragen jeweils eine Zahl zwischen 1 (= trifft überhaupt nicht zu) und 10 (trifft voll zu) ein.

1. Wir vermeiden emotionale Situationen.

2. Wir sind kontaktfreudig und aufgeschlossen gegenüber Neuem.

3. Wir legen großen Wert auf Traditionen und Werte.

4. Wir sind risikobereit und experimentierfreudig.

5. Unser Team besteht aus selbstständigen Personen, die auch gern allein arbeiten.

6. Pflichtgefühl und Treue sind für uns wichtige Werte.

7. Wir legen großen Wert auf Anerkennung und Wertschätzung von außen.

8. Wir nehmen eigene Nachteile und Mehrarbeit in Kauf, um andere Teammitglieder zu unterstützen.

9. Experimentierfreude und Risikobereitschaft sind bei uns nicht stark ausgeprägt.

10. Wir legen uns nur ungern durch Vereinbarungen langfristig fest.

11. Wir fokussieren uns auf Sachaspekte.

12. Konflikte werden eher verdrängt bzw. es wird ihnen aus dem Weg gegangen.

13. Kurzfristige Veränderungen rufen zunächst Widerstand hervor.

14. Wir betrachten plötzliche Veränderungen und neue Entwicklungen als positive Herausforderungen.

15. Wir arbeiten in erster Linie zielorientiert.

16. Wir sitzen und unterhalten uns über Privates.

17. Wir halten vorgegebene Richtlinien und Vorschriften strikt ein.

18. Unserem Team fällt es eher schwer, neue Mitglieder zu integrieren.

19. Wir sind oft ungeduldig und wünschen uns schnellere Fortschritte.

20. In unserem Team wird selten Lob und Anerkennung ausgesprochen.

21. Bei uns ist jeder bereit, persönliche Bedürfnisse den Teamerfordernissen unterzuordnen.

22. Wir sichern gern schwierige Situationen nach allen Seiten ab.

23. Routinearbeit ist nicht unsere Stärke.

24. Unser Selbstbewusstsein ziehen wir aus unserem Zusammengehörigkeitsgefühl.

25. Wir benötigen klare Rollen und Zuständigkeiten für erfolgreiches Arbeiten.

(Fortsetzung)

[2] https://kockundvoeste.de/fileadmin/user_upload/PDFs/k_v_selbsttest_teambildung.pdf, abgerufen am 17.01.2023.

(Fortsetzung)

26. Wir sprechen nur selten über Dinge, die nichts mit der Arbeit zu tun haben.

27. Es fällt uns leicht, uns auf neue Situationen und Menschen einzustellen.

28. Wir empfinden Regelungen und Vorschriften als starke Beschränkung unserer Kreativität.

Auswertung der Fragen zur Teamkultur
Bitte zählen Sie die Zahlenwerte folgender Antworten zusammen.

Nähe-Wert
$2 + 8 + 12 + 16 + 21 + 24 + 27 =$

Distanz-Wert
$1 + 5 + 11 + 15 + 18 + 20 + 26 =$

Dauer-Wert
$3 + 6 + 9 + 13 + 17 + 22 + 25 =$

Wechsel-Wert
$4 + 7 + 10 + 14 + 19 + 23 + 28 =$

Stärken und Schwächen der vier Pole:

Nähe-Wert:	kontaktfreudig, warmherzig, verständnisvoll, aber auch abhängig, konfliktscheu, kann schlecht nein sagen
Distanz-Wert:	intellektuell, eigenständig, konfliktfähig, aber auch kühl, verschlossen, unbeholfen
Dauer-Wert:	zuverlässig, treu, systematisch, aber auch unflexibel, pedantisch, kontrollierend
Wechsel-Wert:	kreativ, dynamisch, flexibel, aber auch unzuverlässig, chaotisch, oberflächlich

Teamsitzung

Eine Teamsitzung ist ein Führungsinstrument, mit dem die Organisation von Teambesprechungen ermöglicht wird. Ein gut geplantes und vorbereitetes Meeting reduziert Reibungen unter den Teammitgliedern, erhöht die Motivation, sorgt für eine Verbesserung der Organisation, entlastet durch Delegation u. v. m. Letztlich ermöglicht eine Teamsitzung, ...

- dass eine Angelegenheit entschieden wird,
- offene Fragen zu einer Angelegenheit geklärt werden oder
- über wichtige Entwicklungen inner- und außerhalb der Praxis, dem (Z-)MVZ unterrichtet wird.[3]

Dabei folgen Teamsitzungen einem bestimmten Muster[4]:

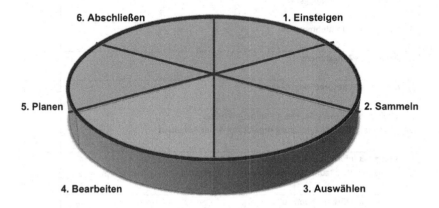

6. Abschließen   1. Einsteigen

5. Planen   2. Sammeln

4. Bearbeiten   3. Auswählen

---

[3] Kock, S.; Teamsitzung mit Biss; Vortrag für die Advision, Berlin 2012

[4] Vgl. Josef W. Seifert: Besprechungen erfolgreich moderieren. 2015

Checkliste: Vorbereitung einer Teamsitzung I[5]

Inhalt	Erledigt	Offen
Festlegung des **Besprechungsthemas**		
Definition der **Besprechungsziele**		
Bestimmung der **Teilnehmenden**		
Festlegung des **Zeitrahmens**		
Entwicklung des **Besprechungsdesigns**		
Entscheidung für Besprechungsort/-raum (mit ruhiger Gesprächsumgebung) – Erledigung **organisatorischer Aufgaben**		
Einladung mit Informationsmanagement, Unterlagen und Arbeitsmaterialien, Raum, Technik und Pausenverpflegung		
Vermeiden Sie **Störungen** von außen!		
Legen Sie Ihre Teamsitzung **außerhalb der Behandlungszeit**! So können alle Kolleginnen an der Teamsitzung teilnehmen.		

Schaffen Sie einen guten **Rahmen**:
 	
   ▪ aufgeräumter, wohltemperierter Raum
   ▪ bequeme Sitzmöbel
   ▪ angemessenes Licht
   ▪ etwas zu essen und Getränke		

Stellen Sie die **notwendigen Hilfsmittel**, z. B. ein Flipchart, zurecht und überprüfen Sie ihre Funktionstüchtigkeit!		

---

[5] Vgl. Kock, S.; Teamsitzung mit Biss; Vortrag für die Advision, Berlin 2012.

Checkliste: Vorbereitung einer Teamsitzung II[6]

Vorbereitende Fragen	Notizen
Wie begrüße ich die Teilnehmer?	
Wie stelle ich Anlass und Hintergrund der Sitzung dar?	
Wie erläutere ich den Teilnehmern die Besonderheiten einer moderierten Sitzung?	
Wie stelle ich das Ziel (oder die einzelnen Teilziele) der Sitzung dar?	
Wie unterstütze ich die Gruppe bei der Zielfindung und -formulierung?	
Wie gleiche ich die Erwartungen mit dem Ziel der Veranstaltung ab?	
Wie erfasse ich die Stimmungen in der Arbeitsgruppe und erreiche, dass mögliche Störungen vor dem Einstieg in die Arbeit geäußert, ggf. bearbeitet oder geparkt werden?	
Welche Spielregeln für den Umgang miteinander möchte ich anbieten und mit der Gruppe vereinbaren?	
Wie stelle ich den von mir gedachten Ablauf und den Zeitrahmen der gesamten Sitzung vor?	

---

[6] Vgl. Kock, S.; Teamsitzung mit Biss; Vortrag für die Advision, Berlin 2012.

Checkliste: Vorbereitung[7] des Hauptteils der Teamsitzung

Vorbereitende Fragen	Notizen
Welche Arbeitsschritte biete ich der Gruppe zur Bearbeitung des ersten Teilziels an?	
Welche Moderationsverfahren schlage ich der Gruppe für die Bearbeitung der einzelnen Arbeitsschritte vor?	
Wie lauten die konkreten Arbeitsfragen und spezifischen Ziele für die einzelnen Arbeitsschritte, die ich anbieten werde?	
Wie visualisiere ich Ziele, Spielregeln und Arbeitsfragen der verschiedenen Moderationsverfahren?	
Wie organisiere ich die Ergebnissicherung einzelner Arbeitsschritte?	
Wie viel Zeit benötigt die Gruppe erfahrungsgemäß für die einzelnen Schritte?	

---

[7] Vgl. Kock, S.; Teamsitzung mit Biss; Vortrag für die Advision, Berlin 2012.

U

Unfall

Unfälle passieren trotz Prävention und Schutzmaßnahmen auch im Berufsalltag. Es werden zwei Unfallarten unterschieden: die, die direkt am Arbeitsplatz geschehen (Arbeitsunfälle) und die, die auf dem Weg zur Arbeit oder von dort nach Hause (Wegeunfälle) geschehen. Diese Unfälle sind über die gesetzliche Unfallversicherung abgesichert (siehe auch Unfallversicherung). Tritt ein Arbeits- oder Wegeunfall ein, muss der Arbeitnehmende die Unfallkasse informieren, wenn eine Arbeitsunfähigkeit von mehr als drei Tagen vorliegt, und ein Durchgangsarzt aufgesucht werden. Arbeitgebende müssen den Unfall ebenso melden. Dies ist zumeist über ein Onlineformular auf der Homepage der Unfallversicherung möglich. Dann erfolgt eine Prüfung des Unfalls hinsichtlich der Zuständigkeit und des Umfangs des Versicherungsschutzes. Wesentlich ist, dass der Unfall in direktem Zusammenhang mit der Ausübung der Tätigkeit steht.[1]

Unfallversicherung

Jeder Arbeitgebende ist verpflichtet, für seine Mitarbeitenden in die gesetzliche Unfallversicherung einzuzahlen. Für die Arbeitnehmenden in (Zahn-)Arztpraxen ist das die Berufsgenossenschaft für Gesundheitsdienst und Wohlfahrtspflege (BGW). Dort muss der Praxisbetrieb innerhalb einer Woche nach Betriebsaufnahme angemeldet werden. Die Beitragshöhe ermittelt sich auf Basis der Gehälter

---

[1] Vgl. E.V., D. G. U. (2022, 16. Dezember). DGUV Arbeitsunfall Verhalten. https://www. dguv.de/de/ihr_partner/unternehmen/arbeitsunfall/index.jsp, abgerufen am 20.12.2022

S. Kock and K. Kock, *Personalmanagement in der Arzt- und Zahnarztpraxis von A bis Z*, https://doi.org/10.1007/978-3-658-42360-5_22

als auch der Gefahrenklasse. Die niedergelassene (Zahn-)Ärztin bzw. der niedergelassene (Zahn-)Arzt sind nicht automatisch über die BGW versichert, sondern sollten sich um die Absicherung im Fall eines Arbeitsunfalls privat kümmern. Dies ist auch über eine freiwillige Unfallversicherung bei der BGW möglich.[2]

Die Leistungen der gesetzlichen Unfallversicherungen umfassen u. a. folgende Bereiche: Heilbehandlung und Leistungen zur medizinischen Rehabilitation (Erstversorgung, ärztliche Behandlung, häusliche Krankenpflege, Hilfsmittel…), Leistungen zur Teilhabe am Arbeitsleben (Umgestaltung Arbeitsplatz, Umschulung…), Leistungen zur sozialen Teilhabe, ergänzende Leistungen, Leistungen bei Pflegebedürftigkeit und Geldleistungen.[3]

---

[2] Vgl. Unfallversicherung für Unternehmerinnen und Unternehmer im Gesundheitsdienst – bgw-online. (o. D.). https://www.bgw-online.de/bgw-online-de/service/beitrag-leistung/ver sicherungsschutz/unfallversicherung-fuer-unternehmerinnen-und-unternehmer-im-gesund heitsdienst-85124 abgerufen am 20.12.2022

[3] Vgl. BMAS – Gesetzliche Unfallversicherung. (o. D.). www.bmas.de. https://www.bmas. de/DE/Soziales/Gesetzliche-Unfallversicherung/gesetzliche-unfallversicherung.html;jsessi onid=EA3D7BD4B11A474EFE8939CA269E2595.delivery2-replication,   abgerufen   am 20.12.2022.

V

VEHRA

Die Gesundheitsversorgung in Deutschland flächendeckend, ortsnah und nachhaltig, sicherzustellen, ist eine zunehmend schwierige Aufgabe. Vor dem Hintergrund der demografischen Herausforderungen werden innovative und „neue" Lösungen benötigt. So wundert es nicht, dass die Versorgungsassistentin bzw. der Versorgungsassistent in der Hausarztpraxis als Initiative zum Leben erweckt wurde. Hierbei handelt es sich um eine Qualifizierung von Medizinischen Fachangestellten oder Angehörigen anderer medizinischer Fachberufe mit beruflicher Erfahrung in der Hausarztpraxis. Der Hausärzteverband entwickelte zusammen mit dem Verband medizinischer Fachberufe ein Konzept, dass die Versorgung der Bevölkerung flächendeckend, ortsnah und nachhaltig sicherstellen kann, kurz VERAH oder Versorgungsassistentin bzw. -assistent in der Hausarztpraxis. Die Qualifikation wird bundesweit von den ärztlichen Körperschaften und Kammern anerkannt, gefördert und unterstützt. Die Qualifikation wird mit entsprechendem Abschluss anerkannt.

„Die VERAH® übernimmt nach erfolgreicher, berufsbegleitender Weiterbildung arztentlastende, delegierte Aufgaben und unterstützt Sie bei der Sicherstellung der Patientenbetreuung."[1]

Auf der VERAH-eigenen Website[2] wird darauf hingewiesen, dass das Fachwissen, die Erfahrungen und Aufgaben wie zum Beispiel: Patientenmotivation, Unterstützung bei der Versorgung und beim Fallmanagement, Erstellung individueller Versorgungspläne, Einschätzung der individuellen Patientensituation, Durchführung delegierter Hausbesuche, Unterstützung des Hausarztes bei Diagnose-,

---

[1] Vgl. https://www.hausarzt-bw.de/verah, abgerufen am 19.12.2022.

[2] Vgl. https://www.verah-lexikon.de/, abgerufen am 19.12.2022

© Der/die Autor(en), exklusiv lizenziert an Springer Fachmedien Wiesbaden GmbH, ein Teil von Springer Nature 2023
S. Kock and K. Kock, *Personalmanagement in der Arzt- und Zahnarztpraxis von A bis Z*, https://doi.org/10.1007/978-3-658-42360-5_23

Therapie- und Präventionsmaßnahmen zum Aufgabenprofil gehört. Die bzw. der VERAH fungiert dabei als Schnittstelle zwischen Arzt, Patient und den sozialen Netzwerken.[3]

Vertrag

Der Vertrag oder hier besser Arbeitsvertrag ist ein Vertrag auf Gegenseitigkeit, durch den sich die Arbeitgeberin bzw. der Arbeitgeber verpflichtet, den ausgehandelten Arbeitslohn bzw. das Entgelt der abhängig beschäftigten Arbeitnehmerin bzw. dem abhängig beschäftigten Arbeitnehmer auszuzahlen. „Bei diesem Vertrag handelt es sich um eine Art des Dienstvertrages. Dieser Vertrag unterliegt den Vorschriften der §§ 611–630 BGB. Der Arbeitsvertrag regelt folgende Punkte"[4]:

- Name und Anschrift von Arbeitnehmerin/Arbeitnehmer und Arbeitgeberin/ Arbeitgeber
- Beginn und Dauer des Arbeitsverhältnisses
- Arbeitsort
- Art der Tätigkeit (kurze Beschreibung)
- Arbeitsentgelt: Höhe, Zusammensetzung (unter anderem Zuschläge, Zulagen, Prämien, Sonderzahlungen) und Fälligkeit
- Vereinbarungen zur Arbeitszeit
- Dauer des Erholungsurlaubs pro Jahr
- Kündigungsfristen
- mögliche Hinweise auf kollektivrechtliche Regelungen (z. B. Betriebsvereinbarungen)

Außer diesen Formalien regelt ein Arbeitsvertrag vor allem die Rechte und Pflichten der Vertragspartnerinnen bzw. -partner. Arbeitgeberinnen oder Arbeitgeber müssen für die erbrachte Arbeitsleistung das vereinbarte Entgelt erbringen. Zusätzlich gelten folgende Pflichten und Auflagen:

- Fürsorgepflicht
- Entgeltsicherung
- Gleichbehandlungsgrundsatz

---

[3] Vgl. Memorandum of Understanding zwischen der Bundesärztekammer Berlin und dem Deutschen Hausärzteverband/Institut für hausärztliche Fortbildung Köln

[4] https://www.arbeitsrechte.de/arbeitsvertrag/, abgerufen am 17.01.2023.

- Gewährung von Urlaub
- Schutz von Persönlichkeitsrechten
- Anfertigung eines schriftlichen Arbeitszeugnisses

Die arbeitgebende Seite hat vor allem das Recht der Weisungsbefugnis gegenüber der arbeitnehmenden Seite.[5]

---

[5] Frodl, Personalmanagement in der Arztpraxis, 1996, S. 26 f. und 113 ff.

Checkliste: Arbeitsvertrag[6]

Inhalt	Erledigt	Offen
Name und Anschrift von Arbeitnehmerin/Arbeitnehmer und Arbeitgeberin/Arbeitgeber		
Beginn und Dauer des Arbeitsverhältnisses		
Arbeitsort		
Art der Tätigkeit (kurze Beschreibung)		
Arbeitsentgelt: Höhe, Zusammensetzung (unter anderem Zuschläge, Zulagen, Prämien, Sonderzahlungen) und Fälligkeit		
Vereinbarungen zur Arbeitszeit		
Dauer des Erholungsurlaubs pro Jahr		
Kündigungsfristen		
mögliche Hinweise auf kollektivrechtliche Regelungen (Tarifverträge, Dienst- oder Betriebsvereinbarungen		
Formulierungen zum unbefristeten Arbeitsverhältnis und/oder zur Probezeit		
Regelungen zu den Überstunden		
Einkommensfortzahlung im Krankheitsfall		
Fristen bezüglich der Arbeitsunfähigkeitsbescheinigung		
Geheimhaltungsverpflichtungen		
Anzeige von Nebentätigkeiten		
Vertragsstrafen		
Zusatzvereinbarungen und Hinweise auf Änderungen des Arbeitsvertrages		
Widerrufsvorbehalt für Zusatzzahlungen		

[6] https://www.arbeitsrechte.de/arbeitsvertrag/, abgerufen am 17.01.2023.

Vertrauensarbeitszeit

Die Idee ist innovativ, aktuell und nicht in jeder Branche anwendbar. Das hinter der Vertrauensarbeitszeit stehende Konzept fußt auf der Idee, dass Mitarbeiterinnen und Mitarbeiter nicht an der Zeit gemessen werden, die sie arbeitsvertraglich „täglich schulden", sondern an den Ergebnissen, die sie zeitigen. Die im Arbeitsvertrag fixierten Zeiten sind zu erbringen. Viele Unternehmen – auch Praxen oder (Z-)MVZen für den Bereich der Verwaltung – kontrollieren die Einhaltung jedoch nicht strikt, solange die Ergebnisse (zum Beispiel für die Rechnungslegung) stimmen. In diesen Bereichen gibt es durch die arbeitgebenden Organisationen keine Vorgaben für Arbeitsbeginn, -zeiten oder -ende. Die arbeitnehmenden Personen sind eigenverantwortlich für die Erfassung der Zeiten zuständig, die den gesetzlichen Anforderungen entspricht.

Rechtlich haben Mitarbeiterinnen und Mitarbeiter keinen Anspruch auf Vertrauensarbeitszeit. Diese kann als Praxis- oder Betriebsvereinbarung festgehalten werden. Aktuell findet man dies in der täglichen Praxis eher selten und wenn, dann in größeren Einrichtungen, und dort vornehmlich in der Verwaltung. Die Ermöglichung von Vertrauensarbeitszeit kann zum Wettbewerbsvorteil werden, sodass Arbeitgeberinnen und Arbeitgeber gut daran tun, sich zu überlegen, wie ein solches Angebot auch in ihren Betrieben möglich werden kann.

Vorstellungsgespräch

Ein wichtiges Instrument bei der Personalauswahl ist das Vorstellungsgespräch. Nach Sichtung der Bewerbungsunterlagen und einem Abgleich mit dem Anforderungsprofil (siehe auch Anforderungsprofil) werden die in die engere Auswahl kommenden Bewerberinnen und Bewerber zu einem Vorstellungsgespräch eingeladen. Dies vermittelt einerseits der Praxisinhaberin bzw. dem Praxisinhaber ein Bild von den Qualifikationen der Bewerberin bzw. des Bewerbers und anderseits erhält die Bewerberin bzw. der Bewerber Informationen zur Tätigkeit und zur Praxis.

Neben dem persönlichen Kennenlernen bietet sich hier die Möglichkeit, durch gezielte Fragen herauszufinden, ob die gegenseitigen Vorstellungen zusammenpassen und die Bewerberin bzw. der Bewerber in die Kultur der Praxis passt. Um eine Vergleichbarkeit bei mehreren Bewerbenden zu haben und sich nicht durch ein „Bauchgefühl" leiten zu lassen, empfiehlt es sich, das Interview vorzubereiten, um ein sogenanntes strukturiertes Vorstellungsgespräch führen und sich während des Gespräches Notizen machen zu können. Gibt es in der Praxisstruktur eine Teamleitung für die zu besetzende Stelle, ist ein gemeinsames Vorstellungsgespräch sinnvoll.

Ablaufplan: Strukturiertes Vorstellungsgespräch

Begrüßung/Small Talk	• Gewinnen eines „ersten Eindrucks"• Möglichkeit für die Bewerberin bzw. den Bewerber, anzukommen und Anspannung abzubauen
gegenseitige Vorstellung	• Vorstellung der am Interview Beteiligten
	• Vorstellung des Bewerbenden, eingeleitet durch eine allgemeine, offene Frage
	• Kurzvorstellung der Praxis• Anforderungen an die zu besetzende Stelle
Fragen an die Bewerberin, den Bewerber	• vorbereitete Fragen zur Person, zur Wechselmotivation, zu fachlichen Kenntnissen und Erfahrungen
Fragen der Bewerberin, des Bewerbers	• Gelegenheit für die Bewerberin bzw. den Bewerber, eigene Fragen zu stellen
Gesprächsabschluss	• Wie geht es weiter?• Wer meldet sich bei wem?• Wie ist der zeitliche Horizont?

Der Zeitbedarf beträgt ca. eine Stunde.

Muster: Fragen strukturiertes Vorstellungsgespräch

Bewerberin/Bewerber _____

Teilnehmer _____

Datum _____

Begrüßung/Small Talk
Haben Sie gut hergefunden? Dürfen wir Ihnen etwas zu trinken anbieten?
Vorstellung der Bewerberin, des Bewerbers
Ihren Lebenslauf haben wir bereits gelesen. Bitte erzählen Sie uns das Wichtigste über sich.
Fragen zur beruflichen Entwicklung
- Was können Sie mir über Ihre bisherige berufliche Entwicklung erzählen?
- Wie sind Sie zu dem Entschluss gekommen, diesen Berufsweg zu wählen. An welchen Stellen fühlten Sie sich in dieser Wahl bestätigt?
- Auf welche Stelle blicken Sie besonders gern zurück? Was sind die Gründe dafür?

Situationsbezogene Fragen zum Lebenslauf:
- Sie haben einige recht kurze Stationen in Ihrem Lebenslauf, was waren die Gründe dafür?
- Sie haben für den Zeitraum vom... bis... keine Angaben in Ihrem Lebenslauf gemacht. Was haben Sie in dieser Zeit gemacht?

Fragen zur Motivation
- Aus welchen Gründen wollen Sie sich aktuell verändern?
- Wie sind Sie auf unsere Stellenausschreibung aufmerksam geworden und warum haben Sie sich in unserer/meiner Praxis beworben?
- Was ist Ihnen bei der Auswahl Ihrer neuen Stelle besonders wichtig?

Fragen zu Qualifikation
- Auf welche beruflichen Leistungen sind Sie besonders stolz?
- Welche drei Eigenschaften oder Verhaltensweisen haben aus Ihrer Sicht am meisten dazu beigetragen?
- Welches Feedback haben Sie in letzter Zeit zu Ihren Leistungen bekommen?
- Aus welchen Misserfolgen/Fehlern haben Sie am meisten gelernt?
- Welche Aufgaben bereiten Ihnen am meisten Freude?

Fragen zu persönlichen Eigenschaften
- Was sind Ihre Stärken und wo haben Sie Schwächen?
- Was motiviert Sie zu guten Leistungen?
- Wie gehen Sie mit Kritik um?

Fragen zur Zusammenarbeit
- Können Sie ein Arbeitsumfeld beschreiben, in dem Sie sich auf keinen Fall wohl fühlen würden?
- Was genau ist für Sie persönlich wichtig, damit Ihnen Ihre Arbeit Spaß macht?
- Was erwarten Sie von Ihrer Führungskraft, Ihrer Chefin, Ihrem Chef?
- Was würden uns Ihre derzeitigen bzw. ehemaligen Kolleginnen und Kollegen über Sie als Kollegin bzw. Kollegen sagen?

Fragen zur Führung (falls es sich um eine Führungsaufgabe handelt)
- Über welche Führungserfahrungen verfügen Sie?
- Welche Qualitäten zeichnen Sie als Führungskraft aus?
- An welchen Werten orientieren Sie sich als Führungskraft?
- Wie gehen Sie mit Problemen mit Mitarbeitenden um? Erzählen Sie uns bitte ein Beispiel.
- Was schätzen Mitarbeitende besonders an Ihnen?
- Was würden uns Ihre Mitarbeitenden von Ihnen als Chefin bzw. Chef erzählen?
- Was ist Ihnen in der Zusammenarbeit in Ihrem Team wichtig? Wie stellen Sie dies sicher?

Fragen zu Kernkompetenzen (Beispiele: siehe auch Anforderungsprofil)
- *Empathie*
  Was ist Ihnen wichtiger: Aufgaben und Ergebnisse oder Menschen und Gefühle?
- *Freundlichkeit*
  - Beschreiben Sie mir bitte eine Situation, in der Sie mit einem sehr fordernden Patienten bzw. unfreundlichen Patienten konfrontiert waren. Wie sind Sie mit der Situation umgegangen? Was war an dieser Situation am schwierigsten? Was ist Ihnen gut gelungen?
  - Was ist für Sie beim Umgang mit Patienten besonders wichtig? Was denken Sie, worauf kommt es am meisten an?
- *Teamorientierung/Problemlösungskompetenz*
  - Wie gehen Sie mit Konflikten im Team um? Welche Rolle nehmen Sie in solchen Situationen ein?
  - Was kann Ihrer Meinung nach Teamarbeit stärken und was ist eher hinderlich?

Fragen der Bewerberin, des Bewerbers
- Welche Fragen gibt es von Ihrer Seite?

Unzulässige Fragen
Fragen nach Familienstand, Kindern/Kinderwunsch, ethnischer Zugehörigkeit, Religion, Weltanschauung, Alter sowie sexueller Orientierung sind auf Basis des Allgemeinen Gleichstellungsgesetzes (AGG) nicht zulässig

W

„War for Talents"

Die Begrifflichkeit „War for Talents" steht für den Kampf der Unternehmen um gut qualifizierte Arbeitnehmende. Dies hat seine Ursache im immer stärker werdenden Fachkräftemangel. Bereits 2010 macht eine Studie des WifOR Institutes, beauftragt durch PricewaterhouseCoopers, folgende Aussage: „Bereits 2020 fehlen annähernd 56.000 Ärzte und gut 140.000 nicht-ärztliche Fachkräfte. Bis 2030 wird sich die Personallücke sogar auf fast eine Million Personen – gut 165.000 Ärzte sowie fast 800.000 nicht-ärztliche Fachkräfte – vergrößern."[1]

Die wesentlichen Stellschrauben für (Zahn-)Arztpraxen liegen darin, vorhandene Fachkräfte zu binden, die Attraktivität als Arbeitgeber zu steigern und Chancen für Quereinsteiger zu bieten.

Mitarbeitende binden	Arbeitgeberattraktivität steigern
Moderne Führungskultur (Mitarbeitergespräche, individuelle Zielvereinbarungen…)	Außenauftritt der Praxis
Adäquate Gehaltsstruktur	Niedrigschwellige Bewerbungsverfahren (online über die Praxishomepage, ggf. Verzicht auf Anschreiben, Videointerviews…)
Benefits (Kinderbetreuungszuschüsse, Zusatzversicherungen…)	
Bonifikationen (z. B. bei persönlicher Zielerreichung)	

(Fortsetzung)

---

[1] Vgl. https://www.pwc.de/de/gesundheitswesen-und-pharma/assets/fachkraeftemangel.pdf, abgerufen am 17.01.2023

(Fortsetzung)

Mitarbeitende binden	Arbeitgeberattraktivität steigern
Berufliche Weiterentwicklung	
Individuelle Arbeitszeitmodelle	

Weisungsberechtigung

Wer über eine Weisungsberechtigung im beruflichen Kontext verfügt, ist berechtigt, anderen Mitarbeitenden Anweisungen zu geben und Arbeitsaufträge zu delegieren. Unterschieden wird zwischen fachlicher und disziplinarischer Weisung. Häufig wird in diesem Zusammenhang auch von fachlicher und disziplinarischer Führung gesprochen. § 106 GewO (Gewerbeordnung) sagt folgendes: „Der Arbeitgeber kann Inhalt, Ort und Zeit der Arbeitsleistung nach billigem Ermessen näher bestimmen, soweit diese Arbeitsbedingungen nicht durch den Arbeitsvertrag, Bestimmungen einer Betriebsvereinbarung, eines anwendbaren Tarifvertrages oder gesetzliche Vorschriften festgelegt sind."[2]

Bei der Erteilung von Weisungen sind folgende Verpflichtungen zu beachten: Die weisungsempfangenden Mitarbeitenden verfügen über die notwendigen Kenntnisse, die Aufgabe zu erbringen, und der Weisungsgebende muss Mitarbeitende anleiten und die Erfüllung der Aufgaben überwachen. Gegenüber angestellten (Zahn-)Ärzten haben Praxisinhaberinnen und Praxisinhaber kein Weisungsrecht bezogen auf die Heilbehandlung, allerdings bezogen auf den Umgang mit Kolleginnen und Kollegen und Arbeitsmaterial schon.[3]

Weisungsberechtigungen können auch übertragen werden, z. B. auf eine Teamleitung. Eine vorgeschriebene Form dafür gibt es nicht. Empfehlenswert ist ein Schriftstück, hinterlegt in der Personalakte.

---

[2] Vgl. § 106 GewO – Einzelnorm. (o. D.). https://www.gesetze-im-internet.de/gewo/__106.html, abgerufen am 16.12.2022

[3] Vgl. Arbeitsrecht Grundlagen. (o. D.). https://www.virchowbund.de/recht-vertraege/arbeitsrecht-grundlagen, abgerufen am 19.12.2022

Werte

Werte im Personalmanagement sind die Grundlagen, die das Handeln und die Haltung der im Unternehmen bzw. in der Praxis tätigen Menschen leiten und bestimmen. Somit machen sie die Kultur eines Unternehmens bzw. einer Praxis aus. Ob festgelegt oder einfach gelebt, Werte prägen das interne Miteinander, die Führung und den Auftritt nach außen. Daher ist es empfehlenswert, ein Bewusstsein dafür zu schaffen, welche Werte die Praxis ausmachen sollen, wie genau diese transportiert werden bzw. woran andere erkennen, dass diese Werte gelebt werden.

Der Vorteil definierter Werte liegt darin, dass sie die Identifikation der Mitarbeitenden mit der Praxis stärken, Orientierung bieten und zum positiven Praxisimage beitragen. Zunächst ist die Festlegung der Praxiswerte ein Thema für die Inhaberin bzw. den Inhaber. Noch wirksamer ist es jedoch, Mitarbeitende einzubinden (Betroffene zu Beteiligten machen), z. B. im Rahmen eines Workshops, in dem die Werte und Leitlinien erarbeitet und festgelegt werden. So ist die Chance deutlich höher, dass die Mitarbeitenden die Arbeitsergebnisse mittragen und sich verantwortlich fühlen. Gleichzeitig steigt die Motivation und die Mitarbeitenden erfahren Wertschätzung durch die Einbeziehung.

Checkliste: Praxis-Werte (Beispiele)

Wert	Ausprägung (1 wenig/5 sehr stark)	Bedeutung
Anstand		Wir begegnen uns und unseren Patientinnen und Patienten verbindlich und verlässlich.
Ehrlichkeit		Wir begegnen einander offen und ohne Täuschung.
Engagement		Wir setzen uns aktiv für die Erreichung unserer definierten Ziele ein.
Fürsorglichkeit		Wir kümmern uns um das Wohlbefinden untereinander und das unserer Patienten.
Identifikation		Wir fühlen uns zugehörig und stehen hinter den Zielen der Praxis.
Meisterschaft		Wir haben den Anspruch, alle Aufgaben meisterlich zu bewältigen.
Nachhaltigkeit		Wir tragen dazu bei, die Ökologie in Einklang zu halten (Mülltrennung, Energieverbrauch, Materialverbrauch).
Qualität		Wir berücksichtigen die gebotenen Qualitätsstandards in unserer täglichen Arbeit.
Sicherheit		Wir geben den Patientinnen und Patienten jederzeit das Gefühl, in guten Händen zu sein.
Spaß/Freude		Wir nehmen uns die Zeit, auch während der Arbeit humorvoll miteinander umzugehen.
Teamspirit		Wir arbeiten gemeinsam und sind darauf bedacht die Meinungen und Gedanken anderer einzubeziehen.
Toleranz		Wir achten jeden in seiner Individualität.
Verantwortung		Wir tragen die Konsequenzen unseres Handelns.
Vertrauen		Wir verlassen uns auf unsere Kolleginnen und Kollegen in jeder Hinsicht.
Wertschätzung		Wir begegnen uns und unseren Patientinnen und Patienten mit Anerkennung.
Zuverlässigkeit		Wir halten Zusagen und Absprachen ein.

Wissenstransfer

Die Arbeitswelt wird immer schnelllebiger. Die Fluktuation von Mitarbeitenden steigt. Laut Pressemitteilung des Statistischen Bundesamtes geht die Generation der „Babyboomer" (Mitarbeitende geboren zwischen 1957 und 1969 und zahlenmäßig die stärksten Jahrgänge) in den nächsten 15 Jahren in den Ruhestand.[4] Dadurch kommt dem Wissenstransfer, der Weitergabe von Wissen und Erfahrungen, eine hohe Bedeutung zu.

Wissenstransfer kann über verschiedene Wege erfolgen, beispielsweise über Mentorenprogramme (siehe auch Mentoring), durch die Erstellung von Prozessdokumentationen (siehe auch Qualitätsmanagement), altersgemischte Teams, aber auch die Erstellung von FAQs (Frequently Asked Questions) zu bestimmten Themenbereichen. Bei regulär in den Ruhestand ausscheidenden Mitarbeitenden kann Wissenstransfer durch eine frühzeitige Übergabe und Einarbeitung des Nachfolgenden sichergestellt werden.

---

[4] Vgl. https://www.destatis.de/DE/Presse/Pressemitteilungen/2022/08/PD22_330_13.html#:
~:text=Nach%20Angaben%20des%20Statistischen%20Bundesamtes,bezogen%20auf%
20das%20Berichtsjahr%202021, abgerufen am 15.12.2022

X

Generation X

Zur Generation X werden Menschen gezählt, die in der Zeit von 1966 bis 1980 geboren worden sind. Sie wird gelegentlich auch als „Generation Golf" tituliert. Sie steckt mitten in der Erwerbstätigkeit. Der Begriff Generation X wurde im Roman von Douglas Coupland unter dem Titel „Generation X: Tales for an Accelerated Culture"[1] geprägt. Menschen, die dieser Generation angehören, sind heute zwischen 58 und 42 Jahre alt und haben noch ein Stück des Arbeitsweges vor sich. Das Fernsehen, der kalte Krieg und der Mauerfall haben diese Generation unter anderem geprägt. Der Job ist ihr genauso wichtig wie eine ausgeglichene Work-Life-Balance. Ihre Werte sind geprägt durch den Wunsch nach Individualität, Unabhängigkeit, Freiheits- und Sinnsuche. Sie haben den Wandel von analog zu digital mitgestaltet und sind entsprechend versiert in technischen Fragen. Sie kommunizieren gern via SMS, E-Mail und Messenger-Dienste. Sie lieben Facebook, TV, E-Mail und Online-Nachrichten.

Als Mitarbeitende bevorzugen sie einen prozessorientierten Führungsstil. Sie geben als Führungskräfte eher wenige Anweisungen und managen eher aus der Entfernung (gern per E-Mail). Sie erwarten Respekt für ihre Kompetenz und Professionalität, treffen Entscheidungen im Alleingang und tragen die Konsequenzen dafür. Sie belohnen Erfolge und sind konsequent ergebnisorientiert. Sie haben i. d. R. kein Problem mit virtueller Führung über Distanz. Sie haben ein großes Bedürfnis nach Unabhängigkeit und Selbstbestimmung und wollen wissen, was von ihnen erwartet wird, sodass sie Ziele geradlinig verfolgen können. Sie definieren sich über ihre Leistung und Kompetenz und erwarten, dafür belohnt zu werden. Sie brauchen die Freiheit, ihre Meinung äußern zu können, ohne

---

[1] Vgl. https://de.wikipedia.org/wiki/Generation_X_(Soziologie), abgerufen am 17.01.2023.

© Der/die Autor(en), exklusiv lizenziert an Springer Fachmedien Wiesbaden GmbH, ein Teil von Springer Nature 2023
S. Kock and K. Kock, *Personalmanagement in der Arzt- und Zahnarztpraxis von A bis Z*, https://doi.org/10.1007/978-3-658-42360-5_25

„Bestrafung" zu fürchten. Sie halten gern eine professionelle Distanz und reagieren besonders sensibel auf Einmischung und Kontrolle. Letztlich bevorzugen sie kompetente Vorgesetzte, die selbst Ahnung vom Fach haben.

Y

Generation Y

Zur Generation Y[1] werden Menschen gezählt, die in der Zeit von 1981 bis 1995 geboren worden sind. Diese Generation wird gelegentlich auch als „Millennials" oder als „Generation Why" tituliert. Sie haben das erste Drittel der Erwerbstätigkeit hinter sich. Der Begriff Generation Y tauchte 1993 zum ersten Mal in der Marketingzeitschrift Advertising Age auf. Menschen, die dieser Generation angehören, sind heute zwischen 28 und 42 Jahre alt und haben noch ein Stück des Arbeitsweges vor sich. Weltweiter Terror und die digitale Revolution haben diese Generation unter anderem geprägt. Der Job muss ihnen Spaß machen. Karriere ist nicht so wichtig. Beruf und Familie werden nicht so streng getrennt. Sie streben nach Selbstverwirklichung, Freiheit und Leben im Hier und Jetzt. Sie sind als digitale Natives 24 h online. Sie kommunizieren über Messenger, soziale Medien und nutzen einen zweiten Bildschirm wie selbstverständlich.

Als Vorgesetzte bevorzugen sie einen partizipativen Führungsstil. Sie managen eher integrativ und brauchen ein gutes Fingerspitzengefühl. Sie erwarten Respekt für Persönlichkeit und gelebte Vielfalt. Entscheidungen fällen sie lieber im Team. Von Mitarbeiterinnen und Mitarbeitern erwarten sie, dass sie sich Informationen besorgen und Wissen teilen. Belohnungen und der Einsatz von Innovationen sind für sie normal. Virtuelles Führen fühlt sich normal und natürlich für sie an. Als Mitarbeitende fordern sie Authentizität, Transparenz und integrative Führung im Dialog auf Augenhöhe ein. Sie wollen von einer Vision inspiriert und begeistert werden, haben eine starke Vorliebe für Coaching und Mentoring. Sie übertragen berufliche Kontakte gern ins Privatleben und wollen für ihren Einsatz belohnt

---

[1] Vgl. https://de.wikipedia.org/wiki/Generation_Y, abgerufen am 17.01.2023.

© Der/die Autor(en), exklusiv lizenziert an Springer Fachmedien Wiesbaden GmbH, ein Teil von Springer Nature 2023
S. Kock and K. Kock, *Personalmanagement in der Arzt- und Zahnarztpraxis von A bis Z*, https://doi.org/10.1007/978-3-658-42360-5_26

werden. Diesbezüglich erwarten Sie von Vorgesetzten Unterstützung und ständige Wertschätzung in Form von positivem Feedback.

Z

Zielvereinbarungsgespräch

Das Zielvereinbarungsgespräch dient – passend eingesetzt – als Bindungsinstrument. Ziele gelten als das Mittel der Wahl, wenn es darum geht, bindungswirksame Verantwortungsräume für Praxismitarbeiterinnen und -mitarbeiter zu definieren. Das Zielvereinbarungsgespräch dient dabei als Werkzeug. Es basiert auf dem Führungskonzept Management by Objectives oder auch MbO: Führen durch Ziele.

Im Zentrum des Zielvereinbarungsgesprächs[1] steht die Vereinbarung von Zielen zwischen Praxis- bzw. (Z-)MVZ-Leitung und der Mitarbeiterin bzw. dem Mitarbeiter sowie die Überprüfung und Bewertung der Zielerreichung anhand von Soll-Ist-Vergleichen.

Grundlage für die Zielbildung stellen die übergeordneten (Praxis- bzw. (Z-)MVZ-)Ziele dar, an denen die beruflichen Arbeits- und persönlichen Entwicklungsziele der Mitarbeiterin bzw. des Mitarbeiters ausgerichtet werden. Im Verlaufe des Zielvereinbarungsgespräches werden sowohl die genauen Einzelziele als auch deren Wichtigkeit und Gewichtung festgelegt.

Durch die Einbindung in den Prozess der Zielbildung und -vereinbarung soll sowohl ein höheres wirtschaftliches Bewusstsein als auch ein entsprechender Leistungsanreiz (Motivation) der Mitarbeiterin bzw. des Mitarbeiters erreicht werden. Die Mitarbeitenden setzen sich so mit der Gestaltung und Steuerung ihres eigenen beruflichen Fortkommens eigenverantwortlich auseinander.

---

[1] Vgl. Antje I. Stroebe, Rainer W. Stroebe: *Motivation durch Zielvereinbarungen*. 2. Auflage, Verlag Recht und Wirtschaft, Frankfurt a. M. 2006.

© Der/die Autor(en), exklusiv lizenziert an Springer Fachmedien Wiesbaden GmbH, ein Teil von Springer Nature 2023
S. Kock and K. Kock, *Personalmanagement in der Arzt- und Zahnarztpraxis von A bis Z*, https://doi.org/10.1007/978-3-658-42360-5_27

Mit diesem Führungsinstrument kann eine Praxis oder ein (Z-)MVZ auf Ziele und Erfolgsorientierung ausgerichtet werden. Führung mit Zielen dient der Steuerung von Mitarbeiterinnen und Mitarbeitern, Teams, Abteilungen, Einheiten und Standorten.[2]

Checkliste: Ablaufbeschreibung für ein Zielvereinbarungsgespräch[3]

Schritt	Inhalt	Erledigt
1.	**kurzer**, positiver **Gesprächseinstieg** *„Ich freue mich, Sie zu sehen."*	
2.	**Rückblick – Positives, Stärken** *„Was macht Ihnen an dieser Aufgabe Spaß?" „Wo sehen Sie Ihre Stärken?"*	
3.	**Rückblick – Negatives, Schwächen** *„Was hat Ihnen nicht so viel Freude gemacht?" „Was ist Ihnen nicht gelungen?"*	
4.	**Ausblick**, nächste **Schritte** *„Wie können wir das ändern?" „Was nehmen Sie sich als Nächstes vor?"*	
5.	**Unterstützung anbieten** *„Wo erwarten Sie von mir Unterstützung?"*	
6.	**nächstes Gespräch vereinbaren** *„Dann freue ich mich mit Ihnen, wenn alles so eintrifft. Wir treffen uns dann am... wieder."*	

---

[2] Vgl.   https://kockundvoeste.de/fachartikel/details/praxispersonal-motivieren-und-binden, abgerufen am 17.01.2023
[3] Vgl. https://kockundvoeste.de/unternehmen/publikationen/fachbuecher#c1379, abgerufen am 17.01.2023

Die Autoren

Kirsten Kock, geb. Hofeditz, und Stephan F. Kock
Kirsten arbeitet als freie Trainerin und Coach bei der Kock + Voeste Existenzsicherung für die Heilberufe GmbH. Stephan ist Inhaber/Geschäftsführer der Kock + Voeste Existenzsicherung für die Heilberufe GmbH und arbeitet als Berater, Coach und Trainer.

Die Beiden kennen sich seit mehr als 40 Jahren und gehen seitdem einen gemeinsamen Weg, erst in Flensburg, dann in Berlin und in Falkensee. Sie haben zwei gemeinsame Kinder und zwei Enkel. In ihrer Freizeit erkunden sie die Welt sehr gern mit dem Motorrad und genießen Zweisamkeit beim Vorlesen, Kochen, Tanzen, Musik hören und vielen anderen Hobbys.

Kirsten Kock, geb. Hofeditz, wurde 1962 in Flensburg geboren, machte eine Ausbildung zur Erzieherin und studierte Sozialarbeit und Sozialpädagogik an der Evangelischen Fachhochschule in Berlin. Nach dem Studium war sie 10 Jahre lang im Sozialdienst einer Rehabilitationsklinik in Berlin tätig. Seit 2005 ist Kirsten Kock bei einer bundesweit agierenden Personal-/Unternehmensberatung angestellt. Dort war sie in unterschiedlichen Funktionen tätig, davon 15 Jahre in Führungspositionen. Sie coacht und trainiert Fach- und Führungskräfte zu Themen Kommunikation, Selbstvermarktung, Karriere und Trennungsmanagement. Als freie Mitarbeiterin führt sie für die Kock + Voeste GmbH Trainings und Coachings durch.

Kirsten Kock bringt über 30 Jahre Erfahrung in der Begleitung von Menschen in Veränderungsprozessen, zusätzliche Qualifikationen in Seelsorge, Coaching und Training sowie breites Wissen und Erfahrungen im Personalwesen und Recruiting mit.

S. Kock and K. Kock, *Personalmanagement in der Arzt- und Zahnarztpraxis von A bis Z*, https://doi.org/10.1007/978-3-658-42360-5

Stephan F. Kock, 1961 in Flensburg geboren, Kaufmann, Sanierungsberater (KMU-Akademie), Systemischer Coach (SG), Supervisor (DGSv) und Mediator (IHK/Steinbeis-Hochschule), studierte Theologie und Psychologie an der Kirchlichen Hochschule sowie der Freien Universität zu Berlin. Danach absolvierte er als Trainee bei der Deutschen Ärzteversicherung eine Ausbildung in den Bereichen Finanzdienstleistungen und Betriebswirtschaft für Angehörige der akademischen Heilberufe. 1989 gründete er ‚Kock + Voeste Existenzsicherung für die Heilberufe GmbH' und berät seitdem bundesweit akademische Heilberuflerinnen und Heilberufler in allen Fragen der Existenzsicherung sowie deren Gläubiger. Seit Jahren begleitet Stephan Kock Praxisinhaberinnen und Praxisinhaber in Fragen des Personalmanagements. Dabei verbindet er betriebswirtschaftliches Know-how mit ausgesuchter Beratungs- und Prozesskompetenz.

Inzwischen verweist Kock + Voeste auf über 11.500 erfolgreich abgeschlossene Mandate und mehr als 1.500 Fachvorträge vor 36.000 Ärzten, Zahnärzten und Apothekern. Darüber hinaus ist Stephan F. Kock als Referent und Autor zahlreicher Fachartikel und Buchveröffentlichungen bekannt.

Literatur

Altfelder, K., Bartels, H. G., Horn, J.-H., & Metze, H.-T. (Hrsg.). (1973). *Lexikon der Unternehmensführung*, (S. 74 f.).

Ärztliches Zentrum für Qualität in der Medizin (ÄZQ) äzq Schriftenreihe, Band 43: Woran erkennt man eine gute Arztpraxis? Checkliste für Patientinnen und Patienten Herausgeber: Bundesärztekammer und Kassenärztliche Bundesvereinigung. Erarbeitet durch das ÄZQ. Im Auftrag von: Patientenforum Bundesärztekammer und Kassenärztlicher Bundesvereinigung. (4. überarbeitete Aufl.). (2015).

Becker, M. (2013). *Personalentwicklung. Bildung, Förderung und Organisationsentwicklung in Theorie und Praxis*, (6., akt. u. überarb. Aufl.). Schäffer-Poeschel.

Bögel, R. (2003). Organisationsklima und Unternehmenskultur. In: Lutz von Rosenstiel, Erika Regnet, Michael E. Domsch (Hrsg.), *Führung von Mitarbeitern. Handbuch für erfolgreiches Personalmanagement*, (5. Aufl., S. 43). Schäffer-Poeschel Verlag.

Bund der Versicherten (Hrsg.). *Leitfaden Altersvorsorge. Richtig vorsorgen und dabei sparen. Fördermöglichkeiten, Geldanlagen, Versicherungen.*, zu Klampen Verlag. ISBN 978-3-86674-029-7.

Buttler, A. & Keller, M. (2017). *Einführung in die betriebliche Altersversorgung*, (8. Aufl.). VVW. ISBN 978-3-89952-979-1.

Crisand, E., & Rahn, H. J. (1. Oktober 2011). *Personalbeurteilungssysteme*, (4. Aufl.). Edition Windmühle ein Imprint von FELDHAUS VERLAG GmbH & Co. KG; ISBN 978-3-937444-95-6.

De Micheli, M. (2009). *Nachhaltige und wirksame Mitarbeitermotivation*. Praxium-Verlag. ISBN 978–39522958–3–0.

Etzel, G. et al. (Hrsg.). (2012). *„KR: Gemeinschaftskommentar zum Kündigungsschutzgesetz und zu sonstigen kündigungsschutzrechtlichen Vorschriften"*, (10. Aufl.). Hermann Luchterhand Verlag.

Frodl, A. (1996). *Personalmanagement in der Arztpraxis: Tipps und Ratschläge für eine erfolgreiche Praxisführung*. Georg Thieme Verlag.

Frodl, A. (1996). *Personalmanagement in der Arztpraxis*, (S. 49 ff.). Georg Thieme Verlag.

Frodl, A. (1. Januar 1996). *Personalmanagement in der Arztpraxis*, (S. 26 f. und 113 ff.) Thieme.

Haberleitner, E. (1. Dezember 2008). *Führen Fördern Coachen. So entwickeln Sie die Potentiale Ihrer Mitarbeiter* (11., Aufl.). Piper Taschenbuch. ISBN 3-492-23931-5.

© Der/die Herausgeber bzw. der/die Autor(en), exklusiv lizenziert an Springer Fachmedien Wiesbaden GmbH, ein Teil von Springer Nature 2023
S. Kock and K. Kock, *Personalmanagement in der Arzt- und Zahnarztpraxis von A bis Z*, https://doi.org/10.1007/978-3-658-42360-5

Hentze, J., & Kammel, A. (2001). *Personalwirtschaftslehre 1*, (7. Aufl.). UTB Haupt. ISBN 978-3-8252-0649-9.

ISO 9001:2015 Abschnitt 3.10.4, deutschsprachige Fassung

Jobsuche. *Die wichtigsten Spielregeln bei der Probearbeit. Abgerufen am 9. Juli 2018. Copyright Haufe-Lexware GmbH & Co. KG – all rights reserved: Probearbeiten: Was arbeitsrechtlich gilt | Personal | Haufe. In: Haufe.de News und Fachwissen.* haufe.de

Klingbeil,S. (2020). Stellvertretung als allgemeines Rechtsinstitut – Zu Theorie, Dogmatik und Reichweite des Repräsentationsprinzips. In: *Zeitschrift für die gesamte Privatrechtswissenschaft*, (S. 150–188).

Kock, S. (2012). *Teamsitzung mit Biss*. Vortrag für die Advision.

Kock, S. (2022). *Praxisteams erfolgreich entwickeln: Was Führungskräfte über Teamarbeit wissen sollten*; in Arzt & Wirtschaft; vom 25. Mai 2022.

Kock, S. (2022). *PraxismitarbeiterIn gesucht: Qualifiziertes Personal finden und binden*. Vortrag für die BW-Bank.

Kock, S. F., Davidenko, C., Demuth, S., Korkisch, F., & Stefanowsky, T. (2018). *Wir müssen reden... – Mitarbeitergespräche in der Arzt- und Zahnarztpraxis* (1. Aufl. 2019). Springer Gabler.

Kock, S. F., Davidenko, C., Demuth, S., Korkisch, F., & Stefanowsky, T. (2019). *Wir müssen reden... Mitarbeitergespräche in der Arzt- und Zahnarztpraxis.* Springer Gabler.

Knoblauch, J. (2009). *Die besten Mitarbeiter finden und halten*. Campus-Verlag. 978-35933900-4-8

Laufer, H. (2015). *Praxis erfolgreicher Mitarbeitermotivation* (2. Aufl.). GABAL Verlag GmbH.

Laufer, H. (2020). *Grundlagen erfolgreicher Mitarbeiterführung* (19. Aufl.). GABAL Verlag GmbH.

Memorandum of Understanding zwischen der Bundesärztekammer Berlin und dem Deutschen Hausärzteverband/Institut für hausärztliche Fortbildung Köln

Peterke, J. (2021). *Personalentwicklung als Managementfunktion.* Springer-Gabler.

PricewaterhouseCoopers AG, Deutsche Rentenversicherung Bund: Altersvorsorge. Beraten, gestalten, optimieren, Stollfuß Medien GmbH & Co. KG, ISBN 978-3-08-352000-9

Schreier, M. *Das Allgemeine Gleichbehandlungsgesetz – Wirklich ein Eingriff in die Vertragsfreiheit?*

Schulte-Tickmann, J. (2021). „Social Media für Arztpraxen: Chancen und Trends der digitalen Medien", Deutscher Hausarzt Service.

Seifert, J. W. (2015). *Besprechungen erfolgreich moderieren.*

Social Media für die erfolgreiche Zahnarztpraxis von Marc Däumler, Marcus M. Hotze (ISBN 978-3-642-45034-1)

Stahlhacke, E., & Preis, U. et al. (Hrsg.). (2010). *„Kündigung und Kündigungsschutz im Arbeitsverhältnis"*, (10. Aufl.). Beck

Stroebe, A. I., & Stroebe, R. W. (2006). *Motivation durch Zielvereinbarungen* (2. Aufl.). Verlag Recht und Wirtschaft.

Szecsenyi, J., Klingenberg, A., Pelz, J., & Magdeburg, K. (2001). Bewertung eines Patientenbuches durch Patienten – Ergebnisse aus der Ärztlichen Qualitätsgemeinschaft Ried. *Zeitschrift für Ärztliche Fortbildung und Qualitätssicherung, 95,* 407–412.

Weber, H. (1998). *Rentabilität, Produktivität und Liquidität: Größen zur Beurteilung und Steuerung von Unternehmen,* (S. 87, 89 f.).

Weidner, H. M. F. (2016). *Anerkennung und Wertschätzung*, GABAL Verlag.

Weinreich, I., & Weigl, C. (2011). *Unternehmensratgeber betriebliches Gesundheitsschutzmanagement: Grundlagen – Methoden – personelle Kompetenzen.* ISBN 978–3–503–13057–3.

Wilfried Berkowsky. *Die betriebsbedingte Kündigung unter Berücksichtigung des Betriebsverfassungsrechts und des Arbeitsgerichtsverfahrens, sowie des Arbeitsgerichtsverfahrens.* ISBN 978–3–406–54934–2.

Wolf, G. (2020). *Mitarbeiterbindung – inkl. Arbeitshilfen online: Strategie und Umsetzung im Unternehmen (Haufe Fachbuch) Gebundene Ausgabe – 22. Juni 2020.*

Wolf, G. (Juli 2020). *Mitarbeiterbindung,* (4. Aufl.). Haufe-Lexware GmbH & Co. KG.

Onlinequellen

https://wirtschaftslexikon.gabler.de/definition/mentoring-41572, abgerufen am 08.12.2022

https://www.kvb.de/praxis/qualitaet/hygiene-und-infektionspraevention/hygiene-und-medizinprodukte/personalkleidung/, abgerufen 01.11.2022

https://www.paulwatzlawick.de/axiome.html, abgerufen am 07.12.2022

https://www.doctors.today/cme/a/veraenderungen-in-arztpraxen-aktiv-gestalten-anstatt-nur-zuschauen-2000217, abgerufen am 07.11.2022

https://www.bmas.de/DE/Soziales/Gesetzliche-Unfallversicherung/gesetzliche-unfallversicherung.html;jsessionid=EA3D7BD4B11A474EFE8939CA269E2595.delivery2-replication, abgerufen am 20.12.2022

https://www.dwds.de/wb/Chef, abgerufen am 09.11.2022

https://www.dguv.de/de/ihr_partner/unternehmen/arbeitsunfall/index.jsp, abgerufen am 20.12.2022

https://www.bmfsfj.de/bmfsfj/themen/familie/familienleistungen/elternzeit/elternzeit-73832, abgerufen am 17.11.2022

https://www.business-wissen.de/hb/organigramm-erstellen-beispiel-definition-und-vorlagen/, abgerufen am 13.12.2022

http://www.hensche.de/Betriebsbedingte_Kuendigung_Musterschreiben_Betriebsbedingte_Kuendigung.html, abgerufen am 22.01.2023

https://www.personio.de/hr-lexikon/arbeitsplatzgestaltung/, abgerufen am 01.11.2022

https://www.gesetze-im-internet.de/kschg/BJNR004990951.html, abgerufen am 08.12.2022

Mai, J. (2021, 29. April). Konfliktmanagement: 5 Phasen + 4 Methoden zum Konflikte lösen. karrierebibel.de. https://karrierebibel.de/konfliktmanagement/

https://www.kvhessen.de/qualitaetsmanagement/mitarbeiterbefragung/, abgerufen am 08.12.2022

https://www.qualtrics.com/de/erlebnismanagement/mitarbeiter/mitarbeiterbefragung/, abgerufen am 08.12.2022

https://www.wirtschaftswissen.de/personal-und-arbeitsrecht/mitarbeiterfuehrung/motivationstechniken/motivationsgespraech/, abgerufen am 12.12.2022

https://familienportal.de/familienportal/familienleistungen/mutterschutz, abgerufen am 12.12.2022

https://www.arzt-wirtschaft.de/recht/arbeitsrecht/mutterschutz-in-klinik-und-praxis/, abgerufen am 12.12.2022 https://www.personio.de/hr-lexikon/organisationsentwicklung/, abgerufen am 14.12.2022

https://www.virchowbund.de/praxis-knowhow/praxis-gruenden-und-ausbauen/qualitaetsma nagement, abgerufen am 14.12.2022

https://www.arzt-wirtschaft.de/praxis/einheitliche-praxiskleidung-was-praxisinhaber-vor geben-duerfen/, abgerufen am 01.11.2022

https://www.kvsa.de/praxis/vertragsaerztliche_taetigkeit/qualitaet/qualitaetsmanagement/tra egerseiten/qep_musterdokumentmitarbeiterfragebogen.html, abgerufen am 08.12.2022

https://www.aok.de/gp/news-arzt-praxis/newsdetail/schwanger-als-mfa, abgerufen am 12.12.2022

https://www.gesetze-im-internet.de/sgb_9_2018/BJNR323410016.html, abgerufen am 08.05.2023

https://www.destatis.de/DE/Themen/Gesellschaft-Umwelt/Bildung-Forschung-Kultur/Ber ufliche-Bildung/Tabellen/azubi-rangliste-insgesamt.html, abgerufen am 04.11.2022

https://factorialhr.de/blog/mitarbeiter-empowerment/, abgerufen am 21.12.2022

https://www.finanztip.de/steuerfreie-sachzuwendungen/, abgerufen am 21.11.2022

https://www.limmer-reutemann.de/arbeitsrecht-ratgeber/probezeit, abgerufen am 14.05.2023. abgerufen am 14.12.2022

https://www.bgw-online.de/bgw-online-de/service/beitrag-leistung/versicherungsschutz/unf allversicherung-fuer-unternehmerinnen-und-unternehmer-im-gesundheitsdienst-85124 abgerufen am 20.12.2022

https://www.vmf-online.de/verband/presse-news/2022-07-12-zi, abgerufen am 04.11.2022

https://www.betriebsrat.com/wissen/betriebsrat/betriebsrat-gruenden, abgerufen am 09.12.2022

https://www.haufe.de/finance/haufe-finance-office-premium/altersteilzeit-3-altersteilzeit-varianten-auswirkungen-und-voraussetzungen_idesk_PI20354_HI10237900.html, abgerufen am 22.11.2022

https://www.haufe.de/personal/arbeitsrecht/fuersorgepflicht-bei-mobbing-grenzen-und-sch adensersatz_76_463104.html, abgerufen am 09.12.2022

https://www.gesetze-im-internet.de/agg/__1.html, abgerufen am 22.11.2022

https://www.gesetze-im-internet.de/betrvg/__1.html, abgerufen am 09.12.2022

https://www.gesetze-im-internet.de/gewo/__106.html, abgerufen am 16.12.2022

https://www.gesetze-im-internet.de/gewo/__109.html, abgerufen am 12.11.2022

https://www.gesetze-im-internet.de/sgb_5/__135a.html, abgerufen am 14.12.2022

https://www.gesetze-im-internet.de/arbschg/__5.html, abgerufen am 01.01.2022

https://www.gesetze-im-internet.de/entgfg/__5.html, abgerufen am 07.12.2022

https://www.gesetze-im-internet.de/bgb/__622.html, abgerufen am 08.12.2022

https://www.gesetze-im-internet.de/bgb/__623.html, abgerufen am 08.12.2022

https://www.gesetze-im-internet.de/bgb/__626.html, abgerufen am 08.12.2022

https://www.gesetze-im-internet.de/bgb/__630.html, abgerufen am 12.11.2022

https://www.gesetze-im-internet.de/betrvg/__87.html, abgerufen am 09.12.2022

https://www.virchowbund.de/recht-vertraege/arbeitsrecht-grundlagen, abgerufen am 19.12.2022

http://www.leaders-circle.at/index.php?id=161&L=0, abgerufen am 13.01.2023

https://arbeits-abc.de/job-rotation/, abgerufen am 16.01.2023

https://www.arbeitsrechte.de/mobbing-am-arbeitsplatz/, abgerufen am 09.12.2022 https://archive.org/stream/springer_10.1007-978-3-8349-6831-9/10.1007-978-3-8349-6831-9_djvu.txt, abgerufen am 22.01.2023

https://de.indeed.com/recruiting/stellenbeschreibung/datenschutzbeauftragter, abgerufen am 12.01.2023

https://de.wikipedia.org/wiki/Datenschutz, zugegriffen am 13.01.2023

https://de.wikipedia.org/wiki/Diversität_(Soziologie), abgerufen 12.01.2023

https://de.wikipedia.org/wiki/Führungskraft_(Führungslehre)   abgerufen   am 14.01.2023https://de.wikipedia.org/wiki/Fachkompetenz, abgerufen am 14.01.2023h

https://de.wikipedia.org/wiki/Fehlzeiten_(Arbeit), abgerufen am 14.01.2023

https://de.wikipedia.org/wiki/Fehlzeiten_(Arbeit)#Literatur, abgerufen am 14.01.2023

https://de.wikipedia.org/wiki/Generation_X_(Soziologie), abgerufen am 17.01.2023

https://de.wikipedia.org/wiki/Generation_Y, abgerufen am 17.01.2023

https://de.wikipedia.org/wiki/Gesetzliche_Rentenversicherung_(Deutschland),   abgerufen am 19.12.2022

https://de.wikipedia.org/wiki/Härtefall, abgerufen am 21.11.2022

https://de.wikipedia.org/wiki/Hamburger_Modell_(Rehabilitation),   abgerufen   am 14.12.2022

https://de.wikipedia.org/wiki/Homepage, abgerufen am 14.01.2023

https://de.wikipedia.org/wiki/Jobrotation, abgerufen am 16.01.2023

https://de.wikipedia.org/wiki/Jubil%C3%A4um, abgerufen am 16.01.2023

https://de.wikipedia.org/wiki/Leistungsbeurteilung_(Personalwesen),   abgerufen   am 16.01.2023

https://de.wikipedia.org/wiki/Lernf%C3%A4higkeit, abgerufen am 17.01.2023

https://de.wikipedia.org/wiki/Nebentätigkeit, abgerufen am 17.01.2023

https://de.wikipedia.org/wiki/Personalbeschaffung, abgerufen am 17.01.2023

https://de.wikipedia.org/wiki/Personalplanung, abgerufen am 17.01.2023

https://de.wikipedia.org/wiki/Sachbezug#Deutschland, abgerufen am 12.01.2023

https://de.wikipedia.org/wiki/Stellenbeschreibung, abgerufen am 22.09.2022

https://educalingo.com/de/dic-de/lob, abgerufen am 17.01.2023

https://flexikon.doccheck.com/de/Leistungsf%C3%A4higkeit, abgerufen am 16.01.2023

https://help.sap.com/doc/07cadc53b5ef424de10000000a174cb4/700_SFIN20%20006/de-DE/34c9dc53b5ef424de10000000a174cb4.html, abgerufen am 17.01.2023

https://imchange.de/, abgerufen am 11.01.2023

https://karrierebibel.de/delegieren/, abgerufen am 13.01.2023

https://karrierebibel.de/jobrotation/, abgerufen am 16.01.2023

https://karrierebibel.de/stellenbeschreibung/, abgerufen am 22.09.2022

https://karrierebibel.de/vertretungsregelung/, abgerufen am 15.01.2023

https://keyed.de/, zugegriffen am 13.01.2023

https://kockundvoeste.de/fachartikel/details/praxispersonal-motivieren-und-binden, abgerufen am 17.01.2023

https://kockundvoeste.de/unternehmen/publikationen/fachbuecher#c1379,   abgerufen   am 17.01.2023

https://pdffox.com/search/datenschutz+am+empfang, zugegriffen am 13.01.2023

https://persomatch.de/hr-lexikon/betriebliche-weiterbildung/, abgerufen am 11.01.2023

https://plant-values.de/beratung-nachhaltigkeit-csr/, abgerufen am 17.01.2023

https://praxisgestalter.de/sozialraum/, abgerufen am 20.12.2022 https://praxistipps.chip.de/was-ist-eine-homepage-einfach-erklaert_41305,   abgerufen   am 14.01.2023

https://raven51.de/wiki/mitarbeiterbeurteilung/, abgerufen am 12.01.2023

https://softgarden.com/de/ressourcen/glossar/personaleinstellung/, abgerufen am 17.01.2023

https://wirtschaftslexikon.gabler.de/definition/bestellprozess-27659,   abgerufen   am 12.01.2023

https://wirtschaftslexikon.gabler.de/definition/datenschutzbeauftragter-29289/version-252900, abgerufen am 13.01.2023

https://wirtschaftslexikon.gabler.de/definition/fluktuation-31944, abgerufen am 11.01.2023

https://wirtschaftslexikon.gabler.de/definition/leistungsbereitschaft-40378,   abgerufen   am 16.01.2023

https://wpgs.de/fachtexte/fuehrung-von-mitarbeitern/fuehrung-definition-und-perspekti ven/, abgerufen am 11.01.2023

https://www.aerztezeitung.de/Wirtschaft/So-verliert-das-Jahresgespraech-seinen-Schrec ken-289072.html, abgerufen am 16.01.2023

https://www.arbeitsagentur.de/datei/dok_ba013493.pdf, abgerufen am 08.12.2022

https://www.arbeitsagentur.de/datei/dok_ba015366.pdf, abgerufen am 25.10.2022

https://www.arbeitsrecht.org/arbeitnehmer/abmahnung/abmahnung-schriftlich-oder-muendl ich/, abgerufen am 14.05.2023

https://www.arbeitsrechte.de/arbeitsvertrag/, abgerufen am 17.01.2023

https://www.arbeitsrechte.de/handyverbot-am-arbeitsplatz/, abgerufen am 14.12.2022

https://www.arbeitswissenschaft.net/angebote-produkte/ifaa-lexikon/leistungsfaehigkeit, abgerufen am 16.01.2023

https://www.arbeitszeugnis-check.org/verhaltensbeurteilung, abgerufen am 22.01.2023

https://www.bdu.de/news/branchenstudie-personalberatung-2022-headhunter-gefragt-wie-nie/, abgerufen am 14.12.2022

https://www.betriebsrat.com/suche#!fort-%20und%20weiterbildung,   abgerufen   am 12.01.2023

https://www.betriebsrat.de/suche?page=information&query=arbeitgeberhaftung,   abgerufen am 22.09.2022

https://www.billomat.com/lexikon/l/lohnabrechnung/, abgerufen am 17.01.2023

https://www.braunschweig.de/leben/soziales/lsbti/wegweiser/lgbtiq-tu.php,   abgerufen 12.01.2023

https://www.bundesgesundheitsministerium.de/elektronische-patientenakte.html, abgerufen am 13.01.2023

https://www.businessinsider.de/gruenderszene/lexikon/begriffe/benefits/,   abgerufen   am 22.01.2023

https://www.business-wissen.de/hb/inhalte-einer-stellenbeschreibung/,   abgerufen   am 15.01.2023

https://www.dak.de/dak/fotos-und-grafiken/gesundheitsreport-2016-1776902.html/, abgeru-fen am 17.01.2023

https://www.datenschutzexperte.de/, abgerufen am 13.01.2023

https://www.datenschutzexperte.de/externer-datenschutzbeauftragter/,   abgerufen   am 13.01.2023

https://www.destatis.de/DE/Presse/Pressemitteilungen/2022/08/PD22_330_13.html#:~:
Text=Nach %20Angaben %20des %20Statistischen %20Bundesamtes,bezogen %20auf
%20das %20Berichtsjahr %202021, abgerufen am 15.12.2022

https://www.diakonie-duesseldorf.de/magazin/gesundheit-soziales/6-merkmale-an-denen-
sie-eine-sucht-erkennen abgerufen am 14.05.2023

https://www.fachanwalt.de/magazin/arbeitsrecht/betriebsbedingte-kuendigung-muster,
abgerufen am 22.01.2023

https://www.firma.de/unternehmensfuehrung/mitarbeiter-einstellen-checkliste-fuer-arbeit
geber/, abgerufen am 17.01.2023

https://www.fuehrungskompetenzen.com/fuehrungskraefte-kompetenzen/index.html,
abgerufen am 14.01.2023

https://www.handwerk.com/musterregelung-fuer-die-nutzung-dienstlicher-mobiltelefone,
abgerufen am 08.05.2023

https://www.haufe.de/personal/haufe-personal-office-platin/instrumente-und-massnahmen-
der-personalentwicklung-114-stellvertre-tung_idesk_PI42323_HI6616092.html#:~:
Text=Durch%20eine%20Stellvertretung%20%C3%BCbernimmt %20ein,Vertretung
%20und %20den %20Gegebenheiten %20ab, abgerufen am 15.01.2023

https://www.hausarzt-bw.de/verah, abgerufen am 19.12.2022

https://www.hit-personal.de/magazin/feedbackgespraech-nach-der-probezeit-so-gelingt-es/,
abgerufen am 14. 12.2022

https://www.hygienebeauftragter-online.de/berufsbild-hygienebeauftragter.html, abgerufen
am 14.01.2023

https://www.impulse.de/management/personalfuehrung/betriebsklima-verbessern/2346524.
html, abgerufen am 17.01.2023

https://www.iww.de/ppz/praxisorganisation/praxisbedarf-beschaffungsmanagement-sch
ritt-fuer-schritt-so-gestalten-sie-den-materialeinkauf-optimal-f59303, abgerufen am
12.01.2023

https://www.karteikarte.com/card/1303973/vor-und-nachteile-der-stellenbeschreibung,
abgerufen am 22.09.2022

https://www.kbv.de/html/31187.php, abgerufen am 13.01.2023

https://www.kompetenzlabor.de/portfolio/lernbereitschaft-2/, abgerufen am 16.01.2023

https://www.managementkompetenzen.com/managementkompetenzen-beispiele.html,
abgerufen am 14.01.2023

https://www.managementkompetenzen.de/kernkompetenzen.html, abgerufen am 14.01.2023

https://www.mckinsey.de/~/media/mckinsey/locations/europe%20and%20middle%20east/
deutschland/news/presse/2020/2020-11-12%20ehealth%20monitor/ehealth%20moni
tor%202020.pdf, abgerufen am 13.01.2023

https://www.neuraxpharm.com/de/krankheiten/sucht, abgerufen am 16.01.2023

https://www.onpulson.de/lexikon/ abgerufen am 14.12.2022

https://www.personalwissen.de/arbeitsrecht/arbeitsschutzgesetz/alkohol-und-drogen-am-arb
eitsplatz-missbrauch/, abgerufen am 16.01.2022

https://www.personalwissen.de/arbeitsrecht/kuendigung/personalaustritt/nachfolgeplanung-
personalwissen/, abgerufen am 17.01.2023

https://www.personio.de/hr-lexikon/fuersorgepflicht-des-arbeitgebers/, abgerufen am
22.09.2022

https://www.praktischarzt.de/magazin/fluktuation-wie-man-kuendigungen-in-arztpraxen-vorbeugt/, abgerufen am 11.01.2023

https://www.pwc.de/de/gesundheitswesen-und-pharma/assets/fachkraeftemangel.pdf, abgerufen am 17.01.2023

https://www.rechtswoerterbuch.de/recht/h/haftung/, abgerufen am 21.11.2022

https://www.rexx-systems.com/hr-glossar/probearbeiten/, abgerufen am 17.01.2023

https://www.rki.de/DE/Content/Infekt/Krankenhaushygiene/Praevention_nosokomial/Hyg ienefachkraft_pdf.pdf?__blob=publicationFile, abgerufen am 14.01.2023

https://www.sieda.com/lexikon/freizeitausgleich.php, abgerufen am 14.01.2023

https://www.sozialgesetzbuch-sgb.de/sgbix/2.html, abgerufen am 25.10.2022

https://www.stellenpiraten.de/aerztevermittlung-facharztvermittlung-deutschland/, abgerufen am 14.12.2022

https://www.test.de/Hamburger-Modell-So-gelingt-der-stufenweise-Einstieg-4316090-0/, abgerufen am 14.12.2022

https://www.thinksgiving.de/5-gruende-warum-sich-ein-leitbild-fuer-ihr-unternehmen-lohnt/, abgerufen am 16.01.2023

https://www.trustedshops.de/magazin/digitalisierung-arztpraxis/#digitalisierung-in-der-arz tpraxis-ist-das-ueberhaupt-gewollt, abgerufen am 10.11.2022

https://www.ukbw.de/sicherheit-gesundheit/aktuelles/fachthemen/gesundheit-im-betrieb/ was-ist-betriebliches-gesundheitsmanagement-bgm/, abgerufen am 12.01.2023

https://www.verah-lexikon.de/, abgerufen am 19.12.2022

https://www.vivantes.de/fileadmin/Unternehmen/Werte/171130__A6_Postkarte_Fuehrungs grundsaetze.pdf, abgerufen 22.09.2022

https://www.workingoffice.de/anlaesse/jubilaeum/, abgerufen am 16.01.2023

https://www.workwise.io/karriereguide/soft-skills/lernbereitschaft#definition, abgerufen am 16.01.2023

https://www.wortbedeutung.info/Fachwissen, abgerufen am 14.01.2023

https://www.yumpu.com/de/document/view/5159545/das-unternehmensleitbild, abgerufen am 16.01.2023

https://www.zeitblueten.com/news/das-jahresgespraech-so-fuehren-sie-es-richtig/

https://www.gesundearbeit.at/cms/V02/V02_2.1.a/1342537685042/psychische-belastungen/ mobbing/definition-was-ist-mobbing abgerufen am 09.12.2022

wirtschaftslexikon.gabler.de/definition/digitalisierung-5419, abgerufen am 10.11.2022

https://www.stepstone.de/karriere-bewerbungstipps/online-bewerbung-standard-beim-recrui tingprozess/, abgerufen am 13.12.2022

Printed in the United States
by Baker & Taylor Publisher Services